古代史研究叢書 10

古代越中の律令機構と荘園・交通

根津明義 著

岩田書院

序

　『万葉集』を編纂した大伴家持が、国守として5年ほど滞在し多くの和歌を詠んだ地・越中。同国に関わる文献史料は多数に及び、当該地下にもその舞台となった遺跡がひしめき、しかもその多くが今も手つかずの状態で長き眠りについている。

　研究史の先行した文献史学により、古代史については既に全方位的な追究がなされ、そして、新資料の追加を望める歴史考古学との融合により史料不足という課題も克服され、徐々にではあるが研究は確かな歩みを続けている。

　その歴史考古学であるが、文献史学や歴史地理学など他分野の方法論を取り入れるという性質上、物を研究対象とし型式論等により歴史解明に臨む考古学にあっては、ときに亜種のように扱われることがある。

　しかし、私は眼前の遺跡に対し最大限の努力をしたい。あらゆる手段を講じてその遺跡が秘める歴史を解明したい。どのみち互いの方法論が確かであれば必ず同じ答えを出す筈だ。否、何よりも、その遺跡は調査後の開発行為により消えゆく運命にあるのだから。

　そんな私は、大学の教員でもなければ埋蔵文化財センターの研究員でもない。地方における一介の市町村職員である。

　けれども、我々は自分のフィールドをもつことができる。このことは、大学教授や上級官庁職員、あるいは調査機会の希少な都市職員には叶わない望みだ。かつては大学教授が学生を帯同して地方に出向き、岩宿遺跡や登呂遺跡などの歴史を変える発掘調査を成し遂げたが、今、その使命と責任の多くは地方の市町村職員個々の双肩に掛かっているのである。

　本書は、筆者の約20年にわたる検討をまとめた、いわば調査報告書もしくは復命書のようなものである。第Ⅰ編は、越中国に施入された東大寺領荘園の現地比定研究と開田図の作成にまつわる分析である。同荘については全国の研究者諸氏が注目し、現地比定は70年以上にわたり未解決のものもあるが、考古学という新たな視角から再検討を加え一案を提起させていただいた。また近年における開田図の研究をもとに、考古学が得意とする作成技法の分析を経て、さらなる歴史解明を試みた次第である。

　第Ⅱ編は、諸官衙や郷など在地の律令機構を主な対象とし、現地比定のほか、所謂「官衙的な遺跡」などを題材に律令体制の受容などを検討した。併せて、古墳時代から律令期にいたる動向を分析した。

　さらに第Ⅲ編は、越中の古代交通を検討し、その変遷事由や現地に即した用途などを検討した。また中保B遺跡の発掘調査成果、とりわけ船着場遺構の把握を契機として同遺構の形態や水上交通というものの再確認を提起するとともに、在地及び周辺地域との有機的関係を追究した。

　そして、東大寺領荘園の開田図と同様、正倉院に伝存する「養老五年下総国葛飾郡大嶋郷戸籍」にみえる諸里の現地比定を試み、江戸期より続くこの研究に一石を投じ、附論として掲げた次第である。

　概してこれらは特定の地域を中心とするものであるが、律令期の研究には共通性があり、その研究法や事例は各地のそれにも参考とすることができる。また、元来独自の発展を遂げた考古学と他分野との方法論的融合の一例として本書を提起させていただきたい。

　　平成27年2月

　　　　　　　　　　　　　　　　　　　　　　　　　　　　　　　　根津　明義

目　次

序 …………………………………………………………………………………………………1

第Ⅰ編　東大寺領荘園の開田図と現地比定

第1章　越中国射水郡における東大寺領諸荘 ……………………………………6
　　　　　―現地比定をめぐる研究史と諸問題―
　　　はじめに ……………………………………………………………………………6
　　1　問題の整理 ………………………………………………………………………6
　　2　研究略史 …………………………………………………………………………7
　　　結　語 ………………………………………………………………………………10

第2章　東大寺領須加荘の所在にかかる考古学的考察 ………………………14
　　　はじめに ……………………………………………………………………………14
　　1　諸先学の成果 ……………………………………………………………………14
　　2　考古学的方法論の導入 …………………………………………………………17
　　3　高岡市五十里地区の検討 ………………………………………………………19
　　4　「布師郷」史料の検討 …………………………………………………………22
　　　結　語 ………………………………………………………………………………24

第3章　東大寺領榎田荘の所在にかかる考古学的考察 ………………………30
　　　はじめに ……………………………………………………………………………30
　　1　榎田荘およびその現地比定 ……………………………………………………30
　　2　各史料および周辺遺跡との検討 ………………………………………………32
　　　結　語 ………………………………………………………………………………37

第4章　東大寺領鳴戸・鹿田両荘の現地比定にかかる一考察 ………………40
　　　はじめに ……………………………………………………………………………40
　　1　研究小史 …………………………………………………………………………40
　　2　鳴戸荘の所在をめぐって ………………………………………………………41
　　3　鹿田荘の所在をめぐって ………………………………………………………47
　　　結　語 ………………………………………………………………………………49

第5章　東大寺領越中諸荘における開田図の作成 ……………………………54
　　　はじめに ……………………………………………………………………………54
　　第1節　天平宝字三年図における修正 …………………………………………54
　　1　開田図にみえる修正法 …………………………………………………………54

2　各図の修正･･60
第2節　越中諸荘における天平宝字三年図の作成･････････････････････････････････････63
　　1　開田図の作成工程･･･63
　　2　各図の作成･･･65
第3節　現地踏査の有無とその関連･･･67
　　1　須加荘への現地踏査の有無と現地比定･･･････････････････････････････････････67
　　2　大藪(荊)荘における現地踏査の有無と2図の相違･･････････････････････････････68
　　3　地理および自然環境･･･70
　　結　語･･70

第Ⅱ編　古墳時代と律令期の在地社会

第1章　越中国射水郡における諸郷の所在･･････････････････････････････････････76
　　はじめに･･76
　1　圏内における遺跡群の分布とその概略･･･76
　2　射水郡の範囲と「塞口郷」の所在･･･80
　3　布師郷の所在･･82
　　結　語･･84

第2章　古代越中における官衙的様相と在地社会･･････････････････････････････････87
　　　　　―令制期における在地の適応と展開および諸施設の現地比定研究の現状―
　　はじめに･･87
第1節　在地における律令制の受容と展開･･･87
　　1　在地勢力の適応･･･87
　　2　所謂「官衙的な遺跡」の多様性･･･89
　　3　現地における展開･･･90
　　小　結･･91
第2節　古代交通と周辺の社会事情･･･91
　　1　越中の古代交通研究とその展開･･･91
　　2　水路との並存関係とその背景･･･93
　　3　西国からの経路と周辺地域の社会背景･･･････････････････････････････････････95
第3節　諸官衙等の現地比定･･･96
　　結　語･･･100

第3章　富山県北西部における古墳編年の再検討と越中国の確立･･･････････････････104
　　はじめに･･104
第1節　富山県北西部における古墳群研究･･･････････････････････････････････････104
　　1　富山県内における古墳研究･･･104
　　2　古墳編年試案･･･107
　　3　盟主墳の移動と拠点の抽出　(1)氷見平野周辺･･･････････････････････････････117

4　盟主墳の移動と拠点の抽出 (2)小矢部川左岸……………………………………120
　第2節　古墳時代から律令期へ………………………………………………………122
　　1　古墳時代の集落から律令期の郷へ…………………………………………122
　　2　律令機構の形成………………………………………………………………124
　　　結　語……………………………………………………………………………126

第Ⅲ編　古代越中の交通と社会

　第1章　古代越中における物資輸送の一形態……………………………………132
　　　　　―主に内陸における船着場遺構への認識をめぐって―
　　　はじめに…………………………………………………………………………132
　　1　中保B遺跡にみる水上交通の具体例………………………………………132
　　2　水陸交通併用の視点…………………………………………………………136
　　3　船着場遺構の検討……………………………………………………………137
　　　結　語……………………………………………………………………………142

　第2章　古代越中における河川交通と歴史環境…………………………………145
　　　　　―在地系官衙的施設の出現と歴史的背景―
　　　はじめに…………………………………………………………………………145
　　1　越中国北西部における在地系の官衙的施設………………………………145
　　2　中保B遺跡の機能とその歴史的背景………………………………………147
　　3　当該期における律令制の変容………………………………………………149
　　　結　語……………………………………………………………………………151

附　論　下総国葛飾郡大嶋郷諸里の現地比定……………………………………155
　　　はじめに…………………………………………………………………………155
　　1　研究小史………………………………………………………………………155
　　2　大島郷の概要と現地比定条件………………………………………………156
　　3　葛飾中南部地域の再検討……………………………………………………159
　　　結　語……………………………………………………………………………163

あとがき………………………………………………………………………………167
初出一覧………………………………………………………………………………168

第Ⅰ編

東大寺領荘園の開田図と現地比定

第1章　越中国射水郡における東大寺領諸荘
―現地比定をめぐる研究史とその諸問題―

はじめに

　古代より悠久の時をこえた現代においても、他を圧倒する威容と荘厳さを伝える東大寺と盧遮那仏。これらは律令国家が威信をかけて奈良の都に建立したものであるが、その栄華を背後で支えていたのは、都から遠く離れた地に分散する東大寺領諸荘であった。

　その多くは雪深い北陸道諸国に所在することが知られているが、とりわけこの一角をなす越中国では、神護景雲元年(767)までに総計934町8反118歩もの広大な田積を計上するにいたっている。ちなみに、東大寺は天平勝宝元年(749)に4000町を上限とする墾田地の所有を許可されていたので、この約4分の1にあたる田積が越中という僅か一国に集中していたことになる。

　今回とりあげる同国の射水郡においては、占墾地使として派遣された平栄らの奔走により、須加荘・楔田荘・鳴戸荘、そして鹿田荘といった計4荘(以下「4荘」)が短期間のうちに施入されている。これらをめぐっては古代史研究上の大きな論点と位置づけられ、また諸先学の尽力によりこれまでに多くの知見がもたらされてきたものの、史料数に限りがあることから現地比定はいまだ定見をみるにいたっていない。

　しかし、近年ではこの問題を解くうえでの有効な資料が相次いで発掘され、考古学という新たな視角からもこの難関に挑む活動もはじめられている(根津2004他)。こうした研究上の多様化が進むなか、本章ではこの問題にかかる原点に戻り、あらためて研究史をひもとくことにより今後の研究についての指針等を模索することとしたい。

1　問題の整理

　射水郡に施入された4荘への比定地研究は、正倉院等に現存する開田図をはじめ、その他多くの史・資料をもとに文献史学や歴史地理学といった分野から考察が加えられてきた。これまでにも多くの諸先学がこの難関に挑み、それぞれの視点から独自の比定案を提起しているが、大局としては「条里」及び条里プランを活用し、帰納的に4荘の所在を追究していくという点で方法論的な一致をみている。

　4荘は開田図における条里の図示により、同郡の7条から16条までに所在していたことが掌握されている。これを整理するならば、図1のような東西間隔(以下、「東西間隔案」)が一案として見込まれてこよう(金田1998

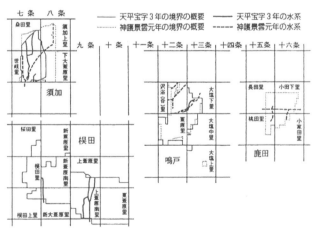

図1　4荘における東西間隔机上案 (金田1998)

他）。しかし、越中における諸荘の開田図には南北方向の条里の記載がないため、一定範囲の限度はあるものの、理論上はその位置関係をめぐる幾通りもの配置を勘案することが可能となってしまう。加えて、当該地域に施行された条里プランの基点や方位も現状では未確定であるため、これに依存して諸荘の所在を追究していくにも自ずと限界があるなど、結局のところ、4荘への現地比定をめぐっては、これらの不確定要素が互いに拍車をかけ、無数の机上案を提起しうる環境がつくりだされているのである。

この混迷の打開をはかるべく、研究史上においては「条里」への追究と並行し、旧地名等の検討から諸荘の所在を特定していくことにも注力がされてきた。すなわち、いずれかの所在が特定された際には条里プランの基点について見込みをたてることができ、2荘以上が確定した際にはその方位もある程度明らかにされていくといったように、前記の帰納論にもとづくならば、諸荘の所在が一つずつ固定されていくごとに、他荘のそれもまた連鎖的に照準をしぼり込む道が理論上拓けてくるからである。

なお、研究史上における諸氏の視線の先には常に須加荘の所在地論があったといえよう。そして楔田荘のそれがこれに続く争点とされてきた。前者については、荘域と接する「須加山」とこれを含む一連の山並みを現在の高岡市西部に位置する西山丘陵に比定でき（和田1959他）、後者については、荘域の西部が須加荘と同条に位置するほか、南辺が砺波郡との境界と接していたというそれぞれ具体的な指標を有するからである。

しかし、そうした帰納論的な考察の基点となる須加荘の所在をめぐっては、諸氏の視点の相違から3案に意見が分かれ、現在もこの平行線が続く状況にある。また、近年における「条里プラン」という新たな概念の提起（金田1998他）にともない、それまで研究上の基盤とされてきた「条里」についても抜本的な再検討を要することが判明するなど、総じて、4荘への比定地研究は、研究者諸氏から提起された複数の比定案への論議が尽くされる一方で、なおも解決の糸口を模索する必要にせまられるという複雑な情勢の中にあるのである。

2　研究略史

4荘の所在をめぐっては、関連史料に不明確な部分が多く徒には特定できない現状にある。しかし、開田図等に隠見する数少ない手掛りを活路とし、さらにそれらへの地道な検討が重ねられた結果、これまでに複数に及ぶ体系的な比定案が提起されており、現状ではこのうちの和田一郎と金田章裕の案が多くの支持を集めている。

和田は、文献史学的考察を基礎としながらも、前記した4荘にかかる「東西間隔案」や歴史地理学的な方法論のほか、現地の伝承までも積極的に考察にとり入れ、図2のような現地比定案に到達している（和田1959）[注1]。氏の理論において最大の関心事となる須加荘の所在をめぐっては、開田図における「須加山」や7条世岐里2行3付近の「社」、そして荘域内を流れる水利といったこれら3点が高岡市手洗野の地に現存する地理的環境と一括して符合するとの見解を提示するほか、この南西に現存する「佐加野」という地名を荘園名[注2]の転訛とする案をかかげ、同地にこれを比定している。

一方、他の3荘については先述の「東西間隔案」を前提としながらも基本的には須加荘への考察時に用いたものと同様の手法をもって考察をすすめている。

このうちの楔田荘をめぐっては、氏の案では高岡市樋詰から佐野までの地に比定されている。

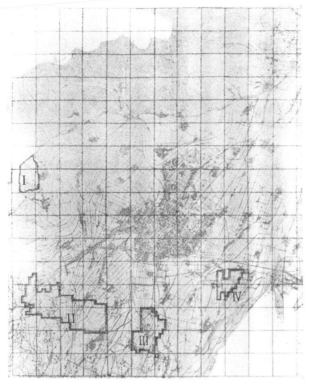

図2　和田一郎による4荘比定案（和田1959）

その主な事由としては、開田図に描画される8条及び9条付近の水路のほか、7条榎田里3行1の「社（井神田）」が、前記の地に現存する祖父川・五十玉用水の一部・「樋詰の神社」とそれぞれ符合するとの意見を提示するほか、この荘園の名を「クボタ」と解し、自説により荘域の西部に比定するはこびとなる高岡市「窪田」をこの転訛とすることも合わせてその根拠に列している。

また、鳴戸荘をめぐっては高岡市駅南地区に比定しているが、これにともない榎田荘との間におよそ東西1条分の空間があくことについては、旧庄川（現・千保川）の存在を挙げるとともに、この恩恵により同地には既設の公田等が所在していたために東大寺が墾田地を占有する余地が残されていなかったのだと推定している。加えて、開田図には幾筋もの水路をはじめ、「沼」や「川成」などといった表記が随所にみられることを根拠に、同荘をして湧水地に比定すべきと提起するなど、その考察には傾聴に値する部分も多い。そして鹿田荘については、開田図における「櫛田神分一段」という記述をもとに周辺を櫛田神社の活動が及ぶ範囲にあったと推定するほか、同図等における「法花寺溝」の記載から国分尼寺の所在地論などと関連づけて考察を加え、自らが同寺の故地と思量する高岡市蓮花寺付近にこの荘園を比定している。

ちなみに、和田の考察には中山有志の「条里」研究が重用され、その体系化の一翼を担っている。中山の研究は、現在の氷見市域に点在する土地区画への考察をもとに、射水郡に施行された古代の「条里」を復元していくという地理学的見地にたつものであるが、考察の結果、氏は同市谷屋地区を西限とし、概ね正方位に近い方眼をもってこれが施行されていたものと推定している（中山1958）。

なお、研究史全体の流れの中から和田の考察をふりかえるならば、一元的な方法論に留まらず、他分野のそれをも積極的にとり入れ、多角的な視点から現地比定にのぞんでいるという点は高く評価をすることができる。また、この提起により4荘への現地比定にかかる研究の基礎が固められたことも確かである。

和田説の提起される前年には、弥永貞三らによる論考も発表されている（弥永他1958）。同論は、開田図そのものへの検討や、現存する土地区画への考察から古代における射水・砺波両郡の「条里」を復元することを主旨とするものであるが、その成果を基盤にすえて両郡に施入された諸荘の所在を把握しようとする試みも論中に盛り込まれている。残念ながら、射水郡においては須加荘を高岡市岩坪に比定するのみとなっているが、その場合は荘域の北西に前述の「サカ山」が該

当するはこびとなるため一考に値すると思われる。それは同氏らの提起するように仮にこの山の名が「須加山」から転訛したものであるならば、双方の位置関係は開田図の描画と酷似するかたちとなるからであり、また、これを根拠に同説を支持する声も後を絶たない現状にあるからである（角川書店 1979 他）。

4荘の所在を追究する論考のなかには須加荘を高岡市五十里の地に比定し、これを起点にすえて体系化をはかるものがある。代表的な比定案としては木倉豊信や金田章裕の案が挙げられよう。

木倉の論考は4荘の所在を説いた最初の現地比定案であり、以後に提起された諸氏の研究には少なからず同氏の足跡を踏襲するところがある。

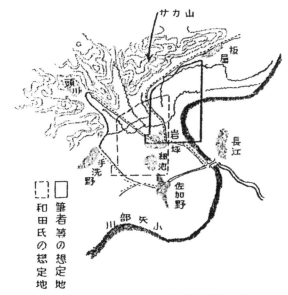

図3　弥永貞三らの須加荘比定案
（弥永他 1958）

しかしながら、氏の研究には他にはみられない独自性もある。たとえば現在の高岡市国吉の南方から同市泉ケ丘の北方を結ぶラインをもって古代における砺波・射水両郡の境界とすることや、高岡市街地北西部に所在する「境」という地をもって射水郡の条限とすることなどがそれである。ちなみに、諸荘への現地比定についてもこの「条里」網を基準にすえて考察を行っているが、前記した事情により位置関係が不明瞭となる諸荘の南北方向のそれをめぐっては、周辺地域に点在する地理的環境や地名などを考察に加え所在地の特定をはかっている。

なお、須加荘については、氏の提唱する「条里」網の7条から8条の地にあたり、且つ開田図がしめすように一連の山並みと北接する高岡市五十里の地をその故地と推定している。そして荘域の北西に位置する「須加山」についても、大伴家持の歌への考察などから付近に所在する山並みの一角と考えられるとして自身の比定案を補強している。

一方、荘域の西部が須加荘と同条に位置する㭸田荘については、須加荘の比定地案と連動させて高岡市街地の中央から西部に比定している。ただし、このことについては開田図における「南利波射水二郡境」という記述と自らの説く郡境案とが符合するとの考察のほか、荘園名である「㭸田」については付近に現存する「和田」という地名をこの転訛と考えること、さらには「野（未開地）」が一帯にひろがる荘域東部を水田耕作に不適格とみた高岡台地にあてうるといった、これら3点を根拠としている。

鳴戸荘については、天平宝字三年図における「三宅所四段直稲三百束 在櫛田郷塩野村（以下略）」という記述を積極的に解することにより、同郷の故地ともくされる大門町串田の西方にこれを比定している。そして鹿田荘をめぐっては、『越中国諸郡庄園物券第一』の「北 法花寺溝」という記述から国分尼寺の付近に所在するものと想定し、この寺院の比定地として有力視される高岡市伏木からほど近い「（同市）能町か野村以北の地」に所在したものと推定している。ちなみに鹿田荘への現地比定においては、付近に現存する「下田」という字名の字音をもとに、鹿田から転訛したものと解する試論が付記されている（木倉 1937 他）。

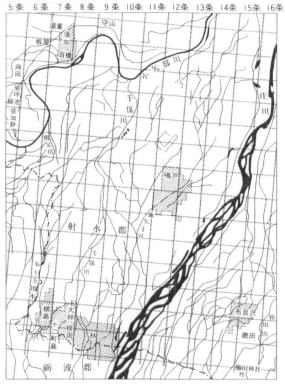

図4　金田章裕による4荘比定案（金田1998）

一方の金田章裕は、従来までの諸氏による研究成果をふまえながらも、歴史地理学的な方法論を新たに追加して4荘への現地比定にのぞんでいる。

須加荘については、多角的且つ綿密な考察の結果、高岡市五十里の地に比定することが最も相応しいと結論づけている。そしてこれを基点にすえたうえで各比定地周辺への歴史地理学的考察を行うほか、水系パターンによる検証や4荘への「東西間隔案」などを検討に加え、図4のような現地比定案に到達している（金田1998）。ちなみに、現状ではこの金田説が最有力と評されているが、同説は史料不足という課題に対しても、新たな方法論を追加してこれに挑んでいるという点で高く評価をすることができる。

もっとも、金田による一連の考察は、諸荘への比定地研究に大きな画期ももたらしたと思われる。従来までは概して「条里」研究に重きがおかれてきたが、これを再検討した結果、氏は新たに条里プランという概念を抽出し、双方を区別して考えるべきことを提起した。そしてこの概念は古代における土地管理政策の基準として通用したもので、実際にこれをもとに土地区画が施工されるようになるのは概ね中世以降であるとした。さらに、同一地域内においても同様の形態のまま条里プランが施行される限りではないことをつきとめ、あるいは『額田寺伽藍並条里図』への研究成果などを例にあげ、たとえ開田図に規則的な条里プランが図示されていたとしても、現地においては開田図のとおりにそれが施行されていた保証がないことも明らかにした（金田1998 他）。

この金田の提起は、従来まで考察の基盤をなし、また比定地論にかかる数少ない有力な手掛かりの一つとされてきた「条里」研究や、現存する土地区画を無条件に援用してきた指向性に対し、根本的な次元から再検討をせまったものとなる。

結　語

越中国射水郡に施入された4荘への現地比定をめぐっては、現在までに複数の比定案が提起されている。しかし、言い換えるならば、蓋然性の積み重ねによる試論が複数提起されたにすぎず、今後もそれらを対比・検討し、またはこれと並行して新たな視角から検討をすすめるなどして、唯一無二である4荘の所在を追究していくという状況にいまだあることを意味している。一例を挙げるならば、金田章裕により条里プランという新たな概念が提起されたことにともない汎研究史的な撞着が生じたことは、その実態を象徴する出来事であったと受けとめるべきであろう。

ただし、金田による一連の研究は現地比定にかかる指針を確立したものとも思われる。条里プ

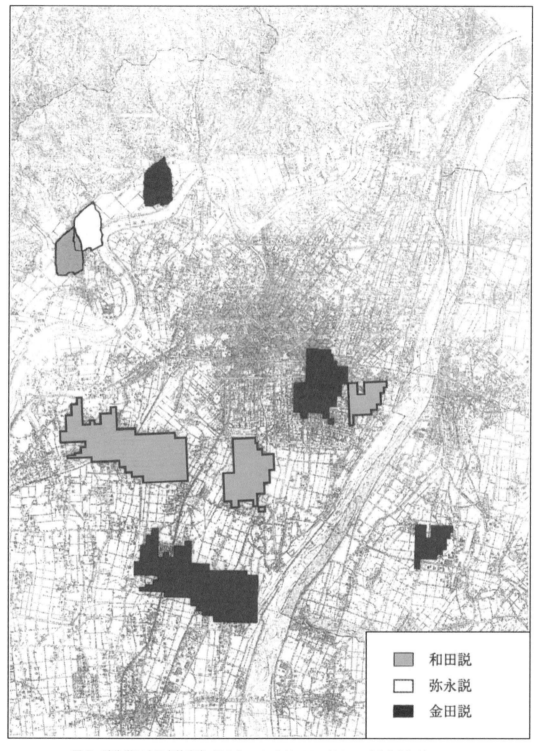

図5　諸先学による各比定案（弥永他1958・和田1959・金田1998より筆者作成）

ランに流動性があることを念頭におくならば、この方眼にしたがい帰納的に4荘への現地比定を行うこと自体が元来的に方法論的な危険をともなうため、4荘への現地比定は結局のところ個々の所在を地道に解明していくことに帰着することになる。その反面で、鳴戸荘や鹿田荘などのように、もとよりその所在を模索するための指標に欠ける荘園もあることを考慮するならば、現地比定にかかる手段として条里プランを援用することも一案となるが、これらを学的な領域にまで引き上げるには、上記のような方法論的危険性があることを各研究者が認識し、そのうえで多角的視点からの符合をはかるなどして綿密に検討していく必要があるであろう。一例をあげるならば、条里プランというものの本質をふまえ、さらに従来までの研究や成果を咀嚼しながらも歴史地理学という新たな視角を擁して検討を重ねた金田の現地比定案がある。

　ところで、4荘への比定地をめぐる研究史をひもとくと、考古学側の参加がほとんどみられないことに気付かされる。考古学とは、地中から掘り起こされた「生」の資料をもとに実証をもって過去の歴史を復元していくものである。また、歴史研究にかかる分野にあっては膨大な新資料の追加をのぞめるほとんど唯一のそれでもあり、さらに遺跡そのものは基本的に所在地を移動することがないため、条里プランのもつ流動性に翻弄されるということもない。

　概して歴史研究に停滞が生ずる際の主な原因は史料不足によるケースがほとんどであるが、特にこの4荘への現地比定という問題のように、断片的な史料しか現存せずに、また流動的なものを敢えて指標にすえなくてはならないという実情をもつものに対して、考古学は絶大な効果をもたらす可能性があるといえる。幸いなことに、この研究の対象となる地域では近年に大規模開発が相次いでおり、なかには4荘への比定地論を左右する成果さえもが検出されているものと思われる。

　したがって、今後における4荘への現地比定研究については、考古学側による研究への積極的参加を期待するとともに、従来までの文献史学や歴史地理学などといった側からの成果とあわせ、より多角的な視点から貪欲に検討をしていくことを理想とすべきと考える次第である。

（注1）　図2は「高岡市都市計画基本図」に諸先学の各比定地案を加筆した。
（注2）　この場合は、天平宝字三年図における「須加野(地)」の記載が該当。

引用・主要参考文献

弥永貞三・亀田隆之・新井喜久夫　「越中国東大寺領庄園絵図について」『續日本紀研究』第5巻
　　　　第2号別冊　1958
宇野隆夫　「古代荘園図研究と考古学」『日本古代荘園図』東京大学出版会　1996
角川書店　『角川日本地名大辞典16 富山』1979
木倉豊信　「東大寺墾田地を主としたる呉西地区の古代地理（上）」『富山教育』280　1936
木倉豊信　「東大寺墾田地を主としたる呉西地区の古代地理（中）」『富山教育』287　1937
金田章裕　『古代荘園図と景観』東京大学出版会　1998
金田章裕　『古地図からみた古代日本　―土地制度と景観―』中公新書　1999
鈴木景二　「越中における古代荘園図研究の動向」『富山史壇』129号　1999
高岡市教育委員会　『須田藤の木遺跡調査報告』2000
高瀬重雄　「越中における条里の研究」『越中史壇』27号　1963
富 山 県　『富山県史 通史編Ⅰ 原始・古代』1976

中山有志　「氷見平野における条里遺制」『越中史壇』9号　1958
根津明義　「須田藤の木遺跡」『木簡研究』22　2000
根津明義　「越中国西部地域における東大寺領諸荘の所在について」『古代荘園絵図聚影』古代釈
　　　　　文編ワークショップ資料　2004
藤井一二　『東大寺開田図の研究』塙書房　1997
吉川敏子　「越中国射水郡東大寺領荘園図」　金田章裕・石上英一・鎌田元一・栄原永遠男編『日
　　　　　本古代荘園図』東京大学出版会　1996
和田一郎　「越中の東大寺墾田」高岡市史編纂委員会編『高岡市史 上巻』1959

第2章 東大寺領須加荘の所在にかかる考古学的考察

はじめに

　越中国射水郡には須加荘・楔田荘・鳴戸荘、そして鹿田荘といった計4荘の東大寺領荘園が所在した(以下「4荘」)。これらをめぐっては既に多方面にわたり論議が尽くされてきたが、現地比定については、史料数の限定からいまだ定見を得るにいたっていない。

　しかし、各比定案の周辺に位置する諸遺跡からは、この問題にかかる新資料も近年相次いで発掘されており(高岡市教委 2000 b 他)、もはや考古学という視角からも一定の考察が可能な状況にあると思われる。

　以上の視点をもとに、本章では比較的史・資料の多い須加荘の所在について考察を行うこととする。

1　諸先学の成果

須加荘の概要

　須加荘は射水郡の7条から8条までに所在した東大寺領荘園である。主な史料としては天平宝字3年(759)と神護景雲元年(767)に作成された2面の開田図のほか、『越中国東大寺荘券』(東南

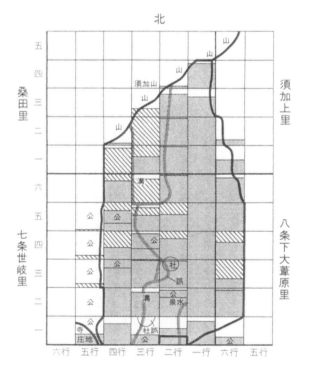

図1　須加荘の概要（天平宝字二年時・吉川 1996）

院文書）などがある。天平宝字
三年図を概観するに、荘域の
内部には公田の混在する状況
が図示されており、また「東
大葦原里五行与六行堺畦　南
西公田　北須加山」との記載
からは、現地においては既に
在地的な様相が根付いていた
可能性がある。荘域の中央で
は変形Y字状を呈する「溝」
が流れているほか、7条世伎
里2行3付近には「社」が所
在する。また、荘域からは外
れるもののその南西端と接す
る地点には荘所施設とする一
案のある「寺庄地」の表記が
みえる。

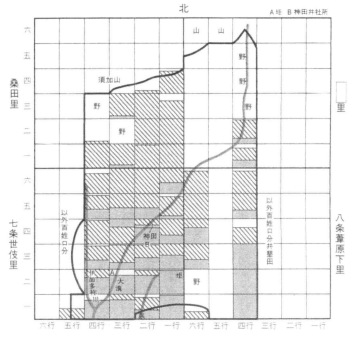

図2　須加荘の概要（神護景雲元年時・吉川1996）

　本荘は、天平宝字3年(759)
の段階では35町1段240歩の田積にとどまっていたが、8年後の神護景雲元年では56町7段
294歩にまで荘域をひろげている。その数値は天暦4年(950)まで史料上での変化はみられないが、
長徳4年(998)の『東大寺諸荘文書幷絵図等目録』によれば40町8段にまで荘域が減少する。ち
なみに、同荘は弘安8年(1285)の段階でも東大寺領として注進されているが、上記した長徳4年
の文献の末尾には「右郡々庄田悉荒廃」との記述もあり、これをもって「荘園としての実質的機
能を果たしていなかった」とする意見も提起されている（角川書店1979）。

現地比定にかかる諸問題と研究小史

　須加荘のみならず、4荘の現地比定にかかる従来までの大局的方法論は、開田図に記される条
里をもとに帰納的に検討範囲を限定するとともに、周辺各地に点在する地名や地理など、これら
を総合的に考察するというものであった。
　しかし、開田図には南北方向の条里の記載がなく、またその基点や方位などを確定する方法
論も見出されていないなどの流動的要素が伴うため、結局は、多方面からえた蓋然性の蓄積を論
拠として比定案が提起されてきたというのが実情である。
　須加荘の所在をめぐっては、現在までに三大別の比定案が提起されている。高岡市手洗野に須
加荘を比定する和田説をはじめ、同市岩坪に比定する弥永説、そして五十里に比定する説がそれ
である。
　和田一郎は、文献史学的考察を基礎としながらも、開田図により把握される4荘間の机上の東
西間隔案や歴史地理学的な方法論のほか、現地の伝承までも積極的にとり入れ、図3及び前章図
2に掲げたような比定案に到達している（和田1959）。須加荘の所在をめぐっては、開田図におけ
る「須加山」や7条世伎里2行3付近の「社」、そして荘域内を流れる水利といったこれら3点が、
高岡市手洗野の地に現存する地理と一括して符合するとの見解を提示するほか、この南西に現存

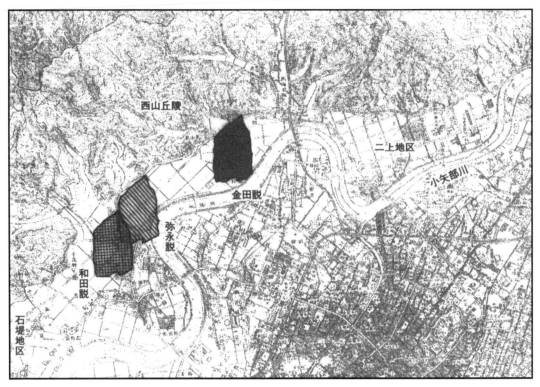

図3 須加荘の現地比定にかかる3説とその周辺
（弥永他1958、和田1959、金田1998より筆者作成）

する「佐加野」という地名を荘園名の転訛とする案をかかげ、同地にこれを比定している。

　この前年には弥永貞三らによる論考も提起されている。同論考は、開田図そのものへの検討や現存する土地区画への考察をもとに、古代における射水・砺波両郡の「条里」を復元することを本来的な主旨とするが、その成果を基盤にすえて須加荘を高岡市岩坪に比定するという独自の案が提起されている。弥永らによる比定案において最も注目すべき点は、「サカ山」と呼ばれる山の南東に荘域が隣接することである。仮に同山の名が「須加山」から転訛したものであるならば、双方の位置関係は開田図の描画と酷似するからである（角川書店1979他）。

　4荘の所在を追究する論考のなかには須加荘を高岡市五十里の地に比定する案もある。代表的なものとしては木倉豊信や金田章裕の比定案が挙げられよう。

　木倉の論考は、現在の高岡市国吉の南方から同市泉ケ丘の北方を結ぶラインを古代における砺波・射水両郡の境界とすることや、同市の石堤から国吉に現存する「境」という地をもって射水郡の条限と考えることを基礎とする。諸荘への現地比定もこの「条里」網を基準にすえており、須加荘については氏の提起する「条里」網の7条から8条の地に該当し、且つ開田図があらわすように一連の山並みと北接する高岡市五十里の地をその故地と推定している。また、同荘域の北西に隣接する「須加山」についても、大伴家持の「思放逸鷹夢見感悦作歌一首（『万葉集』巻17-4015）」への考察などから現在の高岡市五十里付近の地に所在する山並みの一角と考えられるとし、自身の比定案を補強している（木倉1936他）。

　一方の金田章裕は、従来の研究成果をふまえながらも、歴史地理学的な方法論を新たに追加して4荘への現地比定にのぞみ、後に詳細を述べるように、須加荘については高岡市五十里の地に

比定することが最も相応しいものと結論づけている（金田 1998）。

　以上のように、須加荘の所在をめぐっては概ね三大別の比定案が提起され、現状では金田章裕の案を最有力とする評価があるものの、他説を支持する声も根強く、最終的な決着にはいたっていない。その背景には史料の数量的限界などが挙げられよう。しかし、この課題に対し先学は常に他分野を視野に入れるという打開策を講じてきた。私見ながら、新資料の追加を現実的にのぞめ、且つ従来と異なる視角からの検証を可能とする考古学的手法を導入することが、現状において最も有効な打開策の一つと考える次第である。

2　考古学的方法論の導入

所在にかかる検討範囲の抽出

　須加荘の荘域は「須加山」を含む一連の山々と接するように開田図に描画されているが、これは現地比定を行うにあたり最も注目をされてきた点でもある。同山の所在をめぐる研究史上には若干の撞着も介在するが、現状では前記の家持の歌への考察などから、富山県西部を斜行する西山丘陵の一角とする案が有力視されている（和田 1959 他）。本章もこの成果にしたがい須加荘の所在について考察を行なうこととするが、荘園の関連施設が遺跡というかたちで現代にもその片鱗をみせているのならば、西山丘陵の沿線に位置する当該期の諸遺跡を検討することにより、須加荘の所在を追究していく道筋も拓けていくと考える次第である。ただし、この沿線に所在する多数の遺跡を逐一検討していくことは不要と思われるため、まずは高岡市の石堤地区と二上地区に焦点をあて、これらへの検討をとおしたうえで詳細な考察へと移行していくこととしたい。

　本章でいう石堤地区とは図3に示した周辺をさすこととしたい。当該地は文献史学的考察により砺波郡川合郷などが比定されてきたが、それは『延喜式』「神名帳」の砺波郡七座に列する浅井神社が論社とともにこの圏内に所在することや、同式兵部省諸国駅伝馬条記載の川人（合）駅の所在地論によるところが大きい（角川書店 1979 他）。ちなみに、周辺には弥生時代から中世までの長期継続を呈した可能性をもつ麻生谷遺跡群が形成されており、その存続年代から土着的な性格を有していた可能性がある。また、その傍らでは古墳群や官衙的な施設が造営されているなど（高岡市教委 1997a 他）、こうした状況を鑑みるならば、上記した文献史学的な研究成果との符合も可能な環境にあるかと思われる（根津 2004）。しかしながら、この推察が正しければ、古代における当該地は砺波郡の所管であった可能性が浮上するため、隣郡に所在した須加荘については、麻生谷遺跡群よりも東方に所在したものと考えられよう[注1]。

　一方の二上地区については、小矢部川がM字様に流路をとる地点の東方で、且つ同河川と西山丘陵とにはさまれた地域をさすこととしたい。この地区では、西側を中心に古代の平地遺跡が数箇所周知されており、何らかの歴史的様相が所在した可能性がもたれる。また、貞観元年（859）に正三位となり、また『延喜式』「神名帳」にも名を連ねる二上神（射水神社）の故地をこの一角に比定する意見があり（高岡市 1959）、その歴史的背景が注意されるところである。

　しかしながら、二上地区の東側では西山丘陵や小矢部川などの存在により、須加荘を比定するだけの空間を確保しがたく、また、いまのところ近隣に同荘を窺わせるような遺跡も確認されていない。一方の同地区西側についても、現状で周知されている遺跡の分布状況や周辺地域における地理的環境は、開田図に表現される景観とは符合しがたいものと思われる。

　なお、二上地区に須加荘を比定する場合は、その北側に位置する二上山の一角に「須加山」

比定しなくてはならないが、両者の照合という点では次のような論点が派生する可能性があると思われる。すなわち、須加荘の施入当時に越中国守であった大伴家持は当地で多くの歌を詠んでいるが、その中に両山の名がみえることから、当該期において双方は個別の山と認識されていた可能性があると思われる(注2)。したがって、この推測が正しければ須加荘を二上地区に比定する案には困難が伴うものと思われ、ついては、他の地に須加荘や須加山の所在をもとめるべきと考える次第である。

　加えて、この二上地区に須加荘を比定した場合は、開田図における方位のほか、同図の主旨や性格とも相違する可能性があるとして、金田章裕からも否定的な意見が提起されている（金田1998）。確かに、荘域と接する山並みと条線は、天平宝字三年図で約50度、神護景雲元年図でも約65度の角度をもって交差しているが、当地においては西山丘陵の山麓のラインが東西方向にはしることから、開田図に準拠するかたちで同荘をこの地に比定しても条線は極端に東方に傾くことになる。また、須加荘の開田図にはこの他にもさまざまな現地の景観が表現されているが、二上地区にはそれらの痕跡をしめす歴史地理学的要素が見受けられず、むしろ、そうしたものはこの西側の地域に存在するという現実もある。

和田・弥永両説における考古学的成果との対比

　石堤地区と二上地区への考察よりすれば、須加荘は両地区にはさまれた空間に所在した可能性が高いとみられる。そこには手洗野赤浦遺跡のほか、岩坪岡田島遺跡や須田藤の木遺跡などが点在するが、これらは須加荘と同時共存し、また同荘の所在をめぐる従来までの3説とも重複ないし近接することから、これらを検討することにより須加荘の所在地論もさらに具体的な検討へと移行することができると思われる。ちなみに、これらの遺跡は高速道路の建設にともない一斉に発掘調査が行われているが、その成果は二極化の様相を呈する現状にあると思われる。

　手洗野赤浦遺跡は、和田説における須加荘の比定地の南西、すなわち同荘の荘所とみなす意見がある「寺庄地」の該当地付近に位置することになる。また、岩坪岡田島遺跡についても弥永説にとっては「寺庄地」が該当してくる地と近接することから、両説の適否を問う意味でも双方の内容は注目に値する(注3)。

　前者は7500㎡の面積を手掛け、後者では合計2万7600㎡あまりが調査されたほか（富文振2000他）、その周辺でも地点的な発掘調査が行われている（高岡市教委2000a他）。しかし、両遺跡とも古代については少量の検出物をみるにとどまるほか、とくに荘園や荘所の存在を窺わせる要素も検出されていない。また、掘立柱建物についても建て替えを行った形跡が少なく、且つ柱列も直線的に並ばないものが数棟ほど古代の築造と推定されるばかりであった。現状の考古学では荘所施設の典型を掌握するにはいたっていないが、須加荘そのものは長期にわたり存続した荘園であるだけに、この関連施設に比定する遺構群についても相応の存続期間を有することが望ましい。さらに、『越前国使等解』（桑原荘券第一）においては桑原荘の荘所施設にかかる詳細が記録されているほか、同国道守荘の開田図においても荘所施設とおぼしき建物群が描画されているが、これらと対比しても、現状までに検出されている上記2遺跡の遺構群は様相を異にしているものと思われる。

　なお、両遺跡で主体をなすのは12世紀後半代から15世紀頃までの中世の様相であり、また双方の中間地点に位置する間尽遺跡でも同様の結果が得られていることから（高岡市教委2004）、当該地域では中世の様相が広域にわたり存在したものと考えられる。

加えて、岩坪岡田島遺跡では7世紀代の竪穴住居なども検出されている。前述のように須加荘の周辺には在地的様相の混在する可能性が窺え、これとの対比という観点から周辺への再検討を行うことも一案と思われる。現状において7世紀代の様相が検出されている遺跡としては、このほかに須田藤の木遺跡や麻生谷遺跡が挙げられるが、先述のように後者の周辺は砺波郡川合郷などに比定する案が現状では有力とみられる。ただし、手洗野赤浦遺跡と岩坪岡田島遺跡については、これほどの面積を調査しながらも、須加荘の施入時期、すなわち8世紀中頃に発生する歴史的様相がいまだ両遺跡から掌握されずにいる点は注目したい。

　一方の弥永説をめぐっては、同説における荘域と「サカ山」との位置関係が開田図の描画と符合することを根拠に一定の支持を集めてきた経緯がある（角川書店 1979 他）、しかし、近世の砺波―射水両郡の境がこの付近に所在したことにちなみ、「サカ山」をして「郡界をなす境（サカい）の山」と認識してきたために上記の名が定着したとの伝承も現地にはある（高岡市教委 1983 他）。

　したがって、「須加山」と「サカ山」を同一視して須加荘の所在を説くのならば、より多角的な視点からの蓋然性も提起すべきと思われる。また、弥永説の論拠とするところは提唱者のかかげる「条里」の復元案によるところが大きいが、これについても、砺波・射水両郡の「条線」が同一の基点をもとに斉一に施行されていたものと推定しているなど、後年の金田章裕らの研究成果（金田 1998 他）と照合するならば、検討を要する部分があるかと考える次第である。

3　高岡市五十里地区の検討

金田章裕による歴史地理学的研究

　金田は、須田藤の木遺跡をとりまく高岡市五十里周辺に須加荘を比定した。荘域に比定した地は開田図にあるように西山丘陵の山麓線と概ね北接する。また、天平宝字3年（759）時における荘域の東限についても、比高差2～3mを呈する自然段丘のラインが開田図の描画と符合している。

　さらに、天平宝字三年図における変形Y字状をなす「溝」のうち西方に分岐する側の上流では、弧を描くような流路をとるが、現在の宗円寺の西側を流れる水路がこれに符合する（図4）。ちなみにこの水路は旧県道や明治期につくられた用水により遮断され、現状では開田図の描画と相違するがこれらが交差する地点では堰を介して一端水位を高め、そのうえで

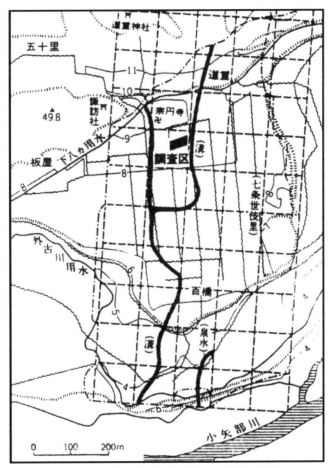

図4　金田章裕による須加荘の現地比定案
（金田 1998 に須田藤の木遺跡調査区を加筆）

南方へと水を流す措置が講じられていることから、往時においてはこの水路も開田図の描画と符合していた可能性があると金田は指摘している（金田 1999）。

なお、現地には開田図の描画とは相違するところもみられる。たとえば同図における荘域と山麓線を画するかのようなラインは荘域の北限を表すものであると主張するほか、開発がすすんだ現状を対象とするのではなく、その山並みが一面に木々を有していたと想定される往時の状況に置き換えて検討を加えるならば、その景観は古代人にとって「山」と認識しうるものであったと論じている（金田 1999）。

また、須加荘にかかる2面の開田図には随所に相違点がみられるが、このことについても、両図が作成される8年の間に同荘が21町6段あまりの田積を追加していることに起因すると提起している。両図を対比するに、この間に追加された田地は旧荘域の東方にひろがる自然段丘下の低地や北東の谷地形を含む周辺と考えられるが、確かにその事象を考慮にいれるのならば、両図において荘域と接する山麓線が相違することは首肯できる。さらに、変形Y字状の「溝」に替わり、神護景雲元年図で新たに「大溝」などが描画されることについても、上記のような荘域の増加が介在したならば抜本的な水利の改良を要することになり、その施工にともない、新たに主要な水路として機能することとなった「大溝」らが替わりに開田図に描画されたため、上記のような相違が生じたのだとしている。また、この「大溝」についても、現地の地理から復元をすることが可能であると金田は提起している（金田 1998）。

須田藤の木遺跡における発掘調査成果

金田らが須加荘に比定した地に位置する須田藤の木遺跡は、平成11年(1999)に1600㎡ほどの面積が発掘調査されている（高岡市教委 2000b）。金田説にしたがうならば、その地は天平宝字3年(759)から神護景雲元年(767)までの8年間は、東端付近が「田」に、それ以外は「野」と開田図に図示される7条桑田里の一角にあたることとなる。

検出遺構に目をむけるならば、調査区中央部からやや西側の地点では3棟3時期（最大では5棟5時期）に復元可能な掘立柱建物や、畠と解される畝状遺構などが検出され、またその東方では明確な段差と溝によって画される湿地状の土層が所在していた。ちなみに、築造順位の中頃に比定される掘立柱建物SB01の掘方からはK90型式以降の灰釉陶器片が出土しており、仮にこれらの

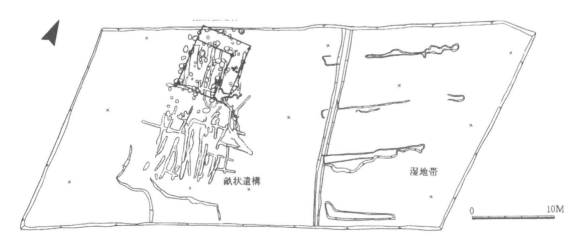

図5　須田藤の木遺跡調査区全体図（高岡市教委 2000 bに加筆）

建物が連続的に建て替えられたものであるならば、概ね9世紀代以降に存続期間の重心があったとみることができる。

出土遺物を概観するに、周辺には古墳時代前葉から中世までの計4期の歴史的様相が断続的に存続していたと考えられる。古代においては7世紀後半代に一時的に盛行した様相と、8世紀中頃から10世紀後半までの長期にわたり存続したそれとが所在したが、後者については須加荘の盛行期と存続期間が概ね一致する。加えて、水滴や転用硯などの文具のほか、後述する「布師郷」木簡などが検出されたことからは、当該期におけるこの地に

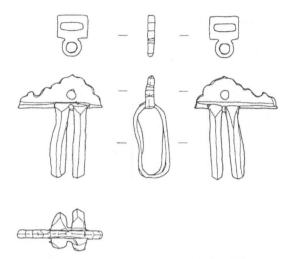

図6　須田藤の木遺跡出土足金物
（高岡市教委2000 b）

は納税や小作料の納入をはじめとする何らかの物資の搬出入が行われていた可能性を浮上させる。

さらに、近畿系の暗文土器のほか、灰釉陶器や「宅」墨書土器、そして本来的に貴族クラスの所有物と目される装飾大刀の足金物などといったものも出土しており、これらからも当地において官衙的な活動が行われていたことを検討することができる。ちなみに、上記の暗文土器は8世紀中頃のものであるため、須田藤の木遺跡については、開始期において既に近畿地方ないしこれと関係の深い地域や人物との交流や介在を有していた可能性を有する。

なお、前記の建物は「コ字型」や「品字型」などの建物配置を呈することが確認されていないため、近年に提起された研究成果（宇野1996）と照合し荘所などの関連施設に比定するならば飛躍を指摘される可能性がある。しかし、前出の掘立柱建物SB01については、2方向に庇を有することから類例的に非庶民的な要素を有している。また上述のような遺物が出土しているなど、これらを総合するに、周辺においては官衙的な様相がひろがっていた可能性が高いと考えるべきであろう。ちなみに、研究史上において荘所と考えられてきた建物群のなかには、高岡市常国遺跡をはじめ（山口1995）、入善町じょうべのま遺跡や南砺市高瀬遺跡（富山県1974）などのように、荘所施設とするには再検討を要するものが含まれていることを記しておきたい（根津2004）。

また、須田藤の木遺跡はそれ以前に1度だけ、昭和41年（1966）に本発掘調査が実施されているが、このときの成果をめぐり再検討の余地のあることが提起されている（高岡市教委2000b）。当時は、出土した古墳時代前葉の土師器や7世紀代の須恵器などに関心が集まり、須加荘への比定案（木倉説）を検証することがあまりなされなかったようである。しかし、出土遺物の約半数に及ぶ古代のそれは、一時的に盛行した7世紀後半代の1群と、8世紀後半から10世紀代までのもので占められていた。さらに、このうちの長期継続を呈する後者の1群には灰釉陶器や文書活動の存在をしめす転用硯が含まれており、官衙的な様相を検討すべき内容を呈していた。なお、このときの調査区は金田説による「社」の比定地と遠からぬ地に該当する[注4]。

ところで、前記の足金物には、腹帯の内側に黒漆が付着していたものの、それ以外の人目に触れる部分にはこれがみられなかった。したがって、正倉院中倉「金鈿荘大刀5号」に類する型式であった可能性があり、類例的には五位以上の貴族が所有するものであった可能性が浮上する。

地方における9世紀前半代までの足金物の出土例を鑑みるに、令制下における東北地方への進

出や渤海国との関連が見込まれる地などの、いわば国家的な活動が勘案されている遺跡に集中する傾向がある。上記は現状において資料不足の感が多々あるものの、今後もこの傾向が統計上不動のものであるならば、須田藤の木遺跡においても同様な歴史性を有していた可能性が問えるであろう。ただし、瀧瀬芳之の研究を参照するならば[注5]、今回の事例は本来の所有者からの譲渡物であった可能性があり、ついては貴族クラスとの交流を有する豪族層がこの遺跡に介在していた可能性を浮上させるものと思われる（皆川他1998、高岡市教委2000b）。

　ちなみに、延暦7年(788)の『五百井女王家符案』では、従四位下の五百井女王が自身所有の墾田を宇治華厳院に寄進する際、須加荘長の立場にあった川辺白麻呂が奔走したとの記事がみえる（富山県1976他）。須田藤の木遺跡出土の足金物は型式論的に当該期のものと考えられるため、この文献との対比も興味深いところである。

　しかし、そのような豪族層の活動範囲の渦中に須田藤の木遺跡という官衙的な施設が人為的に造営されていたことを考慮するならば、同遺跡をして、多大な労働力の動員を可能とし、あるいはそうしたものの介在を前提に機能することができた施設である可能性も考えることができ、ついては郡や郷の関連施設に比定する案をはじめ、荘園やその他諸官衙を検討範囲にいれる余地が残されるものと考える次第である。

4　「布師郷」史料の検討

須田藤の木遺跡出土の「布師郷」木簡

　須田藤の木遺跡からは図7のような釈文を有する木簡も検出されている（根津2000b他）。上端付近には付札木簡に特有な切り込みや「十月十日」という記載があることから、周辺には税や小作料などの納入が行われていた可能性を浮上させる。しかし、この木簡の性格と出土地の歴史的様相をめぐっては幾通りもの解釈が可能であり、ひいては須加荘の比定地研究を左右する可能性さえあると思われる。

　木簡の性格をめぐる第1案は、木簡を収税行為に伴う付札と解するものである。この場合は布師郷でとりまとめた税や木簡が、射水郡衙ないしその出先機関たる須田藤の木遺跡へと送られ、その後、税物等は国府へと転送されていく一方で、役目を終えた木簡だけは須田藤の木遺跡で廃棄されるという流れを想定することになる。もっとも、諸先学の研究成果に照らすならば、当該地に郡衙を比定することは困難であり、上記の選択肢では同遺跡を出先機関とする案が穏当と思われる。

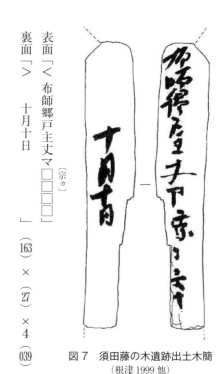

表面「＜布師郷戸主丈マ□□□□」
裏面「＞　十月十日」
(163)×(27)×4 (039)

図7　須田藤の木遺跡出土木簡
（根津1999他）

　第2案は、この木簡を小作料の納入などに伴う付札と解し、須田藤の木遺跡を荘園関連施設に比定するものである。ただし、前記の案を経過した後に、荷札をつけたまま物資が関係機関等へと転送された可能性も考えられるため、これを第3案とかかげたい。

その他、「布師郷」木簡を私出挙の関連とみて須田藤の木遺跡を豪族の拠点とみることも理論上は可能であり、これを第4案としたい。

なお、東大寺領鳴戸荘の天平宝字三年図には「三宅所　四段直稲三百束　在櫛田郷塩野村　主射水郡古江郷戸阿努君具足」とあり、当該期には郷をはるかに超越した交流の存在が把握されている（藤井 1997 他）。須田藤の木遺跡が須加荘であったのならば、布師郷がいずれの地に所在しようとも「布師郷」木簡がこの地から出土した経緯は説明が可能である。しかし、同遺跡を射水郡の出先機関と仮定し、且つ布師郷を現状で提起のある地に比定する場合は、後述のように、課税や課役の輸送という点で一考の余地が生ずるものと思われる。

須田藤の木遺跡の歴史的様相について

布師郷とは、『倭名類聚抄』にもその名を連ねる射水郡所管のそれである。従来までの文献史学的考察や遺跡の分布とその内容を鑑みるならば、確固たる郷の比定案のない高岡市五十里一二上地区と石塚遺跡群のいずれかに比定すべきと考える（川﨑 2002、堀沢 2001、根津 2006）(注6)。しかし、五十里一二上地区をいずれかの郷に比定し、同地区内にある須田藤の木遺跡を射水郡の出先機関と仮定しても、次なる輸送地と目される越中国府は同遺跡から東方5kmの高岡市伏木に射水郡衙とともに所在するとみられる（根津 2012 他）。この位置関係からすれば、国府に対し郷中でもっとも遠隔となる地に出先機関が存在したことになりうるため、現地にとっては物資輸送という点で地理的な非効率が生じるものと思われる。また、須田藤の木遺跡を射水郡の出先機関に比定し、尚且つ第Ⅱ編第1章で述べる諸郷の比定案を鑑みた場合、出先機関が対象とする郷は限定的になるかと思われる。

なお、石塚遺跡群と国府、そしてこの中間に位置する須田藤の木遺跡の計3地点は、祖父川や小矢部川などの水上交通路で連結する。しかし、そのルートは両端2地点を結ぶ最短コースではなく、したがって、須田藤の木遺跡を経由する有機性や蓋然性が問われよう。

その一案として「市」的な機能が介在した可能性も浮上するかと思われる。或いはその関連地域をより広域にまで想定し射水郡西部地域や砺波地方の一部をも対象とするものであったとしよう。しかし、砺波地方の一角を統括した出先機関とする提起のある中保B遺跡と機能面が重複する可能性がある（根津 1999 他）。また、上述のように遠からぬ地にはより多方面から荷の集まる国府や射水郡衙が所在するとみられるため、この地に市を営む必要性はより希薄なものになると思われる。さらに、郷名で記述の始まる「布師郷」付札木簡を課税や課役にかかるものとするならば、上述と併せ、須田藤の木遺跡からこれが出土した経緯を明確にする必要があると思われる。

総じて、須田藤の木遺跡をもって射水郡の出先機関と考える場合は、税物の輸送ルートという面で不整合が生じると思われるため、同遺跡はこれと異なる施設であった可能性が浮上するものと思われる。一方、須田藤の木遺跡を須加荘に比定した場合は、いまのところ特に理論的な不整合がみられず、流動性のある他の案とともに検討を要すると思われる。

結　語

本章においては、須田藤の木遺跡における発掘調査成果のほか、周辺地域における考古学的動向などを勘案することにより、東大寺領須加荘の所在を考察した。

その結果、同遺跡は越中国射水郡において須加荘と同時共存し、その活動の開始期はおろか

衰退期さえも近似することが抽出された。また、出土遺物の年代幅を勘案するかぎりでは、8世紀中頃に人為的に造営されたものと考えられるが、暗文土器の出土からは近畿地方ないしこれと近い関係にあった機関や人物との交流を開始期にすでに有していたことを窺わせ、そして装飾大刀の足金物の出土からは貴族クラスの人物と何らかの交流を有したことを窺わせている。

あるいは、「布師郷」木簡の検出からは、この遺跡が納税もしくは小作料などといった何らかの物資を徴収する機関であった可能性も浮上させるが、「郷→郡（又はその出先機関）→国」という一連の収税行為にかかる施設とするには、周辺に所在する諸遺跡や諸郷の比定地などの関連からはいくつかの論点が生じるものと思われる。

須田藤の木遺跡の周辺をめぐっては、和田説や弥永説らとともに東大寺領須加荘の比定地論が提起されてきた。しかし今のところは、和田・弥永両説の適否が問われる手洗野赤浦遺跡や岩坪岡田島遺跡からは有力な蓋然性が抽出されていないものと思われる。それに対し、須田藤の木遺跡からは本章で述べたような複数の肯定要素を見出すことができるほか、金田章裕からも同地に須加荘を比定するだけの歴史地理学的な蓋然性が提起されているなど（金田1998）、これらを総合するならば、須加荘の所在については、現状において高岡市五十里の地に比定する案が最も有力であると考える次第である。

なお、本章は現状の史・資料により考察したものであり、今後における研究と常時照合をはかるとともに、また本章へのご批判なども頂戴するなど、そうしたものを咀嚼したうえで適時その理解を更新していくこととしたい。

(注1) 麻生谷遺跡における1997年の発掘調査（高岡市教委1997）では、神楽関連とおぼしき「人長」と書かれた墨書土器も出土している（根津2000a）。
(注2) 須加山については『万葉集』の「思放逸鷹夢見感悦作歌一首（巻17-4015）」に「須加能夜麻」とあり、二上山については「二上山賦一首（巻17-3985・3985）」にそれぞれ「布多我美山」「敷多我美也麻」とある。
(注3) 天平宝字三年図における荘域南西部の「寺庄地」をして荘所と解する意見もあるが、他荘の開田図では荘所施設とおぼしきものは全て「三宅」と表記されており、また、この8年後に作製された神護景雲元年図では「寺庄地」の表記がなくなることから、筆者は必ずしもこれを荘所施設と即断すべきではないと考える次第である。
(注4) 久々忠義のご教示による。
(注5) 瀧瀬芳之の研究による。同氏は、官人が自身所有の帯金具を関係者に譲渡する類例を鑑み、大刀の装飾部位についても同様のやりとりが存在したものと考えている。
(注6) 鬼頭清明らの研究（鬼頭1989他）を参照し、且つ近年における金沢平野の発掘調査成果を鑑みるならば、当時の郷の範囲は径4km程度に修正すべきと思われる。また、遺跡の推移や内容、あるいは両者をあわせた空間的ひろがりなどを鑑みるならば、石塚遺跡群と二上―五十里地区を含めた地域は径10kmを越えるため個別の郷を構成していた可能性が高まるかと筆者は考える。
(注7) 和田説の提起された5年後には、砺波・射水両郡に施入された古代の「条里」の復元を主旨とする高瀬重雄の論考が発表されている。論中においては射水郡の「条里」のほか、「須加山」や須加荘の所在にもふれているが、和田説とほぼ同じ内容的となっている（高瀬1963）。

引用・主要参考文献

荒井隆・岡田一広	「東木津遺跡」『木簡研究』21　1999　他	
弥永貞三	『奈良時代の貴族と農民　―農村を中心として―』至文堂　1956	
弥永貞三・亀田隆之・新井喜久夫	「越中国東大寺領庄園絵図について」『續日本紀研究』第5巻第2号別冊　1958	
岩波書店	「衣服令」『律令日本思想体系』1982	
宇野隆夫	「古代荘園図研究と考古学」『日本古代荘園図』東京大学出版会 1996	
岡本淳一郎	「調査の成果と課題」『能越自動車道関埋蔵文化財包蔵地調査報告 NEJ-10・NEJ-11』　1998	
角川書店	『角川日本地名大辞典 16 富山』1979	
川﨑　晃	「『越』木簡覚書　―飛鳥池遺跡出土木簡と東木津遺跡出土木簡―」『高岡市万葉歴史館研究紀要』11　2001	
川﨑　晃	「気多大神宮寺木簡と難波津歌木簡について　―高岡市東木津遺跡出土木簡補稿―」『高岡市万葉歴史館紀要』12　2002	
木倉豊信	「東大寺墾田地を主としたる呉西地区の古代地理（上）」『富山教育』280　1936	
木倉豊信	「東大寺墾田地を主としたる呉西地区の古代地理（中）」『富山教育』287　1937	
鬼頭清明	「郷・村・集落」『国立歴史民俗博物館研究報告』22　1989	
木本秀樹	「『越中国官倉納穀交替記』をめぐる二、三の問題」『日本海地域史研究』第5輯　1984（木本『越中古代社会の研究』高志書院　2002 所収）	
金田章裕	『古代荘園図と景観』東京大学出版会　1998	
金田章裕	『古地図からみた古代日本　―土地制度と景観―』中公新書　1999	
鈴木景二	「越中における古代荘園図研究の動向」『富山史壇』129号　1999	
高 岡 市	『高岡市史 上巻』高岡市史編纂委員会編　1959	
高岡市教育委員会	「石塚遺跡」『高岡市埋蔵文化財調査概報』1982	
高岡市教育委員会	「荒見崎遺跡」『高岡市埋蔵文化財調査概報』1983	
高岡市教育委員会	「利賀野遺跡」『高岡市埋蔵文化財調査概報』1983	
高岡市教育委員会	『図録 高岡の文化財』1983	
高岡市教育委員会	『石塚遺跡発掘調査概報』Ⅰ 1986	
高岡市教育委員会	『富山県高岡市美野下遺跡調査概報』1986	
高岡市教育委員会	「下佐野遺跡　横田地区」『市内遺跡調査概報』Ⅱ　1993	
高岡市教育委員会	「間尽遺跡　高木地区」『市内遺跡調査概報』Ⅱ　1993	
高岡市教育委員会	『石塚遺跡群調査概報』Ⅲ　1995	
高岡市教育委員会	『石塚遺跡群調査概報　旭建設地区』Ⅳ　1996	
高岡市教育委員会	『石塚遺跡群調査概報　日本海ホーム地区』Ⅳ　1996	
高岡市教育委員会	「石塚遺跡　老子地区」『市内遺跡調査概報』Ⅳ　1996	
高岡市教育委員会	「石堤長光寺遺跡　長光寺墓地地区」『市内遺跡調査概報』Ⅳ　1996	
高岡市教育委員会	『麻生谷遺跡・麻生谷新生園遺跡調査報告』1997	
高岡市教育委員会	「石塚遺跡　正和地区」『市内遺跡調査概報』Ⅴ　1997	
高岡市教育委員会	「石塚遺跡　安川2地区」『市内遺跡調査概報』Ⅵ　1997	
高岡市教育委員会	「HS-02 遺跡、各地区」『市内遺跡調査概報』Ⅵ　1997	
高岡市教育委員会	「下佐野遺跡　さのクリニック地区」『市内遺跡調査概報』Ⅴ　1997	
高岡市教育委員会	「東木津遺跡　香翔地区」『市内遺跡調査概報』Ⅴ　1997	
高岡市教育委員会	「麻生谷新生園遺跡　村田地区」『市内遺跡調査概報』Ⅷ　1998	
高岡市教育委員会	「石塚遺跡　白石地区」『市内遺跡調査概報』Ⅷ　1998	
高岡市教育委員会	「東木津遺跡　丹羽地区」『市内遺跡調査概報』Ⅷ　1998	
高岡市教育委員会	『石塚遺跡群調査概報』Ⅴ　1999	
高岡市教育委員会	「石塚遺跡　福島地区」『市内遺跡調査概報』Ⅸ　1999	

高岡市教育委員会 『国吉・石堤地区遺跡調査概報』1999
高岡市教育委員会 「下佐野遺跡 新田地区」『市内遺跡調査概報』Ⅸ 1999
高岡市教育委員会 「東木津遺跡 月安地区」『市内遺跡調査概報』Ⅸ 1999
高岡市教育委員会 「岩坪岡田島遺跡」『市内遺跡調査概報』Ⅹ 2000a
高岡市教育委員会 『須田藤の木遺跡調査報告』2000b
高岡市教育委員会 『高岡市遺跡地図』2000c
高岡市教育委員会 「東木津遺跡 堀井地区、セーブオン地区、チックタック地区」『市内遺跡調査概報』Ⅹ 2000d
高岡市教育委員会 『石塚遺跡・東木津遺跡調査報告』2001
高岡市教育委員会 「東木津遺跡 丹羽地区」『市内遺跡調査概報』Ⅺ 2001
高岡市教育委員会 「東木津遺跡 山崎地区」『市内遺跡調査概報』Ⅺ 2001
高岡市教育委員会 「石塚江之戸遺跡」『市内遺跡調査概報』Ⅻ 2002
高岡市教育委員会 『中保B遺跡調査報告』2002
高岡市教育委員会 『下佐野遺跡試掘調査概報』2003
高岡市教育委員会 「東木津遺跡 島宇地区」『市内遺跡調査概報』ⅩⅢ 2003
高岡市教育委員会 『間尽遺跡調査報告』Ⅱ 2004
高岡市教育委員会 『間尽遺跡調査報告』Ⅲ 2004
高岡市教育委員会 『岩坪岡田島遺跡調査概報』2005
高瀬重雄 「越中における条里の研究」『越中史壇』27号 1963
瀧瀬芳之 「大刀の佩用について」『埼玉考古学論集』(財)埼玉県埋蔵文化財調査事業団 1991
東京大学史料編纂所 『日本荘園絵図聚影』釈文編一 古代 東京大学出版会 2007
ときめきウェディング株式会社・高岡市教育委員会 『石塚江之戸遺跡調査概報』2001
富山県 『富山県史 史料編Ⅰ 古代』1970
富山県 『富山県史 通史編Ⅰ 原始・古代』1976
富山県教育委員会 『富山県埋蔵文化財調査報告書Ⅲ 井波町高瀬遺跡 入善町じょうべのま遺跡 発掘調査報告書』1974
富山県文化振興財団埋蔵文化財調査事務所 「岩坪岡田島遺跡」『埋蔵文化財調査概要 平成11年度』2000
富山県文化振興財団埋蔵文化財調査事務所 「手洗野赤浦遺跡」『埋蔵文化財調査概要 平成11年度』2000
富山県文化振興財団埋蔵文化財調査事務所 『とやま発掘だより ―平成22年度発掘調査速報―』2011
西井龍儀 「頭川間尽遺跡・寺家廃寺」北陸古瓦研究会編『北陸の古代寺院 その源流と古瓦』桂書房 1987
根津明義 「中保B遺跡」『木簡研究』21 1999
根津明義 「(富山)県西部地域における古代交通研究」『大境』20・21合併号 2000a
根津明義 「須田藤の木遺跡」『木簡研究』22 2000b
根津明義 「越中国西部地域における東大寺領諸荘の所在について」『古代荘園絵図聚影』古代釈文編ワークショップ資料 2004
根津明義 「越中国射水郡における東大寺領諸荘について ―現地比定をめぐる研究史と諸問題―」『富山史壇』147号 越中史壇会 2005
根津明義 「越中国射水郡における諸郷の所在について」『富山史壇』149号 広瀬誠先生追悼号 2006
根津明義 「越中国府と古代北陸道」藤井昭二・米原寛・布村昇監修『富山湾を知る42のクエスチョン 富山湾読本』北日本新聞社 2012
平川南 「家持と日本海沿岸の文字世界」『家持の争点Ⅰ高岡市萬葉歴史館叢書13』2001
藤井一二 『東大寺開田図の研究』塙書房 1997
堀沢祐一 「越中国の律令祭祀と官衙遺跡」『フォーラム古代北陸の国と郡の成り立ち』第2回「富山の奈良時代を掘る」フォーラム資料 2001
松村恵司 「古代のムラを掘る」『考古学ゼミナール 古代を発掘する』六興出版 1992
松村恵司 「古代集落と在地社会」『土地と在地の世界をさぐる』山川出版社 1996

皆川隆男・福島雅儀・成瀬正和・岡田文男 「福島県須賀川市稲古館古墳出土鉄刀の構造調査」『日本文化財科学会第15回大会発表要旨』1998
山口辰一 『常国遺跡・発掘調査現地説明会資料』1995
山中敏史 『古代地方官衙遺跡の研究』塙書房 1994
吉川敏子 「越中国射水郡東大寺領荘園図」 金田章裕・石上英一・鎌田元一・栄原永遠男編『日本古代荘園図』東京大学出版会 1996
米沢　康 『北陸古代の政治と社会』法政大学出版局 1989
和田一郎 「越中の東大寺墾田」高岡市史編纂委員会編『高岡市史 上巻』1959

28 第Ⅰ編　東大寺領荘園の開田図と現地比定

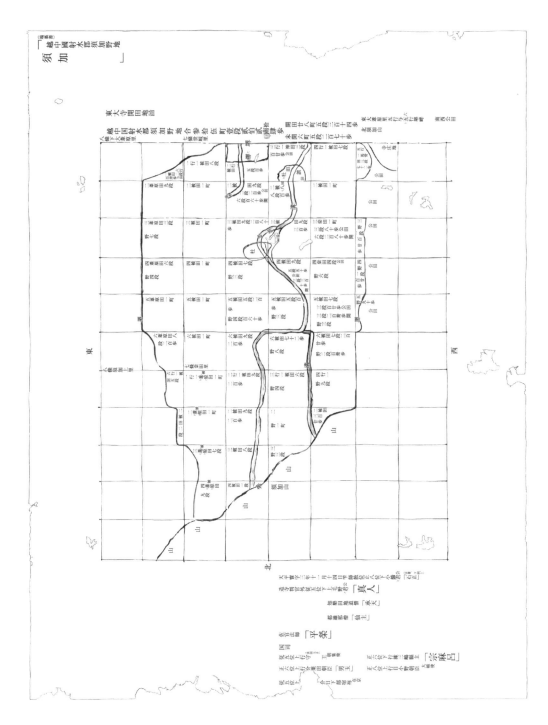

図8　越中国射水郡須加開田地図
（東京大学史料編纂所『日本荘園絵図聚影』釈文編一　古代　より転載）

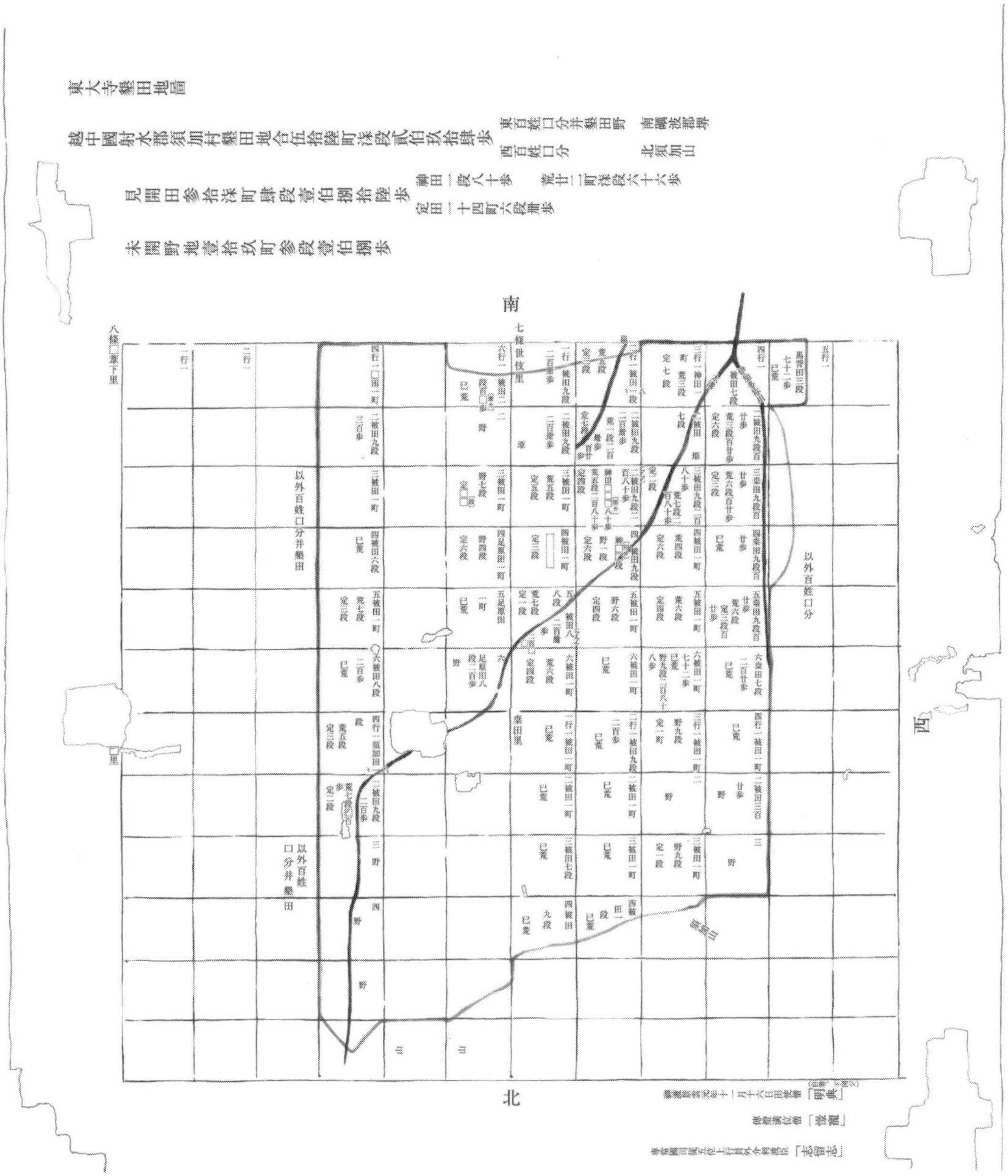

第２章　東大寺領須加荘の所在にかかる考古学的考察　29

東大寺墾田地図

越中國射水郡須加村墾田地合伍拾陸町漆段貳拾玖歩

東百姓口分井墾田　南礪波郡堺
西百姓口分　　　　北須加山野

見開田参拾漆町肆段陸拾捌歩
定十四町六段卅歩　廿二町漆段六十六歩

未開野地壹拾玖町参段壹伯捌歩

南

北

図９　越中国射水郡須加村墾田地図
（東京大学史料編纂所『日本荘園絵図聚影』釈文編一　古代　より転載）

第3章　東大寺領榎田荘の所在にかかる考古学的考察

はじめに

　越中国射水郡には4荘の東大寺領荘園が所在した（以下「4荘」）。これらの現地比定は、史料数の限定により定見を得るに至っていない。

　しかし、これまで現地比定研究に殆ど参入のなかった考古学の側では、一定の考察を可能とする資料の蓄積がある。この視点より、筆者は須加荘の現地比定などについて論じた経緯があるが（根津 2005c 他）、本章では、更なる考察の一つとして榎田荘の所在について述べることとしたい。

1　榎田荘およびその現地比定

榎田荘の概要

　榎田荘は、射水郡の7条から10条までに施入された東大寺領荘園であり、天平宝字三年図や『東大寺越中国荘園惣券』（東南院文書）などを主な史料とする。同図では8条と9条に南北方向の溝が描画され、また、「野」が一帯を占める荘域東部では開墾が顕著ではない状況を図示する。さらに、荘域北側に顕著な「買」の表記からは、周辺の在地的な墾田地などを買収し荘域の拡大をはかったことを窺わせる。

　榎田荘は、天平宝字3年(759)の段階では130町8段192歩の墾田地を有していたが、その8年後には157町2段160歩にまで荘域を拡大する。しかし、天暦4年(950)では天平宝字3年時に逆戻りし、さらに長徳4年(998)の『東大寺諸荘文書幷絵図等目録』によれば40町8段192歩

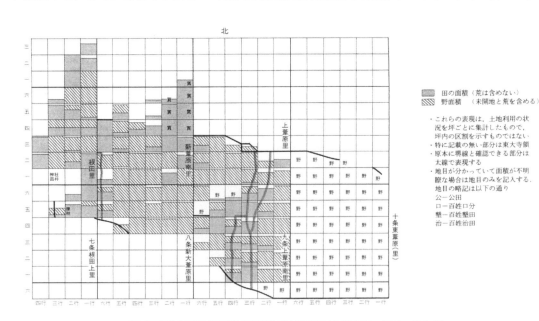

図1　「越中国射水郡榎田開田地図」概略図（吉川1996の図を一部合成）

にまで墾田地が減少する。ちなみに、同文献では「右郡々庄田 悉荒廃」とあり、また、寛弘2年(1005)には東大寺から未地子の督促が寄せられているが、これらをふまえ、他荘と同様に榎田荘もまた、当該期において衰退の道を歩んでいたとの理解が提起されている(角川書店1979他)。

現地比定にかかる諸問題と研究小史

4荘の現地比定は、まず周辺各地に点在する地名や地理的資料などの検討にはじまり、そしてその成果を「条里」網により帰納的に体系づけていくという方法がとられてきた。

しかし、越中国諸荘の開田図には南北方向の「条里」の明示がなく、また「条里」網の基点や方位などを確定する方法論も見出されていない。さらに、地名などの残存も必ずしも良好ではないなど、こうした不確定要素の介在により、結局のところ諸荘の現地比定研究は、多方面から得られる蓋然性が複数提起されることをもって論拠とする傾向にあった。

その意味からも、研究史上では新たな視角の追究がもとめられてきた。近年では本格的な歴史地理学的方法論を導入した金田章裕の研究が提起され、現地比定は飛躍的な進捗をみせた。しかしながら、同氏の研究により抽出された「条里プラン」という新たな理論は、従来までの「条里」に依存する研究法に一石を投じるのみではなく、現地比定研究の複雑さを再認識させる結果となっている(金田1998)。

本章で問題とする榎田荘の所在をめぐっては、これまでにも和田一郎をはじめ、木倉豊信や金田章裕の諸氏から比定案が提起されている。

和田は、文献史学的考察を基礎としながらも、「条里」により算出される4荘間の東西間隔や歴史地理学的な方法論のほか、現地の伝承までも積極的に活用し、第1章図2のような現地比定案を提起している(和田1959)。

榎田荘については、開田図に描画される2つの水路と7条榎田里3行1の「社(井神田)」が、それぞれ祖父川・五十玉用水・「樋詰の神社」に符合しうると提起する。また、この荘園の名を「クボタ」とよみ、自身が荘域の西部に比定する高岡市「窪田」をこの転訛とする理解を併記している。その他、同氏は4荘すべての比定案を帰納的に体系づけており(和田1959)、この点も結果として論拠の一つとなっている。

木倉の論考は、4荘の所在を考察した最初の論考である。しかし、現在の高岡市国吉の南方から同市泉ケ丘の北方を結ぶラインをもって古代における砺波—射水両郡の境界とすることや、高岡市域の石堤地区と国吉の中間に位置する「境」という地をもって射水郡の条限とするなどの点で独自性もみられる。

榎田荘については高岡市街地の中央から西部に比定している。これには、須加荘を高岡市五十里に比定する自説との「条里」的な整合性のほか、開田図における「南 利波射水二郡境」という記述と自らの説く郡境案が符合すること、さらには荘園名である「榎田」を「ウタ」ないし「ヲタ」とよむことにより付近に現存する高岡市「和田」をこの転訛と考えること、あるいは「野(未開地)」が一帯にひろがる荘域東部を水田耕作に不適格な高岡台地と符合することなど、これらを主要な根拠とする(木倉1936他)。

金田章裕の比定案も、自身の説く須加荘の比定案をある程度基点にすえて4荘の現地比定に着手している。ただし、同氏は従来までの成果をふまえながらも、綿密な歴史地理学的考察を新たに追加し、これを考察の基軸にすえ、榎田荘については高岡市戸出の北方にあたる同市十二町島や林などの地を荘域に比定している(金田1998、第1章図5)。ちなみに、同荘もさることながら、

現状ではこの金田の提起する4荘の比定案が最有力と評されている。

2　各史料および周辺遺跡との検討

現地比定にかかる着眼点の抽出

　『越中国諸郡庄園惣券第一』によれば「榎田村野地　壹伯参拾町捌段壹伯玖拾貳歩」とあり、榎田荘は4荘のなかで最も多くの墾田地を有するとともに、比較的早い段階でその数値に達していたことが窺われる。ただし見開の比率が低く、田地としての諸条件を先天的には満たしていなかった可能性もあるかと思われ、この点も今後現地比定をしていくうえでの検討事項に浮上する可能性があるかと思われる。

　なお、現地比定にかかる考古学上の有効な方法論としては、発掘調査による荘所施設の検出のほか、物証となる資料の抽出が挙げられよう。この点からすれば、開田図に荘所の明示がない榎田荘には一定の限界があるといえる。しかし、荘域は東西2km以上に達するため比定地を特定する際には相応の空間を確保せざるをえない。また、現地の考古学的成果や周辺地理との対比もより多く検討できるという利点をもつ。さらに、一部の条里が須加荘と共通し、あるいは開田図に「東西北公田　南利波射水二郡境」とあることから、同荘の所在や郡境を掌握すれば榎田荘の位置も一定範囲に照準をしぼることができる。

　現状において砺波―射水両郡の境界は未確定であるが、図2のA地点の東方とB地点の周辺を何らかのかたちで結ぶラインが一応の目安になると思われる。A地点の付近では砺波郡川合郷に比定される麻生谷遺跡群が所在するが、これより数kmほど東方では射水郡に施入された須加荘の所在が確実視でき（木倉1937、弥永他1958、和田1959、金田1998 他）、理論上はA地点の東方に郡境の所在が考えられる。また、B地点の南北は砺波郡内に施入された石粟荘と射水郡櫛田郷の比定案が提起されており（金田1998、根津2006a 他）、この周辺にも郡境が所在した可能性が問えると思われる。

　C地点では、砺波郡ないし砺波地方の出先機関などの機能を有したとする一案のある中保B遺跡が所在し（根津2005b）、D地点は射水郡布師郷とする比定案が提起されている石塚遺跡群が所在しているため（堀沢2001、根津2006a 他）、このC―D間にも郡境の所在したことが検討される。

　なお、E地点の戸出古戸出遺跡では竪穴住居らで構成される古代の庶民的な集落が把握されている（根津2004他）。周辺では同時期と目される包蔵地群が所在することから（高岡市教委2000b）、概してこの近隣では村落的な様相が所在した可能性がありうる。現状において同遺跡群は調査件数が少ないものの、位置的には砺波郡に所属する可能性が高いとみられるため、大局的にはこの北方にも砺波―射水両郡の境界が所在したものと考えたい。

　これらの考察が妥当であれば、砺波―射水両郡の境界は上述した各地点を通過していく可能性が高く、ひいてはそのラインと南接する榎田荘もまた、この付近に所在した可能性が高まる[注1]。ちなみに、これまでに提起された研究者諸氏の比定案も榎田荘をこのラインの近辺に比定しているが、和田・木倉両説については、現地に所在する石塚遺跡群との位置関係から一定の考察が可能と筆者は考える。

石塚遺跡群と東木津遺跡

　榎田荘の所在を考古学的に考察する前段として、その比定案が集中する高岡市佐野の周辺に所

第3章　東大寺領楔田荘の所在にかかる考古学的考察　33

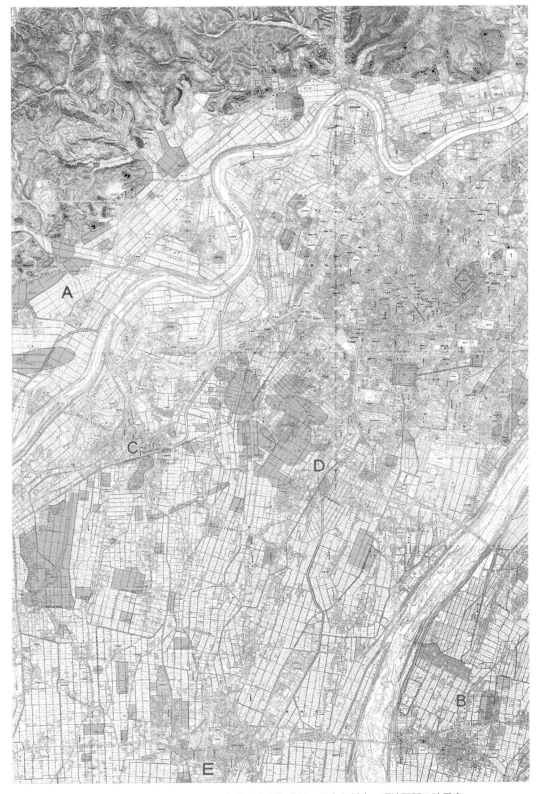

図2　富山県西部地域における埋蔵文化財包蔵地の分布と射水─砺波両郡の境界案

在する石塚遺跡群や、この一角を構成する東木津遺跡について述べておきたい。

　石塚遺跡群は、弥生時代中期から近現代までの長期に及ぶ継続期間を有することから在地発生的な様相をもつと考える。古墳時代においては小規模ながらも古墳群が形成され、古代においても東木津遺跡のような官衙的施設が造営されることから、他地域と比して一定の独自性を有していた可能性をがある。ちなみに、上記の東木津遺跡からは「布忍(師)郷」という焼成前刻書を有する横瓶も出土しており(第Ⅱ編第1章図2)、これを主な論拠として周辺を同郷に比定する意見が提起されている(堀沢2001、根津2006a 他)。

　なお、前出の東木津遺跡からは、庇をもつ建物をはじめ、これと同様の方位をもつ掘立柱建物群が検出されており、概して官衙色を帯びるとともに規格・計画性をもって造営されたことが窺われる。また、幾何学的な文様などを有する数個体の円面硯のほか、種子札や「□二月六日便(裏面に「郡」に類似した墨痕あり)」とあるものを含む十数点の木簡も検出されており、これらに対応する活動が現地に介在した可能性がある。さらに、「宅」「明家」「川相」「悔過」「大」「庄」「助郡」などの墨書土器の出土からは、中心施設とおぼしき構造物を有していたほか、荘園や仏教、あるいは郡との関連も検討範囲にいれる必要がありうる。

　これらのことから、東木津遺跡については周囲に展開する在地的な様相を基盤としながらも、当該期において官衙的な機能を有する施設として造営されたものと考えたい。ただし、一定有力者の活動拠点となる郡衙及び荘園などの関連遺跡から多く出土する傾向にあるとされる種子札や(平川2001 他)、上記した多種多様な検出物、さらには終始一貫して官衙的な様相を呈しながらも、存続期間が8世紀中頃から9世紀前半代までの短期に限定されることなどを総合するならば、従来までの理解による「郷」という概念だけでは理解のできない部分もあるかと思われる。

　なお、当該期における隣郡の一端が記された『越中国官倉納穀交替記』をめぐり、「川上村」ら3村に正倉の記述があることを受け、これらが砺波郡衙の機能の一部を代行していたとする提起がなされている(木本1987、山中1994)。一つの見通しとして、東木津遺跡でも一定地域を統括する何等かの役割を一時的なりとも有していた可能性があるものと提起する次第である。

　ちなみに、東木津遺跡からは下記の釈文を有する木簡も出土しているなど、同遺跡をめぐっては尚も詳細な検討を要する現状にあるものと思われる(注2)。

　　　表面「気笶神宮寺涅槃浄土䅖米入使」
　　　裏面「□暦二年九月五日廿三枚入布師三□□」　　(154)×(21)×5　(011)
　　　　　〔延ヵ〕　　　　　　　　　　　　　　〔閒又は閣ヵ〕

石塚遺跡群との位置関係から

　和田一郎による槇田荘の比定案は、荘域の中央から東部が石塚遺跡群と重複する(図3)。この点から同説の適否を検討したい。

　和田が提起する蓋然性については前記したが、近年、荘域の中央に位置する石名瀬A遺跡から古代の溝が検出され肯定要素が追加された可能性がある。その溝は南北方向に流路をとり、また人面墨書土器らを使用する祭祀が行われたていたが、その年代から槇田荘の存続期間と一致するとみてよく、また9条において変形H状を呈する溝と遠からぬ位置的関係にあるからである(高岡市教委2012a)。さらに、未調査区が大多数を占める現状にあるとはいえ、開田図の作成された8世紀第3四半期における在地の様相と荘域は現状で辛うじて重複しておらず(高岡市教委

2012b他)、この点も一見して肯定的な要素の一つといえる可能性がある。

　しかし、石塚遺跡群については農耕を経済基盤にすえたとみられることから、その活動範囲は埋蔵文化財包蔵地のみならずその周辺にもひろがりをみせていたと思われる。よって、図3に示す重複関係には大きな矛盾がないようにも見えるが、現地で展開していた活動をも考慮するならば、必ずしも符合をしない可能性があり、そうした地を東大寺が占有可能であったかは検討を要すると思われる。

　また、開田図には「南　利波射水二郡境」とあり、和田説では石塚遺跡群の南部を分ち2郡に編成することになる。近江国覇流村のように1村を2郡におよぶものと解する研究事例もあるが(弥永1958他)、富山平野の西部地域を俯瞰しても、石塚遺跡群のような拠点的遺跡群は数km間隔で分散する傾向にあり(富山県教委1993他)、この地においては上記のように編成された可能性は低く、よって荘域は遺跡群より南方に比定すべきと考える。

　さらに、和田が荘域8条の溝に比定する祖父川も、中保B遺跡の調査成果から古代における水上交通路であったことが判明している(高岡市教委2002他)。往時の本流やこれに合流する湧水路が如何なるものであったかにもよるが、前者とするには開田図の描画とは符合しないものと思われ、この地に楮田荘を特定するには別途その蓋然性をしめす必要があると思われる。

　あるいは、荘域東部の北辺は東木津遺跡と一部重複するが、その近隣には同遺跡における中心的建物群などが造営され、出土遺物の年代からは開田図の作成時期に近いものも存在した可能性がある。また、もとより周辺は前述のように郷などを比定しうる様相が所在したが、開田図における「東西北公田」という記述と不整合をきたすものと思われる。

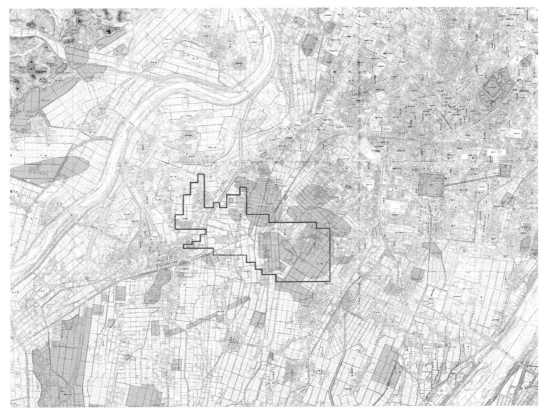

図3　和田説における楮田荘比定案と周辺の埋蔵文化財包蔵地

一方の木倉説では、和田説よりもやや北側の地に榎田荘を比定している。しかし、開田図における「南 利波射水二郡境」の記述よりすれば、木倉説では石塚遺跡群を砺波郡の郡域に比定したことになるが、上記のようにこの周辺を射水郡の所管とする指摘があり（堀沢 2001、根津 2006a 他）、検討を要する。なお、木倉説では「野」が集中する荘域の東部を水田耕作に不向きな高岡台地に比定しうることを論拠の一つとしているが、開田図における「田」については水田以外にも畠などがこれに含まれることが既に指摘されており（金田 1998）、木倉における上記の論拠は少なくとも現地比定の絶対条件にはなりえない。

総じてこれらのことを鑑みるに、和田・木倉両説については、石塚遺跡群との重複関係から立証が困難となる可能性があると思われる。そして、これにともない榎田荘については、同遺跡群の南方に比定すべきと考える次第である。

中保B遺跡との対比

次に、前出の高岡市中保B遺跡について検討をしておきたい。同遺跡は7世紀後半代に一時的に盛行した在地豪族層の拠点とおぼしき様相のほか、8世紀中頃から11世紀前葉まで存続する計2相が所在した。後者については、前相の廃絶から数十年の時を隔てた律令期の渦中に造営され、その当初から整然と配された建物群などの遺構群が常設されていたと考えられる。

また、8世紀中頃の暗文土器が出土しており、開始当初から近畿地方やこれと近い関係にある諸機関と交流をもっていた可能性を浮上させ、さらに、木簡や転用硯を伴うことからは当該地に官衙的な活動が行われていたことを裏付ける。そして「津三」「案調」両墨書の検出に加えて船着場や倉庫群などを伴うことからは、水上交通による輸送行為やこれにかかる文書管理を担当した案主の介在を窺わせる（根津 2005b）。

榎田荘の西部は須加荘と同条に位置する。須加荘をめぐっては高岡市手洗野に比定する一案があるが（和田 1959 他）、中保B遺跡は手洗野の南方にあたり且つ砺波郡との郡境付近に立地するほか、榎田荘と同時期に物流を伴う官衙的な施設として造営されたことが判明しており、概して同荘との対比が避けられない位置関係にあるといえる。

しかし、中保B遺跡の倉庫群は9世紀中頃には活動を停止するとみられ、榎田荘との時間的な符合がみられない。また、側柱構造の「屋」で当該期の倉庫の殆どが構成されていた可能性があり（高岡市教委 2002）、その場合は調庸物を専門的に収蔵する倉庫であるか、もしくは穎稲を一時的に保管する施設であった可能性が高い（山中 1994）。したがって、これらの考察が正しければ、中保B遺跡は必ずしも荘所施設とする限りでもないと考える。

また、中保B遺跡の建物群を榎田荘の荘所施設と考えるならば、越前国坂井郡に施入された東大寺領桑原荘の事例と対比をする必要があると思われる。天平勝宝7歳（755）の『東大寺越前国桑原庄券第二』によれば、同荘では「買屋」のほか、「草葺板敷東屋」や「板倉」などの計8棟の建物で荘所施設を構成していたほか、見開も最大で42町ほどであった。しかし、当該期の榎田荘の「見開」は桑原荘よりも少ない26町余りから29町弱にとどまるものの、中保B遺跡では桑原荘を上回る建物数が同じ時期に所在していた可能性があり、榎田荘の荘所とするには数量的な差異が生じる[注3]。

中保B遺跡の歴史的性格をめぐっては、水上交通にかかる周辺地域との歴史地理学的考察や、前掲の『越中国官倉納穀交替記』への考察（木本 1987、山中 1994）を参照し、在地的な様相を基盤としながらも、一時的に砺波郡もしくは砺波地方における出先機関として機能したとする意見を

はじめ、「市」的な機能を有していた可能性、あるいは在地豪族層による擬任郡司や副擬任郡司というかたちでの地域統括への参入を想定する意見がある(根津 2006b 他)。

しかしながら、これらの意見がある程度正しければ、中保B遺跡を榎田荘の一角に比定することは困難なものとなるほか、図2のような郡境案を鑑みるならば、現状では同遺跡の東方に榎田荘を比定するべきと考える次第である。

結　語

榎田荘の所在をめぐっては、前記のように、遺跡というものを直接的な指標にすえて現地比定を行うには条件的に困難が伴う。しかし、須加荘との位置関係をはじめ、従来までの諸先学の成果や近年における考古学的成果などを総合的に検討するならば、その照準が特定されていくと考える。

その結果、和田・木倉両説については、石塚遺跡群との位置関係という点で不整合が生ずるものと考え、その南方に榎田荘を比定すべきと考えるに至った。ただし、周辺地域における考古学的な研究の成果により、砺波―射水両郡の境界については図2にしめす範囲が現時点で濃厚と思われ、については同ラインと概ね南接する榎田荘の所在はこの付近が南限になるものと思われる。

また、前記した中保B遺跡への理解が正しければ、榎田荘はこれより東方に所在した可能性が高まる。さらに、同荘域は東西約2kmに及ぶため、現地比定にかかる諸条件を満たす相応の空間を用意する必要があるなど、総じてこれらを鑑みるに、榎田荘は高岡市佐野南部の一帯に所在した可能性が高いと考える次第である。

(注1)　古代における郡境については、明確な識別の有無をめぐり慎重論も提起されている(舘野 1998 他)。榎田荘の開田図における郡境の明示は、田租の納入先を特定するために、その所属を明確にする必要があった可能性もあるものと思われる。。
(注2)　この点については、大川原竜一により東木津遺跡への歴史的性格をめぐる新たな提起もある(大川原 2006)。周辺には気多神を奉る神社もあることから傾聴に値する研究と考えるとともに、その進展を待ちたい。また木簡については、表面の2文字目は上下に「多」と「大」を配する複合体と解した。紀年は正暦二年(991)のほか、文字の配置と出土遺跡の消長から延暦二年(783)の可能性を提起する。人名「布師三□」の不明文字は門構えに「敢」又は「龜」を書く「闞」や「䦧」の異体字かと考える。また釈文不明ながらさらにもう1文字分の墨痕がみられる(根津 2015)。
(注3)　文中の「買屋」については規格が突出するが、各地の考古学的事例と対比するに5間×3間の建物となる可能性が高いと思量する。この数値が建物の外形をしめす場合は片面ないし両面に庇を有する可能性が浮上し、については建物群の中でも中心的な存在であった可能性が浮上するものと考える。

引用・主要参考文献
弥永貞三　『奈良時代の貴族と農民　―農村を中心として―』至文堂　1958
弥永貞三・亀田隆之・新井喜久夫　「越中国東大寺領庄園絵図について」『續日本紀研究』第5巻第2号別冊　1958
大川原竜一　「東木津遺跡出土の文字資料をめぐって」『第34回古代史サマーセミナー(富山)』研究発表資料　2006

角川書店　『角川日本地名大辞典 16 富山』1979
木倉豊信　「東大寺墾田地を主としたる呉西地区の古代地理（上）」『富山教育』280　1936
木倉豊信　「東大寺墾田地を主としたる呉西地区の古代地理（中）」『富山教育』287　1937
木本秀樹　「『越中国官倉納穀交替記』をめぐる二、三の問題」『日本海地域史研究』第 5 輯　1984（木本『越中古代社会の研究』高志書院　2002 所収）
金田章裕　『古代荘園図と景観』東京大学出版会　1998
金田章裕　『古地図からみた古代日本　―土地制度と景観―』中公新書　1999
高 岡 市　『高岡市史 上巻』高岡市史編纂委員会編　1959
高岡市教育委員会　『石塚遺跡発掘調査概報』I　1986
高岡市教育委員会　「下佐野遺跡　新田地区」『市内遺跡調査概報』Ⅸ　1999
高岡市教育委員会　『須田藤の木遺跡調査報告』2000a
高岡市教育委員会　『高岡市遺跡地図』2000b
高岡市教育委員会　「東木津遺跡　堀井地区、セーブオン地区、チックタック地区」『市内遺跡調査概報』Ⅹ　2000c
高岡市教育委員会　『石塚遺跡・東木津遺跡調査報告』2001a
高岡市教育委員会　「東木津遺跡 丹羽地区」『市内遺跡調査概報』Ⅺ　2001b
高岡市教育委員会　「東木津遺跡 山崎地区」『市内遺跡調査概報』Ⅺ　2001c
高岡市教育委員会　『中保B遺跡調査報告』2002
高岡市教育委員会　「東木津遺跡　島宇地区」『市内遺跡調査概報』ⅩⅢ　2003
高岡市教育委員会　『戸出古戸出遺跡発掘調査概報』Ⅱ　2004
高岡市教育委員会　『石名瀬 A 遺跡調査報告』2012a
高岡市教育委員会　「下佐野遺跡（豊原地区）」『市内遺跡調査概報』ⅩⅪ　2012b
舘野和己　『日本古代の交通と社会』塙書房　1998
東京大学史料編纂所　『日本荘園絵図聚影』釈文編一　古代　東京大学出版会　2007
富 山 県　『富山県史 史料編Ⅰ 古代』1970
富 山 県　『富山県史 通史編Ⅰ 原始・古代』1976
富山県教育委員会　『富山県埋蔵文化財包蔵地図』1993
富山県埋蔵文化財センター『富山県高岡市 下佐野遺跡発掘調査報告書』2012
根津明義　「須田藤の木遺跡」『木簡研究』22　2000
根津明義　「越中国西部地域における東大寺領諸荘の所在について」『古代荘園絵図聚影』古代釈文編ワークショップ資料　2004
根津明義　「越中国射水郡における東大寺領諸荘について　―現地比定をめぐる研究史と諸問題―」『富山史壇』147 号　2005a
根津明義　「古代における物資輸送の一形態　―主に内陸における船着場遺構への認識をめぐって―」藤井一二編『古代の地域社会と交流』岩田書院　2005b
根津明義　「東大寺領須加荘の所在にかかる考古学的考察」『富山史壇』148 号　2005c
根津明義　「越中国射水郡における諸郷の所在について」『富山史壇』149 号 広瀬誠先生追悼号　2006a
根津明義　「古代越中における河川交通と歴史環境　―在地系官衙的施設の出現と歴史的背景―」藤井一二編『金沢星稜大学共同研究報告 北東アジアの交通と経済・文化』桂書房　2006b
根津明義　「『氣炎神宮寺』雑考」『富山史壇』176 号　越中史壇会　2015
福 井 市　『福井市史・資料編 1 考古』1983
藤井一二　「楔田荘」平凡社編『日本歴史地名体系 16 巻 富山県の地名』1994
藤井一二　『東大寺開田図の研究』塙書房　1997
堀沢祐一　「越中国の律令祭祀と官衙遺跡」『フォーラム古代北陸の国と郡の成り立ち』第 2 回「奈良時代の富山を掘る」フォーラム資料　2001
山中敏史　『古代地方官衙遺跡の研究』塙書房　1994
和田一郎　「越中の東大寺墾田」高岡市史編纂委員会編『高岡市史 上巻』1959

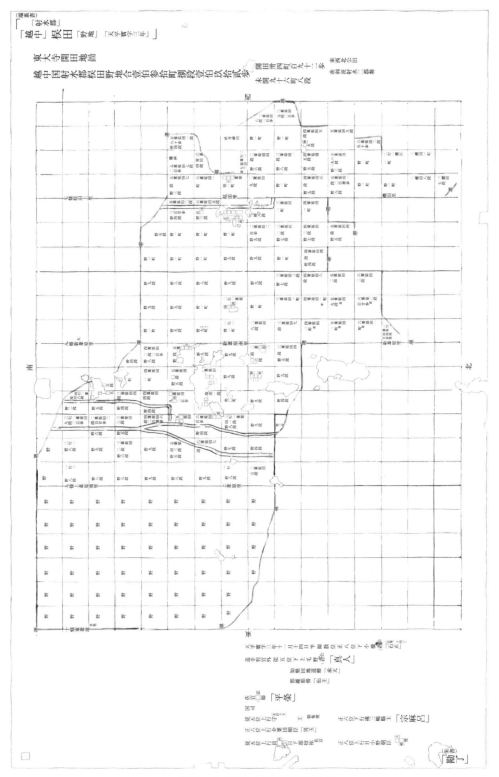

図5　越中国射水郡楔田開田地図
（東京大学史料編纂所『日本荘園絵図聚影』釈文編一　古代　より転載）

第4章　東大寺領鳴戸・鹿田両荘の現地比定にかかる一考察

はじめに

　越中国射水郡には4荘の東大寺領荘園が存在した。その現地比定は80年ほどの研究史を重ねるものの、史・資料の数量的限定により未だ定見をみるに至っていない。
　しかし、近年では歴史地理学や考古学などの新たな視角から検討を試みる動きもみられるようになっている。過去に筆者も考古学的な手法により須加・榎田両荘の所在について論じたが(根津2005・2006)、本章では現在活用しうる資料をもって可能な限り残る2荘の現地比定について考察することとしたい。

1　研究小史

　射水郡における東大寺領荘園の現地比定は、各荘を単発にもとめていくのではなく、4荘全てを体系的に比定していく手法がとられてきた。それは、開田図に記載の条里を指標とする帰納的研究を目指したことに他ならない。しかし、その条里も基点や方位が不明確であるうえに南北方向の条里の記載がなく、旧地名の残存も必ずしも良好ではないなど、これらの不確定要素により研究史には停滞と新視角への追究が帯同する。
　鳴戸・鹿田両荘の現地比定をめぐっては、木倉豊信をはじめ、和田一郎や金田章裕などから具体的な提起がある。
　和田の説は、開田図の条里表記から抽出される4荘の東西間隔と、中山有志による射水郡の

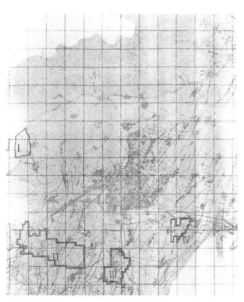

図1　和田説における4荘比定案
和田(1959)より転載

「条里」の復元案(中山1958)を活用し、帰納的に現地比定を試みている。また、歴史地理学的な方法論や現地の伝承までも積極的にとり入れるという特徴を有する。
　なお、同説における須加荘の比定案には他にも有力説が提起され(木倉1936、金田1998他)、また榎田荘に至っては、荘域東部が同時期に存続する石塚遺跡群と重複することから成立は困難な状況にあると思われるが(根津2005)、そこに至る理論については傾聴に値しよう。
　和田説においては鳴戸荘を高岡市駅南地区に比定している。それには、まず他荘の比定案や「条里」から相対的に候補地を限定していき、そのうえで開田図に描画される四至や諸条件を現地の地理と照合し、より具体的に所在を特定していくという過程をふむ。

ちなみに榎田―鳴戸間に東西1条の空間が生じていることについては、旧庄川の本流(現・千保川)と、この恵みによる公田の所在によるものとしている。

鹿田荘についても前述のような帰納的手法により現地比定を行っている。ただし、開田図等に「櫛田神分一段」とあることから荘域周辺を櫛田神社の勢力圏とした。また『越中国諸郡庄園惣券第一』における「北 法花寺溝」の記述にも着目し、自身が国分尼寺を比定する高岡市蓮花寺付近に鹿田荘を比定した(和田1959、図1)。

和田説と異なり、木倉豊信は鳴戸荘を射水市串田の西方に比定している。これは天平宝字三年図の「三宅所 四段 直稲三百束 在櫛田郷塩野村(以下略)」という記述から、自らが同郷の故地と考えるこの地に注目をしたものである。

また、鹿田荘の所在をめぐっては、和

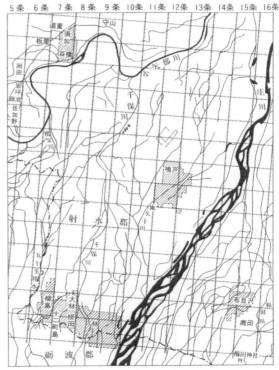

図2　金田説における4荘比定案
金田(1998)より転載

田と同様に「北 法花寺溝」の記述に注目した。ただし、木倉自身は高岡市伏木に国分尼寺を比定する見解にあり、同荘をしてこの遠からぬ「(高岡市)能町か野村以北の地」に比定している。さらに、付近の地名「下田」を鹿田(かだ)の転訛とみる試論を付している(木倉1937他)。

現状において最も支持を受けている比定案が金田章裕のそれである。同説は本格的な歴史地理学的研究を追加し、水系パターンをはじめとする綿密な考察を駆使して現地比定にのぞんでいる。その結果、鳴戸荘については湿地状を呈する高岡市駅南に、鹿田荘は射水市布目沢周辺の高燥地に比定している(金田1998、図2)。

しかしながら、前者については和田説における鹿田荘の比定地と近接するため両説の争点となる。また、条里プランにまつわる一連の学説の提起は、従来的な「条里」観に基づく研究に対し抜本的な再検討をせまる結果となるなど、確実に研究は進展をみせるものの複雑さを増している。

その一方で、近年では考古学的な発掘調査事例が相次いでおり、新たな資料の追加を現実的に望める環境が生まれつつある。

2　鳴戸荘の所在をめぐって

鳴戸荘の概要

鳴戸荘には天平宝字三年図と神護景雲元年図の2図が伝存する(図3)。前者では荘域中央に「沼」とあるほか、これより発し北東方向へとはしる水路が描画され、後者では「川成」「川所」などが追加され、また水利の描画も複雑となる。これらの状況から、当該地を比較的湿地状を呈

42　第Ⅰ編　東大寺領荘園の開田図と現地比定

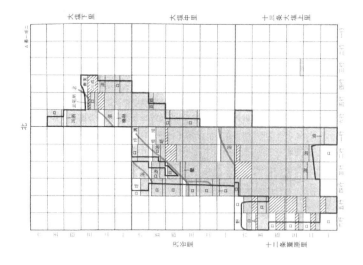

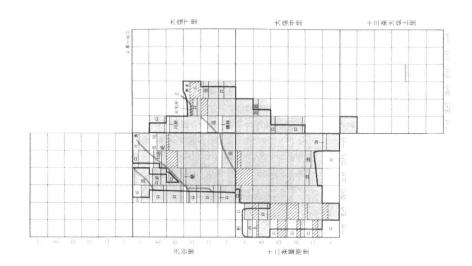

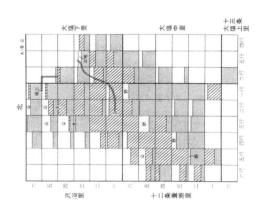

図3　鳴戸荘の2図概略図
上段：神護景雲元年図概略　　中段：左記修正　　下段：天平宝字三年図概略
（吉川1996掲載図を転載・加工）

する環境にあったとする指摘がある。また『越中国諸郡荘園惣券第一』には「東南西北公田」とあり、鳴戸荘の施入される以前から既に在地による開墾が及んでいたとの提起もある（金田1998他）。

2図とも荘域の北東部に荘所施設の所在が図示されているが、天平宝字三年図にはこの他に「三宅所 四段直稲三百束 在櫛田郷塩野村（以下略）」とあり、現地以外にも荘所的な施設が存在した。ただし、荘域内の荘所施設は同図では2段であったが、神護景雲元年図では4段に、また塩野村所在の「三宅所」も記載がなくなるため、後者の図が作成される8年の間に両者の統合が行われたとみられる。

なお、越前国諸荘の事例に比して塩野村の「三宅所」は高額で取引されており、動産も含めた賃貸であったとの指摘もある（藤井1997他）。また、鳴戸荘については天平宝字3年(759)の時点で53町3段10歩の荘域を有し、8年後も大きな変化はみられないものの、見開の比率が約6割から約9割に増加している。この比率は丈部荘と並び越中国内で最も安定した数値を示しており、鳴戸荘の周辺が比較的開墾に適した環境にあった可能性を窺わせよう。

既往説の再検討

射水郡の7-8条に位置した須加荘を高岡市手洗野から五十里までに所在するものと仮定し、且つ条里プランが当該地域において一様の方眼が展開されていたとしよう。この場合、鳴戸荘は現在の庄川から西へ数kmまでの空間に理論上比定すべきこととなるが、この範囲のうちでは高岡市駅南をはじめ、同市佐野東部や江尻が上記のような自然環境と符合する可能性があり、また前1者周辺には先学の比定地も所在する。以下ではこれらを指標とし、同荘の現地比定を行う上で焦点とするべき地域を限定していくこととしたい。

前記の和田説では高岡市駅南地区に鳴戸荘を比定している。「三宅」の該当地点に古代の埋蔵文化財包蔵地（以下「包蔵地」又は「遺跡」）は重複しないが、付近に所在する上黒田遺跡（図4-A）や下黒田遺跡（同-B）への検討により一定の言及が可能と思われる。

上黒田遺跡の周辺には、幾筋もの水利や耕作に適した地が現在広がっており、鳴戸荘が耕作率の高い荘園であったことなどと符合する。しかし、同遺跡周辺からその北方には自然段丘がひろがり、比較的明瞭な断崖をもってその南西を見下ろす地形を呈する。したがって、神護景雲元年図に描画の南西から北東へとはしる水路があるとすれば、その水は上記の段丘を遡上しなければならず、よって和田説は成立困難と思われる[注1]。

現地との不整合は、図4に示した荘域を北北西に移動した場合、すなわち発掘調査により地下に埋蔵文化財が実在した下黒田遺跡の西端部分を鳴戸荘の「三宅」と考えた場合でも起こりうる[注2]。こちらは荘域東部の開田率の非常に高い地点と上黒田遺跡が重複してしまい、その是非が問われる。

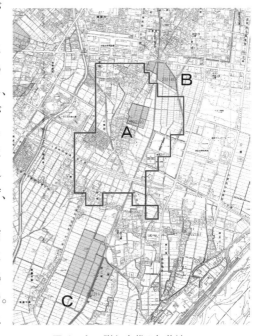

図4 和田説と古代の包蔵地

図5　高岡市常国遺跡遺構全体図　　（高岡市教委2008に加筆）

　鳴戸荘の比定案としては、この他にも射水市串田の西方に比定する木倉豊信のそれがある。同説では比定地を具体的に図示しておらず局所的な検討をすることは困難であるが、その周辺に位置し8世紀代の官衙的な掘立柱建物群を検出した常国遺跡の発掘調査成果を検討しておく必要があろう。

　しかし、この掘立柱建物群は建て替えが少なく長期の存続を望めない。また、概ね9世紀初頭以降の同地には、より庶民的な竪穴住居群が形成されるという（高岡市教委2008他）。したがって『東南院文書』により天暦4年(950)まで存続が確認できる鳴戸荘、とりわけ官衙的な様相を呈するとみられる荘所施設を常国遺跡における周知の遺構群にもとめようにも、検出物との乖離が現状では明瞭である。

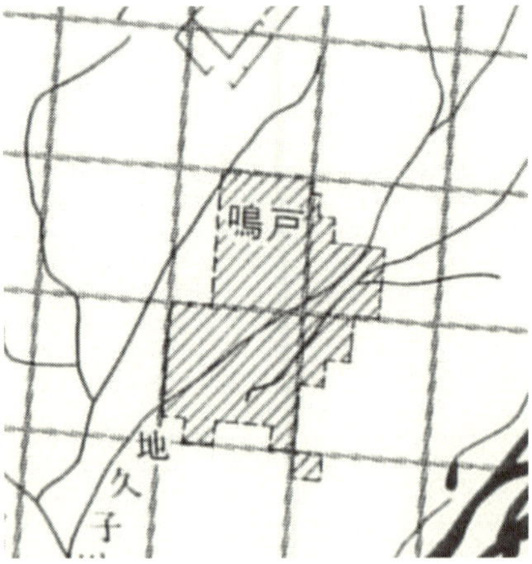

　また、常国遺跡では古代の収蔵施設がいまのところ希薄であり、越前国桑原荘などの事例と相違する。さらに、周辺は櫛田郷の故地と目され在地豪族層の拠点も所在する可能性があるなど、総じて現状では、常国遺跡を荘域北東部の「三宅」と解するには多方面で論点が派生するものとみられる。

　なお、常国遺跡を東大寺領石粟荘など計3荘の荘所施設とする提言もあるが（金田1998他）、上述のように現状ではこれに相応する倉庫は検出されていない。ただし、常国遺跡が鳴戸荘の三宅の機能の一部を短期間代行した可能性は残ると思われる。天平宝字三年図では櫛田郷塩野村に「三宅所」の所在したことが明記されており、常

図6-1　金田説の鳴戸荘比定案
図2の一部を拡大

国遺跡がこれに該当する可能性もあるかと考える次第である。

　鳴戸荘の所在をめぐっては、高岡市駅南に比定する金田章裕の案も提起されているが（金田1998、図6-1, 2）、その周辺については地理的環境が開田図の記述と概ね符合するなど、検討に値する要素がある。

　しかしながら、近年における周辺地域の発掘調査成果をひもとくに、同案には次のような検討課題も派生する。鳴戸荘の荘域南東部では高い開田率を呈していたが、同説では荘園と存続期間の近い赤祖父羽佐間遺跡（図6-2・D）が重複するため両者の共存関係が問われる。

　また、同説では前田墓所遺跡（図6-2・E）の付近が荘域中央の「沼」に該当することになるが、同遺跡西方の発掘調査や周辺での地中レー

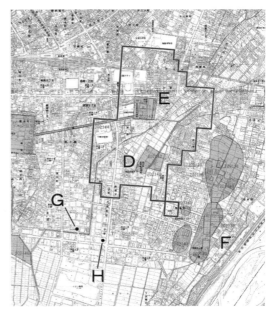

図6-2　金田説と古代の包蔵地

ダー探査では、これに比定しうる土層の変化は確認できなかった（高岡市教委1989他）[注3]。したがって「沼」の位置や規模をめぐってはある程度の修正を要する可能性がある。

　なお、図6-2・F地点（出来田南遺跡）や同G地点（旧HS-02遺跡）では、現地表面から20cm程掘削して所謂「地山」が検出されている（高岡市教委1998他）。しかし、これらと標高に大差のない同H地点（旧HS-02遺跡）では、深さ1m以上もの湿地状の土層が確認されており（高岡市教委1997）、こうした急激な土層の変化を指標に「沼」の存在を模索するのも、現地比定にかかる材料抽出の一案と考える次第である。

　もっとも、金田説は4荘の所在が目される地域に一様の条里プランが施行されていたものと仮定し、またこれを前段に展開するものである。しかし、仮に河川等により分割される小地域ごとに条里プランを形成する何らかの要素が異なっていたならば、上記のような相違は十分に起こりうるため、その実態究明が急がれる。

周辺遺跡からの検討

　諸先学の成果をふまえ、尚且つ古代の包蔵地を一つの指標とし、さらに条里（プラン）を活用し帰納的な考察を行った場合、机上に浮かび上がる比定案は複数に及ぶ。ここでは、そのうちの検討するべきものについて、その蓋然性などを述べていくこととしたい。

　須加荘と楔田荘を、それぞれ高岡市須田藤の木遺跡の周辺と同佐野南部に比定し（根津2005他）、且つ当該地域の条里プランが一様の方眼にて展開されているものと仮定す

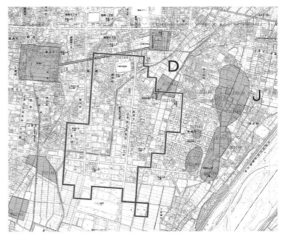

図7-1　鳴戸荘の現地比定試案Ⅰ
赤祖父羽佐間遺跡を「三宅」と仮定した場合

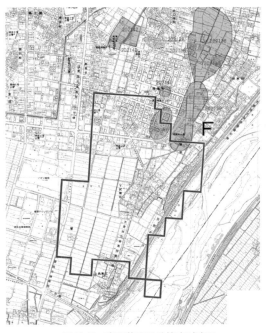

図 7-2　鳴戸荘の現地比定試案Ⅱ
出来田南遺跡を「三宅」と仮定

るならば、射水郡の 12-13 条に位置する鳴戸荘は同市二上東部周辺から中田周辺を結ぶライン上で、且つ前述のような環境を呈する地に所在する可能性が浮上する。

　この条件を備える地としては高岡市駅南と同江尻が挙げられよう。現状では資料的な限界もあるが、本章においては下記のような視点や論点が発生することを指摘しておきたい。

　高岡市駅南には複数の古代の包蔵地が周知されている（高岡市教委 2000）。仮にこのうちの赤祖父羽佐間遺跡（図 7-1・D）を鳴戸荘の「三宅」とするならば、開田率の高い地点と古代の包蔵地が重複することはなく、また、開田図に描画される水路と形状の似るものが付近に所在するなど、視覚的な類似点を部分的ながらも見出すことができる。現状において上記の遺跡からは鳴戸荘の「三宅」が所在することを想定できる資料の検出はなく（高岡市教委 1998 他）、今後実施される発掘調査の成果が注目されよう。

　それに対し、井口本江遺跡（図 7-1・J）を鳴戸荘の「三宅」と仮定する場合は、開田率の高い荘域東部と南東部に出来田南遺跡などが重複するため双方の内容が符合しない。

　その出来田南遺跡（図 7-2・F）を「三宅」と考えた場合でも、荘域北部に高岡問屋センター遺跡が重複するため双方の共存を証する必要があるほか、須加・楔田両荘の有力比定案から想定しうる条里（プラン）と本案のそれとは南北方向の位置関係が明らかに符合しなくなる。

　ただし、これは当該地の条里（プラン）が全域にわたり一様の方眼を呈していたと仮定してのものであり、たとえば地域ごとに条里（プラン）にも方位や基点に変化があった場合は、上記の限りではない。

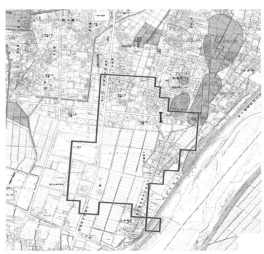

図 7-3　鳴戸荘の現地比定試案Ⅲ
高岡問屋センター遺跡を「三宅」と仮定

　また、出来田南遺跡では高床倉庫とみられる総柱建物のほか、事務棟などに比定できるもの、文書活動の介在を示す転用硯や木簡などが出土しており（高岡市教委 2000 他）、周辺には官衙的な様相が所在したとみられる。さらに、都市計画道路能町庄川線の建設に伴う D 地区の調査では、古代に存続したとみられる「大溝」が検出されている（富文振 2012）。その位置関係よりすれば、付近を流れる現代の水路が「大溝」を古代から踏襲するものと考えられるが、この流路は、開田図の示す荘域中央の「沼」から北東へとはしる「溝」のそれとある程度流路の形状が類似し、ひいては鳴戸荘の現地比定の検討課

第 4 章 東大寺領鳴戸・鹿田両荘の現地比定にかかる一考察 47

題にも浮上しよう。
　次に、高岡問屋センター遺跡（図 7-3・I）を鳴戸荘の「三宅」と仮定する案を検討したい。この場合は、荘域内における開田率の高低と古代の包蔵地の重複関係については矛盾をきたすことがない。しかし、条里（プラン）との整合性、とくに南北方向のそれが検討課題となるなど、全ては鳴戸荘の「三宅」と確定される遺構や遺物の検出がこの適否を明らかにすることになると思われる。
　一方の高岡市江尻についても述べておきたい。仮に須加荘を高岡市五十里説（木倉 1936 他、金田 1998、根津 2005 他）に比定し、且つこの地から江尻までに一様な条里プランが施行されていたならば、江尻 A・B・C、及江尻南遺跡といった計 4 遺跡が机上論として鳴戸荘の「三宅」の比定地候補として注意されてくる。
　これらについては発掘調査が殆ど行われておらず、今後の発掘調査の進捗を待つこととなるが、『越中国諸郡荘園惣券第一』の「東南西北公田」という記述よりすれば、当該地は施入時において在地による開墾が既に及んでいたとみられるが（金田 1998 他）、今のところ古代の包蔵地の密集度は低く、また所管先となる郷の中心地からは比較的距離をおく存在であった可能性があるなど（根津 2006）、双方には勢力的な温度差もあるようにも思われる。さらに、駅南地区と異なり「櫛田郷塩野村」に所在した「三宅所」まで一定距離を有するうえ、他説に比したとえば物資輸送に有用な水利を介した両地の連結がみられないなどの論点もある。
　次に西二塚東藤平蔵遺跡（図 4・C）を鳴戸荘の「三宅」と仮定する場合について検討したい。こちらは射水郡の 7-8 条に位置する須加荘を高岡市手洗野に比定することとなるが、同荘には他に有力な比定地もあり検討を要する状況にある（木倉 1936 他、金田 1998 他）。また、これと連動し 15-16 条の高燥地に所在したと目される鹿田荘は、高岡市江尻と同市中田を結ぶライン上にもとめざるを得ないが、そこで唯一この環境を呈する高岡台地さえ重複部分が狭小となり、同荘を比定するだけの面積をもとめるには不十分である。

3　鹿田荘の所在をめぐって

鹿田荘の概要
　鹿田荘は射水郡の 15-16 条に施入された東大寺領荘園である。天平宝字三年図は伝存しないが、同年（759）の『越中国諸郡庄園惣券第一』では 29 町 3 段 100 歩が計上されており、その存在を確認できる。ただし長徳 4 年（998）までこの数値に大きな変動はなく、短期間で見開が飛躍的に増大した鳴戸荘とは対照をなす。
　現地比定にあたっては、神護景雲元年図の荘域東部に記載の「三宅所」のほか、「物部石敷在家」「榛林并神社」などが注目される。また『越中国諸郡庄園惣券第一』に「東南公田　西石川朝臣豊成墾田　北法花寺溝」とあるほか、開田図にも「櫛田神分一段」とあり、周辺は既に在地による開墾が及んでいた可能性があるなど（金田 1998 他）、総じて現地比定にあたっては、8 世紀中頃に成立した官衙的な施設と在地的様相が並存する地に「三宅所」の所在を求めるべきものと思われる。

和田説と金田説
　鹿田荘への現地比定は、鳴戸荘へのそれと連動し議論が重ねられてきた。すなわち、和田説では鹿田荘を湿潤な地理的環境にある高岡駅南に比定し、一方の金田説では同地に鳴戸荘を、そして鹿田荘を現在の射水市布目沢の高燥地に比定しているからである。

48　第Ⅰ編　東大寺領荘園の開田図と現地比定

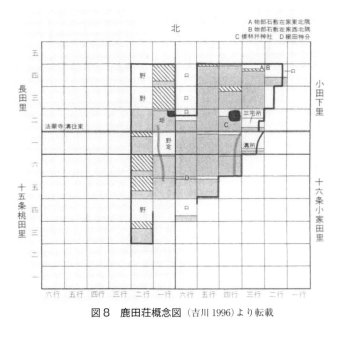

図8　鹿田荘概念図（吉川1996）より転載

もっとも、天平神護3年(767)の『民部省符案』には「鹿田庄　新応掘溝地一処長九十丈広四尺深二尺応損公田一百二十歩(以下略)」とあり、この記述と越前国諸荘の水路を対比するに、同荘は高燥地上に所在した可能性が高く（金田1998他）、現状においては金田説に説得力があるとみられる。

なお、和田説における鹿田荘の比定地付近には「蓮華寺」という寺院や地名が所在するほか、瓦硯や鉄鉢などの発見から、同地に国分尼寺を比定する案も早くから存在したが（高岡市教委1983他）、和田は『越中国諸郡庄園惣券第一』の「北　法花寺溝」という記述をもとに、鹿田荘をして国分尼寺付近に所在したとの理解を新たに加え、自説の根拠としている。

しかし、全国的な発掘調査の事例を参照するならば、同寺は国分僧寺や国府などとともに一定地域に密集する傾向にある。越中におけるこれらの所在は高岡市伏木を有力視でき、和田説とは符合しない(注4)。さらに、「法花寺溝」の記述をめぐっても、開田図における「京□□寺溝」という記述に対応し同寺院を大和国法華寺と解するならば、国分尼寺を高岡市蓮華寺に比定する限りではないとの提起もあるなど（藤井1973）、今のところ和田説にとって不利な要素ばかりが多方面から抽出される傾向にある。

なお、鹿田荘をめぐっては、「（高岡市）能町から野村以北」に比定する木倉豊信の説もあるが（木倉1937）、この地も高燥地とは言いがたい地理的環境にあることから、同荘の比定地としては相応しくない可能性が高いかと思われる。

鹿田荘の所在をめぐって

鹿田荘の所在を検討するために、開田図に記載の条里より抽出される4荘の東西間隔等を援用し、試験的な考察を進めていくこととしたい。

射水郡の7-8条に施入された須加荘を、諸先学に照らし高岡市手洗野から五十里までの地に所在するものと仮定し（木倉1937、弥永他1958、和田1959、金田1998他）、且つ条里プランが一様の方眼を呈し当該地域に展開していたものと想定しよう。さらに射水郡の15－16条に所在した鹿田荘については在地的な様相の並存する高燥地上に所在した可能性があるなど、これらの諸条件を総括するならば、同荘は消去法的に射水市南西部にあたる旧大門町の台地上が所在地候補に浮上するものと思われる。

この成果は、金田章裕による鹿田荘の比定案（金田1998）と概ね符合し、また同案における「三宅所」該当地周辺には布目沢北遺跡などが所在するため、その発掘調査成果に注目が集まるところである。現状において同遺跡は古代の様相が希薄であり（富山県教委他1993他）、今後に実施され

る周辺の発掘調査や新たな古代の包蔵地の増減などの動向を見守るべき段階にあると考える次第である。

結　語

　越中国射水郡に施入された4荘への現地比定は、木倉豊信が最初の論考を提起して以来80年ほどの研究史を重ねるが、実態としては史・資料の数量的限定による停滞期も多く含まれる。また、この現状を打開するべく新たな資料の追加を現実的に望める考古学的な発掘調査事例も残念ながら希少な現状にある。

　しかし、既出の比定案への検討をはじめ、現状で周知されている遺跡の位置関係やその発掘調査成果などを勘案する限り、鳴戸荘の所在をめぐっては高岡市駅南と江尻の動向に今後注意をするべきと考えるに至った。ことに図7-1から図7-3に示す3案については、幾つかの課題は残るものの現状では一考の余地があるものと思われる。一方の鹿田荘の所在については、地理的な制約などから射水市南西部に着目する必要があると考える次第である。

　なお、本章については現史・資料によるものであり、以降の追究はこの追加とそれに基づく再検討、及び研究者諸氏によるご批判などを踏まえて適宜行うこととしたい。

(注1)　この点をめぐっては神護景雲元年図の信憑性が論点に浮上しよう。同図は校班田図などを合成したものを、現地踏査を経ずして正本化されたことが指摘されているが（金田1998他）、筆者は開田図の示す内容に大きな齟齬はないものと考える。なおその詳細は第Ⅰ編第5章にて述べることとしたい。
(注2)　現行の文化財保護行政下における包蔵地の指定にいたる経緯とは、過去の調査歴や周辺地形、あるいは現地表面に遺物が散布していることなどを鑑み、行政職員がこれを仮定するものであり、その範囲も流動性を伴う。
　　　　したがって、包蔵地上に開発行為を行う場合は、事前に試掘調査を実施し、その有無を確認することとなっているが、実際に試掘調査の結果、遺跡が確認されなかった例も皆無ではない。
(注3)　平成13年度における高岡市教育委員会の調査成果による。
(注4)　「越中国分寺跡」として国指定史跡となっている付近を高岡市教育委員会が試掘調査を実施し、国分寺の最盛期と目される8世紀中頃（又は後半）から10世紀代の遺物のほか、古代瓦が比較的多量に出土している。また、瓦塔も出土しており興味深い（高岡市教委2003）。
(注5)　本章は、東京大学史料編纂所における2004年の『日本荘園絵図聚影』釈文編古代ワークショップの席上で発表した内容に、修正・加筆を施して作成したものである。

引用・主要参考文献
弥永貞三　『奈良時代の貴族と農民　―農村を中心として―』至文堂　1958
弥永貞三・亀田隆之・新井喜久夫　「越中国東大寺領庄園絵図について」『續日本紀研究』第5巻第2号別冊　1958
宇野隆夫　「古代荘園図研究と考古学」『日本古代荘園図』東京大学出版会 1996
小口雅史　「荘所の形態と在地支配をめぐる諸問題」『土地と在地の世界をさぐる』山川出版社　1996
角川書店　『角川日本地名大辞典16 富山』1979
木倉豊信　「東大寺墾田地を主としたる呉西地区の古代地理（上）」『富山教育』280　1936
木倉豊信　「東大寺墾田地を主としたる呉西地区の古代地理（中）」『富山教育』287　1937

金田章裕　『古代荘園図と景観』東京大学出版会　1998
鈴木景二　「中における古代荘園図研究の動向」『富山史壇』129号　1999
大門町教育委員会　『布目沢北遺跡』1990
高 岡 市　『高岡市史　上巻』青林書院新社　1959
高岡市教育委員会　『八丁道遺跡調査概報』Ⅰ　1985
高岡市教育委員会　『八丁道遺跡調査概報』Ⅱ　1989
高岡市教育委員会　『前田墓所遺跡調査概報』Ⅰ　1989
高岡市教育委員会　『前田墓所遺跡調査概報』Ⅱ　1990
高岡市教育委員会　『前田墓所遺跡調査概報』Ⅲ　1990
高岡市教育委員会　『高岡市埋蔵文化財分布調査概報』Ⅱ　1991
高岡市教育委員会　『高岡市埋蔵文化財分布調査概報』Ⅲ　1991
高岡市教育委員会　『高岡市埋蔵文化財分布調査概報』Ⅴ　1991
高岡市教育委員会　『高岡市埋蔵文化財分布調査概報』Ⅶ　1996
高岡市教育委員会　『高岡市埋蔵文化財分布調査概報』Ⅷ　1997
高岡市教育委員会　『市内遺跡調査概報』Ⅵ　1997
高岡市教育委員会　「鷲北新遺跡　区画整理地区」『市内遺跡調査概報』Ⅶ　1998
高岡市教育委員会　「赤祖父羽座間遺跡　定田地区」『市内遺跡調査概報』Ⅶ　1998
高岡市教育委員会　『高岡市埋蔵文化財分布調査概報』Ⅹ　1999
高岡市教育委員会　『常国遺跡調査報告』2008
高岡市教育委員会　『戸出古戸出遺跡発掘調査概報』2000
高岡市教育委員会　「出来田南遺跡」『市内遺跡調査概報』Ⅹ　2000
高岡市教育委員会　『高岡市遺跡包蔵地図』2000
高岡市教育委員会　「出来田南遺跡　黒川仏壇地区」『市内遺跡調査概報』Ⅺ　2001
高岡市教育委員会　「滝遺跡」『市内遺跡調査概報』Ⅻ　2002
高岡市教育委員会　「出来田南遺跡黒川仏壇擁壁工事地区」『市内遺跡調査概報』Ⅻ　2002
高岡市教育委員会　「越中国府関連遺跡　奥村地区」『市内遺跡発掘調査概報』2003
高岡市教育委員会　『戸出古戸出遺跡発掘調査概報』Ⅱ　2004
東京大学史料編纂所　『日本荘園絵図聚影』釈文編一　古代　東京大学出版会　2007
富 山 県　『富山県史 史料編Ⅰ 古代』1970
富 山 県　『富山県史 通史編Ⅰ 原始・古代』1976
富山県教育委員会　『富山県埋蔵文化財包蔵地図』1993
富山県文化振興財団埋蔵文化財調査事務所　「都市計画道路能町庄川線街路関連遺跡発掘調査」『平成23
　　　　年度埋蔵文化財年報』2012
富山県埋蔵文化財センター・大門町教育委員会　『大門町企業団地内遺跡発掘調査報告』(1)　1991
富山県埋蔵文化財センター・大門町教育委員会　「布目沢北遺跡第3次調査」『大門町企業団地内遺跡発
　　　　掘調査報告』(2)　1992
中山有志　「氷見平野における条里遺構」『越中史壇』第9号　1958
根津明義　「越中国西部地域における東大寺領諸荘の所在について」『古代荘園絵図聚影』古代釈文編ワー
　　　　クショップ資料　2004
根津明義　「越中国射水郡における東大寺領諸荘について　―現地比定をめぐる研究史と諸問題―」『富
　　　　山史壇』147号　2005
根津明義　「東大寺領須加荘の所在にかかる考古学的考察」『富山史壇』148号　2005
根津明義　「越中国射水郡における諸郷の所在について」『富山史壇』149号 広瀬誠先生追悼号　2006
根津明義　「東大寺領楔田荘の所在にかかる考古学的考察」『富山史壇』151号　2007
氷 見 市　『氷見市史』3　1998
氷見市教育委員会・富山大学考古学研究室　『氷見市埋蔵文化財分布調査報告』Ⅰ　1994

氷見市教育委員会・富山大学考古学研究室　『氷見市埋蔵文化財分布調査報告』Ⅱ　1995
氷見市教育委員会・富山大学考古学研究室　『氷見市埋蔵文化財分布調査報告』Ⅲ　1995
氷見市教育委員会・富山大学考古学研究室　『氷見市埋蔵文化財分布調査報告』Ⅳ　1996
氷見市教育委員会・富山大学考古学研究室　『氷見市埋蔵文化財分布調査報告』Ⅴ　1997
氷見市教育委員会・富山大学考古学研究室　『氷見市埋蔵文化財分布調査報告』Ⅵ　1998
福 井 市　『福井県史・資料編1　古代』1983
藤井一二　「法華寺の造営と寺領」『ヒストリア』63　1973
藤井一二　『東大寺開田図の研究』塙書房　1997
山口辰一　『常国遺跡・発掘調査現地説明会史料』1995
山中敏史　『古代地方官衙遺跡の研究』塙書房　1994
吉川敏子　「越中国射水郡東大寺領荘園図」金田章裕・石上英一・鎌田元一・栄原永遠男編『日本古代荘園図』東京大学出版会　1996
和田一郎　「越中の東大寺墾田」『高岡市史　上巻』高岡市史編纂委員会編 1959

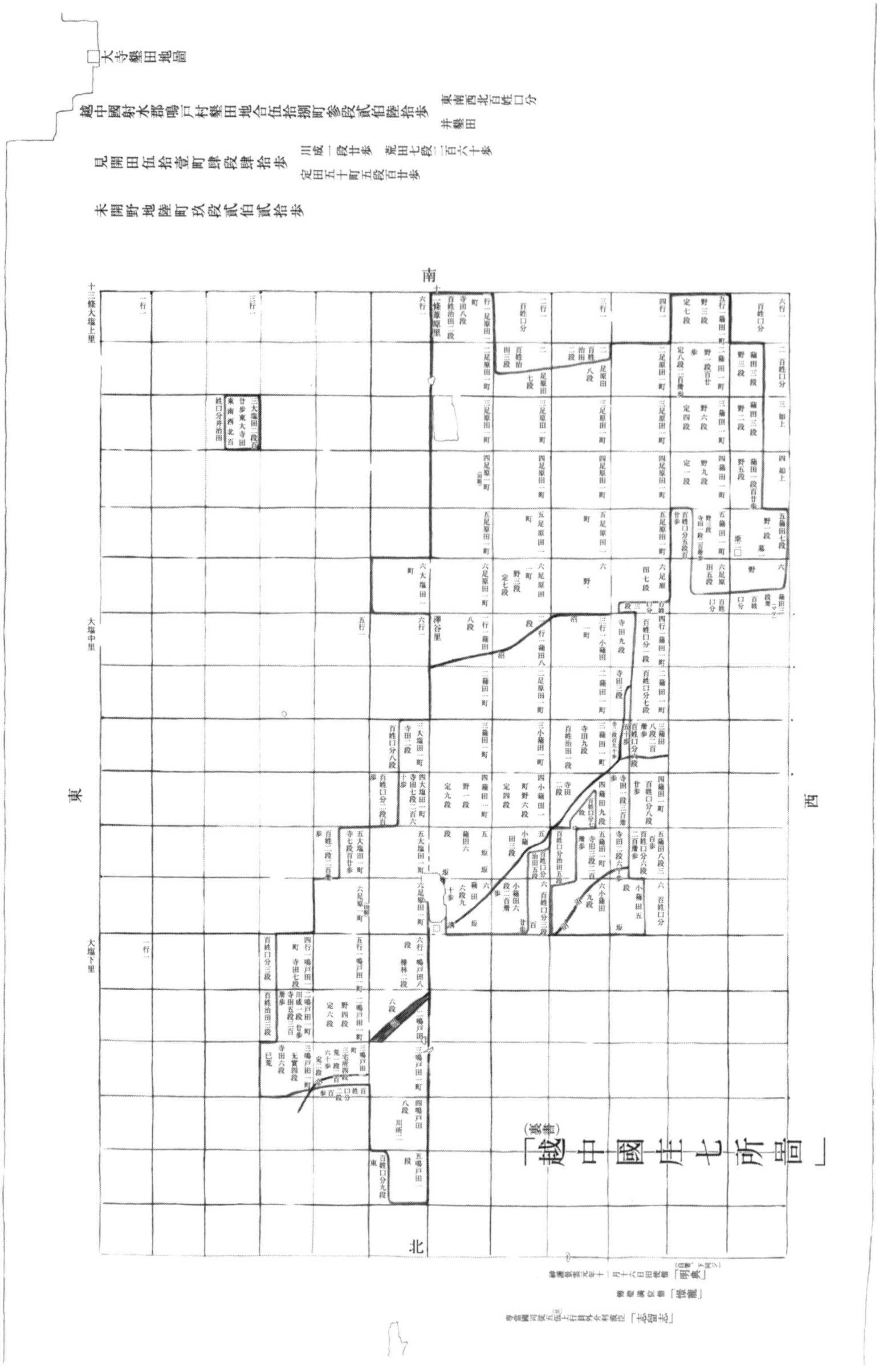

52　第Ⅰ編　東大寺領荘園の開田図と現地比定

図9　越中国射水郡鳴戸村墾田地図
（東京大学史料編纂所『日本荘園絵図聚影』釈文編一　古代　より転載）

第4章 東大寺領鳴戸・鹿田両荘の現地比定にかかる一考察 53

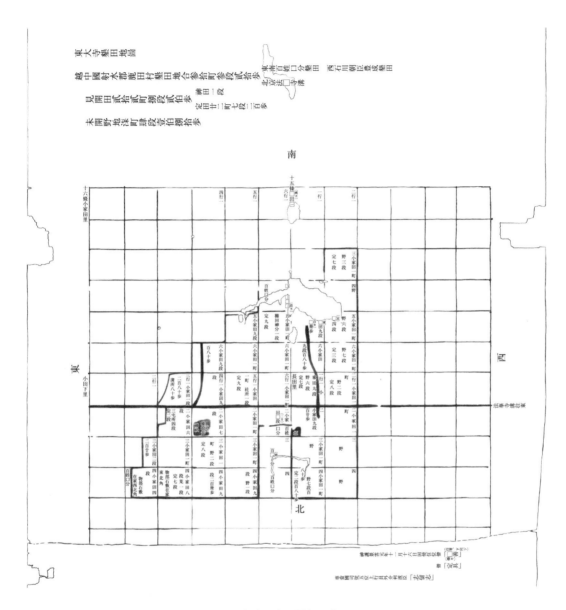

図10 越中国射水郡鹿田村墾田地図
(東京大学史料編纂所『日本荘園絵図聚影』釈文編一 古代 より転載)

第5章　東大寺領越中諸荘における開田図の作成

はじめに

　律令制と該期の文化を象徴する東大寺、その経済を支えた諸荘の開田図は、同寺の傍らに建つ正倉院等に1250年前後の時を越え伝存する。
　このうちの『大和国額田寺伽藍並条里図』は極彩色に描画され、『越前国坂井郡高串村東大寺大修多羅供分田地図案』に至っては山々に木々を、「串方江」では波や魚など象徴的なものさえ描かれている（図1）。しかし、主要施入国の一つである越中の開田図は、上記と異なり絵画的表現が希薄であり、また、天平宝字三年図は修正箇所も多く、中には美観を損なうものすらある（図3）(注1)。
　以上のような表現の相違は如何にして生じたのか。その点については諸先学の卓見もあるが（藤井1993他）、筆者は作成過程にもその要因が潜在するものと考える。また、その作成過程の考察からは、大藪（荊）荘における2図の相違や、須加荘の現地比定をめぐる論点などについても言及が可能と思われ、その詳細を述べることとしたい。

第1節　天平宝字三年図における修正

　図の修正は、ときに美観を損なうものの、図の精度を追求した結果に発生するという経緯からは、開田図の趣旨や作成方法を反映するものと思われる。
　以下では、『日本荘園絵図聚影 釈文編一 古代』（東大史料編纂所 2007）に基づき開田図上における修正法を整理し、また、筆者なりの考察を添え、以後の考察に繋げることとしたい。

1　開田図にみえる修正法

重書
　該当部分に正字を上書きすることで誤記を修正及び抹消するものであり、後述の水滲抹消などと異なり、どの作成段階においても使用可能な修正法である。
　しかし、上書きが抹消を兼ねる構造に加え、文字列のバランスなどを配慮する必要性などが関係してか、修正箇所の目立つ天平宝字三年図でも3図6箇所を数えるにすぎない。

顔料塗布・正字上書
　本修正法は、誤記を顔料で塗抹し同所に正字を上書きするものであり、今日の修正液を用いるそれと近似する。
　越中の天平宝字三年図では「君」の字の修正として普遍的にみられるが、これは関係者の竿師散位正八位下小橋公(君)石正と造寺司判官外従五位下上毛野公(君)真人の名を記す際、当初記載の「君」を「公」に改めたことをさす。なお、「君」の字は開田図作成の直前に天皇にのみ使用

第 5 章　東大寺領越中諸荘における開田図の作成　55

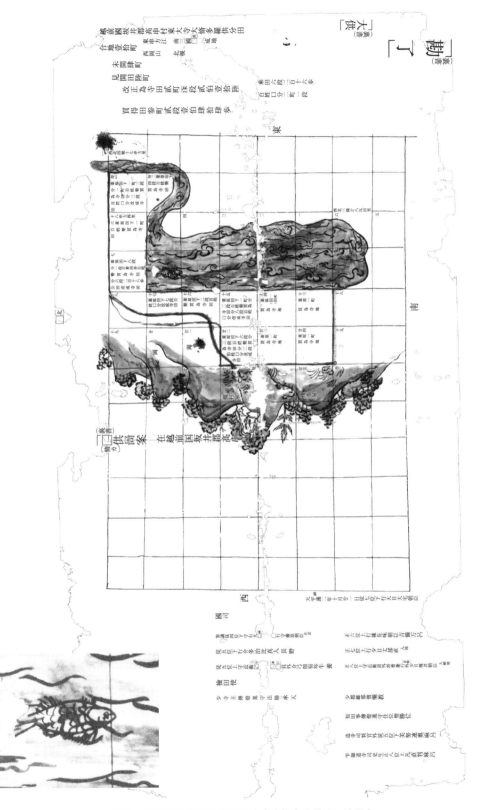

図 1　越前国坂井郡高串村東大寺大修多羅供分田地図案
（東京大学史料編纂所『日本荘園絵図聚影』釈文編一　古代　より転載）

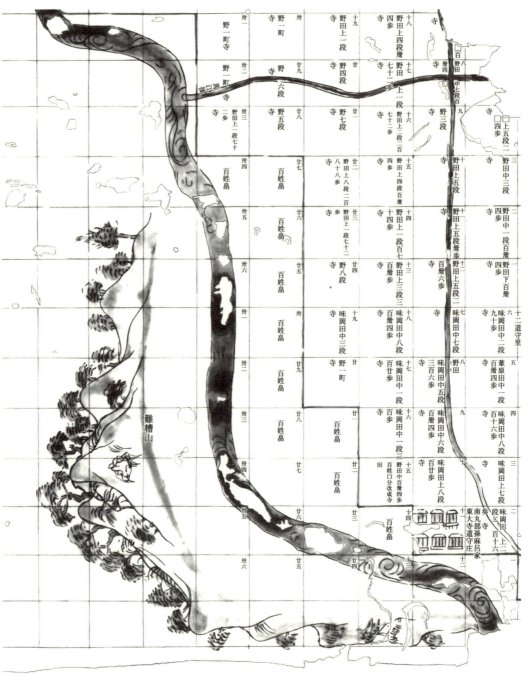

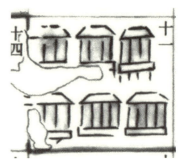

図2　越前国足羽郡道守村開田地図（部分）
（東京大学史料編纂所『日本荘園絵図聚影』釈文編一　古代　より転載）

第5章　東大寺領越中諸荘における開田図の作成　57

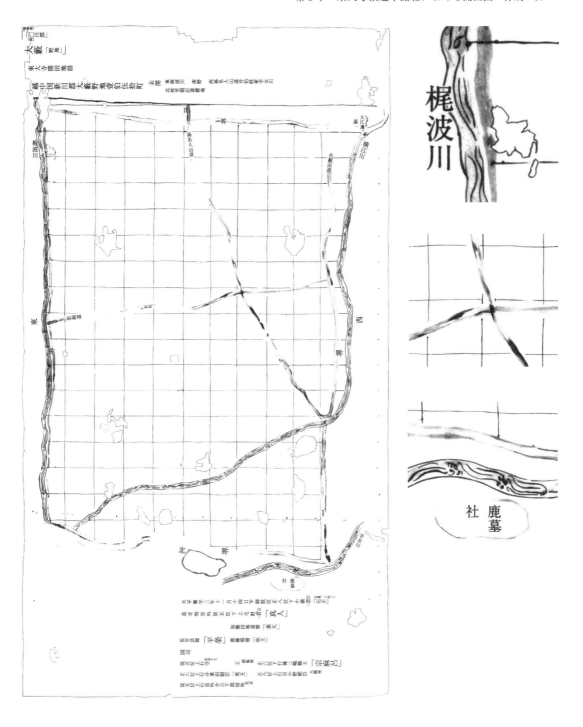

図3　越中国新川郡大藪開田地図
（東京大学史料編纂所『日本荘園絵図聚影』釈文編一　古代　より転載）

を限定されたものである。それにも拘らず、越中諸荘の開田図に多々記載があるため長らく疑問とされてきたが、近年この修正法の介在が確認され論議は収束した（東大史料編纂所 2007）。概して作図担当者が上記事情を周知していなかったことが誤記の原因と思われるが、反面では都の最新事情に精通した者の指摘により実現したことが窺われよう。

また、美観を維持するには最良の方法の一つであるが、顔料が乾いてから上書きをするという手順をふむため、次々と対応を求められる現地踏査のような場では不向きである。ただし、複数の図を同時並行で修正をするような場合には、むしろ効率的な場合があるかと思われる。

正誤付記

本修正法は『越中国射水郡須加開田地図』における「溝」の流路を修正した部分にのみ存在する。その手法は誤記の他に正しい描画をし、尚且つ当該部分に「正」又は「誤」と記すものであり、誤記そのものを抹消することはしない（図4）。

その特徴から、現地踏査などのような次々と事にあたる場では有用とみられ、顔料塗布・正字上書とは対象的である。ただし、図面の美観を損なうため、改作を前段とする場合などに本来は用いられるべきかと思われる。

水滲抹消

顔料の乾かないうちに水等を滲ませ誤記の抹消を行うものである。『越前国足羽郡糞置村開田図』における図中央の山間部のほか、現状でも「野六段」と読めてしまう箇所がその候補となる。

その構造から、本修正は描画時に実施が限定されるものと考えられる。ただし、完全に誤記を抹消することは難しいようである。

墨塗抹

誤記に墨を塗り抹消するものである。『越中国射水郡須加開田地図』における「社」と誤記した部分で使用されているのが唯一の事例である。

なお、「社」については別の位置に正しく図示されているが、「正」「誤」などの文字は付されていない。後述の顔料塗抹と手法的に類似するが、そちらは図の美観を保つ意識が働いているのに対し、本修正法はこれを損なうという点で根本的な相違がある。また、顔料塗抹については顔料の乾くまでに一定の時間を要するのに対し、墨塗抹の場合は比較的乾きの早い墨を用いている点から、即時対応を求められる場での実施であったか、或いは改作を前提としているなど美観を損なうことが許された状況下での使用と思われる。

顔料塗抹

誤記に顔料を上塗りし抹消するものである。『越中国新川郡大藪開田地図』における荘域南端の条線や、北端の不整楕円状の描画を抹消する事例をはじめ、天平宝字三年図の5図9箇所で用いられている。

図上の別地点に正しい描画があるため、誤記の部分に正しい記載を上書きすることはなく、墨塗抹の亜種のような体裁をとるが、両者の対比については上述のとおりである。ただし、本修正法はその内容から図の仕上げに近い段階で使用される頻度が高かったものと思われる。

擦消

文字どおり誤記を擦消するものである。『越中国礪波郡石粟村官施入田地図』において「田」の文字を抹消するのに用いられた事例が唯一明確なものである。

本修正法は、構造的に麻布への誤記に対しては有用ではなかったとみられ、このことが紙本である上記の図に採用された主因と思われる。

図4　越中国射水郡須加開田地図
（東京大学史料編纂所『日本荘園絵図聚影』釈文編一　古代　より転載）

改作

　標記は実在の想定しうるものを列挙した次第である。ただし、描画する東西幅を統一し且つ長大な麻布に7荘を網羅する神護景雲元年図のほか、『越前国足羽郡糞置村開田図』や『越中国新川郡大藪開田地図』も、後述のとおり、この工程を経た可能性が皆無ではないと思われる。

　また、正誤付記や墨塗抹などの美観を損なう修正を有する『越中国射水郡須加開田地図』などは、当初の段階では改作を前提としていた可能性があるかと思われる。

2　各図の修正

『越中国新川郡丈部開田地図』の修正

　本図は『越中国射水郡須加開田地図』と並び最多となる14箇所の修正がみられる。うち9箇所は「泉」を「沓」と誤記したものであるが、この2字は天地を反せば形状が似ており、また誤記をした位置も集中する傾向にあることから、同一人による不注意の連鎖かと思われる。

　同図における他の修正は、天皇にのみ使用が限定された当初記載の「君」の字を顔料塗布・正字上書にて「公」に修正した2箇所のほか、同じ手法により「野」の面積を正した箇所が1箇所、それに重書が2箇所ある。

『越中国新川郡大藪開田地図』の修正

　本図の修正は、顔料を使用する修正法が4箇所あるのみであり、うち2箇所は越中の天平宝字三年図に普遍的にみられる顔料塗布・正字上書による「君」の字を誤記したことへ修正である。他は、荘域南端の条線の誤記と同北端付近の不整楕円状の描画を顔料塗抹にて修正したものであり、こちらは不注意により生じた誤記への修正と思われる。

　本図に誤記や修正が比較的少ないのは、作成時において本荘が未開であったことや、周到な作図計画を介したことが主な要因と考えられる。また、本荘は丈部荘とともに越中にあっては他と距離をおく東部地域に施入されている。この位置関係が図の作成方法に影響を及ぼし誤記の発生を抑制した一因と思われるが、詳細は後述とする。

『越中国射水郡榎田開田地図』の修正

　本図は、広大な荘域に反し修正はわずか5箇所に留まる。その内容も重書が2箇所あるほか、荘域を修正した顔料塗抹の事案が1箇所、そして「君」の字の不当使用への是正が2箇所である。

　なお、図中には『越中庄園総券』を越える内容が網羅され、その作成に際しては比較的完成度の高い資料が傍らに存在した可能性があるとの指摘があり（鈴木2009）、このことは修正箇所が少ないことへの証左となる可能性があるかと思われる。

『越中国礪波郡石粟村官施入田地図』の修正

　本図は、作成時点においては東大寺の所有ではなく、それが故に他図で悉く名前を誤記された笇師散位正八位下小橋公石正の参画もなく、よってその修正もない。また、本図が紙本であることや、概して統一的な名称を付す天平宝字三年図にあって本図のみが標記名称を付されたことも、同様の事由によると思われる。

　本図における修正は3箇所とみられる。一つは28条黒田東上里の「四行六野（田）」とある部分の「田」の字の擦消を試みたものであるが、前述のとおり、この手法がとられた背景には本図が紙本であることと関係しよう。他2箇所の修正は、荘域を条線上にあるものと誤記し、顔料塗

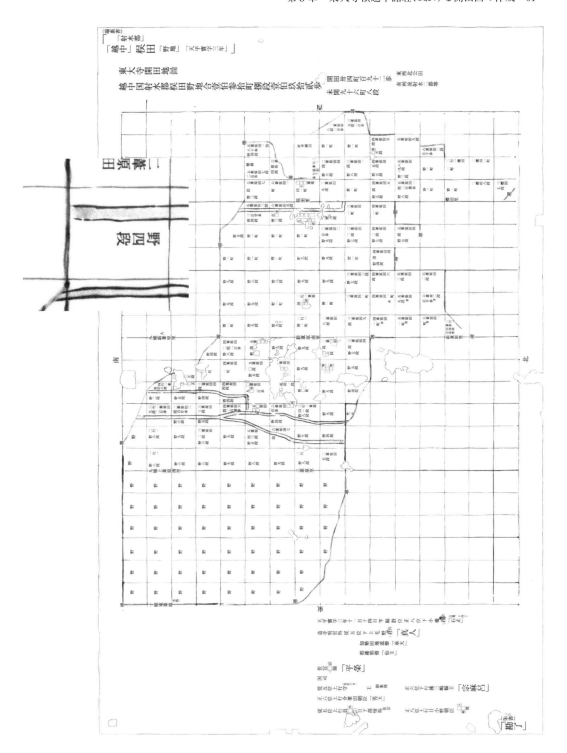

図 5　越中国射水郡桜田開田地図
(東京大学史料編纂所『日本荘園絵図聚影』釈文編一　古代　より転載)

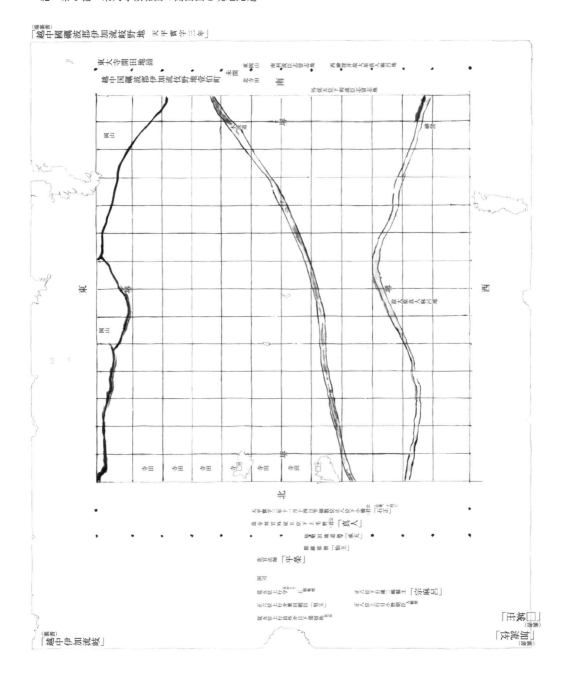

図6　越中国礪波郡伊加流伎開田地図
(東京大学史料編纂所『日本荘園絵図聚影』釈文編一　古代　より転載)

抹にて修正したものと理解できる。

『越前国足羽郡糞置村開田地図』の修正

　本図は、天平宝字三年図の中では唯一越中以外の開田図となる。条里表記のほか、絵画的表現のあることが越中諸図との明確な相違点である。また、署名者は国司を除き越中と同一人であるが、越中で名前を悉く誤記し修正を加えた事案、すなわち「君」を「公」に改める修正は本図にはない。

図中には最大8箇所の修正が見受けられるが、技法的には水滲抹消と顔料塗布・正字上書の2種のみが確認できる。ただし、前者は本図にのみ存在する修正法である。

後述もするが、検田の行程は越中を最遠隔地域とし、基本的には同じ道を折り返して都へと帰還するものであったと考えられる。したがって、本荘を含む越前諸荘については往路時に現地踏査を済ませ、そこで多大な修正を余儀なくされたとしても、一行が越中より帰還するまでに再作成をすることも理論上可能である。また、その場合は絵画的表現を盛り込むだけの時間の余裕も有していたことになると思われる。

『越中国射水郡須加開田地図』の修正

比較的修正の多い天平宝字三年図の中でも本図は特にそれが著しい。他図においては数種の修正法が見受けられる程度であるのに対し、本図では水滲と擦消の2種を除く全てが用いられ、また本図にのみ採用された修正法もある。

本図は修正箇所が14箇所存在し丈部荘とともに最大数にのぼる。ただし、丈部荘のそれは不注意の連鎖によるとみられるものが半数以上を占め、且つ修正法も2種に限定されるため、実質的には本図の方が質・量とも修正が著しいかと思われる。

さらに、『越中国新川郡大藪開田地図』と比しても美観という点で対象的である。周到な計画に基づき作成されたとみられるそれに対し、本図では、修正箇所が多数に及ぶこともさることながら、「溝」を正誤付記によって修正していることや、荘域南端の「堺」をめぐる墨塗抹法など、美観を損なう修正が顕わなままである。ただし、顔料塗布・正字上書と異なり、上記2種は現地踏査時のような場において有用と思われ、したがって、この修正法のある本図は現地踏査を実施している可能性が高いかと考える。

なお、本図の作成については別途詳細を検討することとする。

第2節 越中諸荘における天平宝字三年図の作成

1 開田図の作成工程

開田図の完成までには複数の工程を経たものと思われる。ここでは完成形たる開田図の内容と、前述した各修正法への分析などから、その一般的な作成工程を述べておきたい。

『越中国射水郡鳴戸村墾田地図』において、13条を境にその左右が1里分違えた状態で描画されていることから、開田図については、国府に1条1巻の状態で所蔵する校班田図をもとに、これを合成及び転写することで作成されたものと考えられている（岸1973、金田1998他、図7）。

しかし、基本的に未開の土地に校班田図は存在せず、また概念的な規則による条里プランをもとに作成された校班田図では、各図の方位や四至などにも微妙な相違もあれば、接合部を中心に創作や取捨選択が生じた可能性があると思われる。また記載事項にも取捨選択が介在した可能性がありうるであろう。

したがって、校班田図を合成したところで開田図に描画や記載をすべき事項のすべてを網羅し、また一定精度を保証することは困難であった可能性があり、ひいては完成に先立ち現地踏査を要したとみられるが、そのためには叩き台となる案文を用意すべきであったものと思われる。

本稿では、案文の作成にかかる準備段階を第1段階としたい。具体的作業としては、開田図の

64　第Ⅰ編　東大寺領荘園の開田図と現地比定

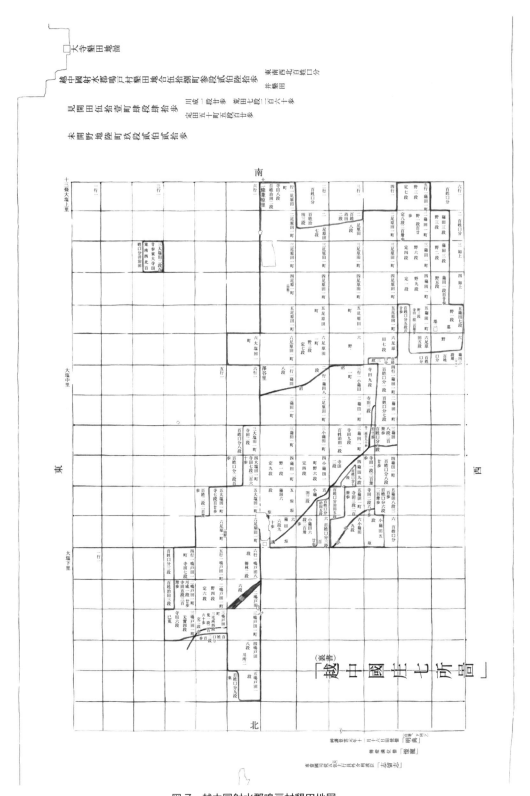

図7　越中国射水郡鳴戸村墾田地図
(東京大学史料編纂所『日本荘園絵図聚影』釈文編一　古代　より転載)

作成計画の策定をはじめ、該当地点の校班田図の収集、画師の召集や材料等の調達、そして現地の地理に精通する者の召集も時としてあったものと考えたい。

　第2段階は案文の作成を、そしてこの適否を確認するため実施した現地確認を次の第3段階として掲げたい。ただし、現地踏査の際には案文に修正や書き込みをした可能性があり、『越中国射水郡須加開田地図』にみられる正誤付記による修正がその証左となる可能性があるかと思われる。

　第4段階は、現地踏査をもとにした修正である。ここに掲げる修正は現地確認の後に行うそれとし、その手法や工程から現地で行うことに適さないものをさすこととする。ただし、下記の第5・第6段階とも性質が異なるため区別しておきたい。なお、顔料塗抹による修正は図の仕上げに近い段階で実施された可能性が高いと思われ、よってこの第4段階以降の実施かと思われる。

　上述の段階までに大幅な修正を要する事態となった場合などは改作が行われた可能性があり、これを第5段階としたい。またその可能性を示すものとして『越前国足羽郡糞置村開田地図』と『越中国新川郡大藪開田地図』を提起したい。なお、前者はこの検田の旅が京と北陸を往復するものの同荘の所在する越前には再び立ち寄る機会があること、同図の署名日が越中よりも遅い12月3日であることを状況証拠に掲げたい。後者についても、越中の開田図の中では特異な絵画的表現があることのほか、周到な作成計画の介在が窺われることを掲げたい（図3）。

　第6段階は、最終的な検査とこれに伴う修正、そして完成を証することとなる関係者の署名や国印の押捺である。この会場は関係者らが一堂に会する場として相応しく、且つ国印を保管したであろう国府施設内であった可能性が高いと考える。

　なお、顔料塗布・正字上書にて「君」の字を「公」に修正した事案については、都の最新事情を周知する者の介在が想定され、また作業工程的にも現地踏査時の可能性は低いと思われるため、その実施はこの第6段階か、もしくは第4段階、あるいは現地踏査前に全ての案文を一度検査している可能性が考えられよう。

2　各図の作成

『越中国新川郡丈部開田地図』の作成

　本図については、最多となる14箇所の修正を有することと、条里表記にまつわる論点のあることが特徴である。

　前者をめぐっては既に詳細を述べたが、地方という環境的な要因によるとみられる「君」の字の修正2箇所をともかくとすれば、他は全て不注意による誤記と理解できる。このことは広大な荘域と照らすに、むしろ円滑に作成作業が進んだことを意味する可能性さえあろうかと思われるほか、現地踏査時に限定的に使用される修正法がなく、机上で発見・修正しうる修正のみであることが注意される。

　一方の条里表記にまつわる論点については、概して条里（プラン）への理解の欠如などが起因するとの見方が大勢であるが（本郷1996他）、現地踏査の有無という点も検討するべきと思われる。後述もするが、当該地は検田の旅の最遠隔地域であり、またその実施も検田を不可能とする降雪期またはこの直前にあたるため、要領を得た作業をする必要性があったものと考えられよう。

『越中国新川郡大藪開田地図』の作成

　越中の天平宝字三年図を概観するに、溝や道などの四至と条線は交差することが一般的である。

しかし、本図ではこれが基本的に交差せず、四至の直前にはこの交差を避ける目的とみられる墨点が打たれており、実際に条線の殆どがここで留まる。この状況から、本図には周到な作図計画が存在したことが想定できよう（東大史料編纂所 2007）。

本荘は開田図作成時において未開であったため、校班田図から得られる情報、すなわち手本のようなものがない状態から作図をしたものとみられる。しかし、それ故に現地踏査を他荘ほど必要とはせず、また荘域が河川で囲まれるという特徴を有するため、四至の配置や河川の屈曲などを図化するだけでも図の体裁は一定レベルに達する。

なお、本図には越中にあって唯一絵画的表現が存在するが、それは、改作の可能性のほか、上述したような作成工程がこれを可能にしたものと思われる。また、この 8 年後に作成された神護景雲元年図と本図とが大きく形状を変えるのは、こうした作成工程の事情によるものと考えたいが、詳細は後述とする。

『越中国礪波郡伊加流伎開田地図』の作成

本図は、『越中国新川郡大藪開田地図』と同様に未開の状況下で作成された図であり、それ故に修正も基本的には少なく、また条線を引く目安となる墨点列が存在したことも両図の共通点である。

しかし、本図では袖の文書部分と奥署判に上記の墨点列が重なるため、顔料塗布にてこれを塗抹したうえで文書の記入や署名がされている。また、大藪荘の開田図との大きな相違として絵画的表現がないことが挙げられよう。

なお、同図については当初案文として作成した図を正本化した可能性が残るものと考える。その手掛かりとして、まず、当該時点において本荘は未開であり四至の描画のみでも一定の図になりうることが挙げられる。また、上記の墨点列も、案文ゆえに作成に着手した時点では文字や署名などを記載することまでは想定せず、双方に条里を描くための墨点列を当初は打ったが、この図を正本化することとなり、墨点列を抹消し文字や署名などを上書きしたのではないかと思われる[注2]。

『越中国射水郡鳴戸村墾田地図』の作成

鳴戸荘には天平宝字三年図と神護景雲元年図の 2 面が伝存し、標記はこのうちの後者をさす。前述のとおり 13 条を境に校班田図の合成を 1 里分違えたまま描画し正本化しているが、このことは現地踏査の割愛されたことへの証左とされてきた（金田 1998 他、図 3）。

両図を比するに荘域こそ大差はないものの、後者の作成される 8 年の間に見解が急増したことがみてとれる。このことは、校班田図の合成のみで開田図に要する一定の精度を確保できたことを意味し、ひいては現地踏査を割愛した一因に繋がったとみられる。ただし、その割愛については自然環境や検田の旅の工程も少なからず影響したと思われる。

『越中国射水郡須加開田地図』の作成

本図については、国印や関係者の署名もあり正本であることは明白であるが、正誤付記や墨塗抹をはじめとする修正により美観が損なわれており、比較的修正の多い天平宝字三年図の中においてさえ異質の存在にある。

無論、それも作成過程の一環を示すに他ならず、また、正誤付記による修正がある以上は、本図の作成にあたり現地踏査を経ていることを証するものと言えよう。

なお、須加荘は研究者諸氏により射水郡 4 荘の現地比定研究の基点とされてきたが、標記と神護景雲元年図の相違から幾つかの論点が生まれている。しかし、この点については、開田図の作成にかかる根本的な事情による結果と思われ、修正痕の露呈が看過される事由と併せ、後に詳細を述べることとする。

第3節　現地踏査の有無とその関連

　天平宝字三年図は、神護景雲元年図と異なり現地踏査を踏まえているものと理解されてきたが、究極的な証拠は提起されていないものと思われる。また、大藪(荊)荘については2面の開田図に明確な相違があり、現地踏査の実施が図の正確性や本来の姿を窺う手掛かりとなる。
　本章ではこの実施の有無について検討していきたい。また、これにより派生する須加・大藪(荊)両荘の開田図作成にかかる論点や、前者の現地比定についても併せて考察することとしたい。

1　須加荘への現地踏査の有無と現地比定

　図面に多くの修正を有する『越中国射水郡須加開田地図』、すなわち須加荘の天平宝字三年図は現地踏査を経過しているであろうか。結論を先に言えば、筆者は2点の事由により経過をしているものと考える。
　事由の一つは立地という視点からの次のような可能性である。須加荘は越中国府から最も近距離にあり、また北接する「須加山」等の山麓線付近には古代道がはしる(根津2004)。この道路は佐官法師平栄ら一行が越前国から越中へと入国し越中国府等を目指した道と思われ、このことから須加荘は現地踏査を比較的行いやすい環境にあったとみられる。
　二つ目の事由は、7条世岐里2行3と同3行3の境界付近を流れる「溝」の流路を正している箇所で、現地踏査時に適した正誤付記が存在することにある。
　正本に先行し作成されたと考えられる案文は、校班田図を合成したものと思われるが(岸1973、金田1998)、前述のように、このままの状態では現地の状況を如実に示す保証はなく、現地確認により適否を検証する必要があったとみられる。問題とする「溝」の流路の正誤付記については、東西2案の流路が想定されたものの、結果として西側が正しいと判断され、東側には「誤」と付記されている。
　なお、西方のそれは南側から辿れば当初案であったかのように一連の線で描画され、東方の「溝」も北方からみれば当初からの描画とみることができる。このことについては2案が検討されよう。いずれも校班田図から流路を図化・特定することが困難であったが、第1案は、案文作成時では当該部分を白紙とし、現地踏査時に描画を持ち越したもののこれを誤記し正したというもの。第2案は、現地踏査の直前までは2通りの案があり、そして現地踏査により西側流路が正しいことを認識しこれに「正」を、対案に「誤」と付したというものである(注3)。
　しかしながら、須加荘の天平宝字三年図には正誤付記を駆使しての現地でしか知りえない情報が付加されており、この点からすれば『越中国射水郡須加開田地図』は現地踏査を実施しているものと考えられよう。
　ただしこのことは、須加荘の現地比定にも一石を投じる可能性がある。現地踏査を経て完成した天平宝字三年図の荘域北東には緩い鋸歯状のラインが描画されているが、同荘の所在が検討される各比定案の中でこれに相当しうるものは、高岡市五十里の自然段丘しか穏当なものが見受けられず、よって須加荘は同所に比定することが相応しいと考える。
　なお、この五十里説をめぐっては、神護景雲元年図における「大溝」と現地の地理との整合性が最大の論点とされているが、既に金田章裕が反論するとおり、神護景雲元年図は現地踏査を経

ずに校班田図の合成により作成したものとみられるため、現地と齟齬をきたす箇所のある描画になったものと考えられよう（金田 1999 他）。もちろん、上述したように天平宝字三年図が現地踏査を経て正本に至ったと考えられることも、上記反論の一助になるかと思われる。

2　大藪(荊)荘における現地踏査の有無と２図の相違

　次に大藪荘について検討しよう。同荘は天平宝字三年図と神護景雲元年図の２面が伝存するが一瞥して明瞭な相違がある。ここではそうしたことが生じた背景と図の信憑性について、作成工程や現地踏査の有無などへの検討をとおして明らかにしていきたい。
　大藪(荊)荘における２図の相違としては、見解の数量や関係者署名など８年の年月を経た別図ゆえの自然発生的なもののほか次の５点がある。すなわち、①全体の形状、②条里配置、③四至の表記や呼称、④絵画的表現の有無、⑤神護景雲元年図に修正箇所がないことである（図3・8）。
　なお②については、両図とも全体の選定数が８年を経過しても変化がないにも関わらず、選地の範囲が異なり、天平宝字三年図では東西 10 坪・南北 18 坪の範囲に描かれているのに対し、神護景雲元年図では東西 12 坪・南北 14 坪となっていることをさす。
　同じ荘園を条里（プラン）にしたがい描画した筈の双方に、何故ここまでの相違が生まれるのか。その立証の糸口として、開田図の作成工程や署名日などを追究するべきと考える。前記もしたように、天平宝字三年図については作成段階においては未開であったため各坪の状況を記載する労はなく、記載事項は選定数や条里線のほか、現地の四至などであり、これら数少ない事項を盛り込むだけでも一定レベルの図に仕上がる。さらに未開であることは現地踏査の必要性も軽減できるなど、総じて案文的なものでも既に正本のレベルにまで達した可能性があるかと思われる。
　また、平栄ら一行の検田の旅は、大藪(荊)荘を含む越中国新川郡の２荘を最遠隔地域及び理論上の折り返し地点とするうえに、２荘は国内他荘とも一定の距離を有する。加えて本荘に近い丈部荘も開田率が 90％ 近いため校班田図の合成のみで一定精度に達するなど、これらのことから２荘については現地踏査の割愛を可能とする条件が備わっていたと考えられる。なお、丈部荘の開田図については条里表記に明確な齟齬を有する。
　一方、神護景雲元年図の作成段階では、大荊(藪)荘にも見解ができ校班田図が存在したと思われることから同図をもとに案文を作成することがある程度可能となり、よって現地踏査が割愛されていたのならば、こうした事情が影響したものと思われる。
　総じて、大藪(荊)荘の天平宝字三年図と神護景雲元年図は、異なる作成過程を経て正本化されたため内容にも相違が生じたものと考える。なお、一般に後者よりも前者の方が高い精度を有するものと評されている。また、大荊(藪)荘の後者は校班田図をもとに作成したとみられ一部なりとも実情を反映する可能性を有するが、大藪(荊)荘では両図とも現地踏査を割愛した可能性があり、両図のうちどちらがより実情を網羅しているかは別途検討を要するものと思われる。
　ただし、天平宝字三年図の作成の際に現地踏査を割愛せしめた事由として、このほかにも後述する地理や自然環境という問題も介在した可能性があると思われる。

3　地理および自然環境

　現地踏査の実施と割愛をめぐっては、平栄ら一行の旅の行程と関係する可能性があると思われ

第5章 東大寺領越中諸荘における開田図の作成　69

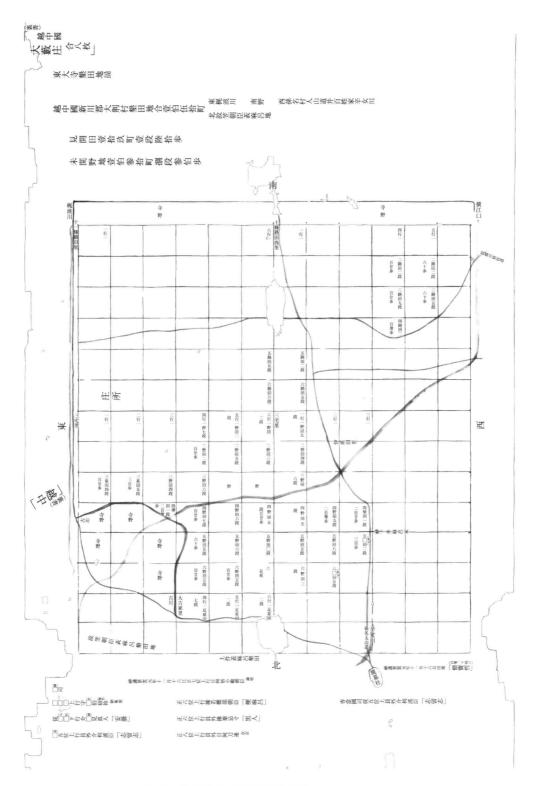

図8　越中国射水郡大荊村墾田地図
(東京大学史料編纂所『日本荘園絵図聚影』釈文編一　古代　より転載)

る。越中の天平宝字三年図の署名日、すなわち旧暦 11 月 14 日は、近現代の統計よりすれば降雪期に入るとみられるが、ひとたび降雪及び着雪という事態になれば、荘域の詳細を把握することすら困難をきわめる。

　こうした状況となる前に、一行としては最低限度の任務や目的を達成すべきであったため、検田の旅の最遠隔地域にして折り返し地点でもある越中での作業は、比較的要領を得た方法がとられ、結果として実務的な要素の強い図となった可能性があるのではないかと思われる。

　なお、その時間的制限は、最遠隔地域となる新川 2 荘では現地踏査の割愛を生み、或いは案文的なものを正本化するような状況も生んだ可能性があったと思われる。またその対比史料として、国府と最も近く且つ旅の行程の沿線にあり、また修正が著しく美観の損なわれた『越中国射水郡須加開田地図』の存在を提起したい。

　さらに、この地理や天候という問題は、神護景雲元年図における現地踏査の割愛という論点とも関わる可能性があると思われる。同図の関係者署名日は旧暦 11 月 16 日であるが、たとえばこの年の降雪が例年どおり、もしくはそれ以上に早く訪れ辺り一面を銀世界とした場合、現地踏査は不可能であったと考えられるからである。ちなみに、吉川敏子は各荘の神護景雲元年図における署名をグループ分けしたうえで、同図においても現地踏査をする意思のあった可能性について言及している（吉川 1996）。

　さらに、現地における地理的な事情は、越前の図とも大きな差異が生まれる要素となった可能性があると思われる。既に述べたとおり、越前では往路時の現地踏査や検査により大幅な清書や改作を余儀なくされても、一行が越中へと赴いている間にこれを行い、その帰路に修正済みの図ないし改作を再提出することも理論的に可能であった。越前の開田図において『越中国射水郡須加開田地図』のような著しい修正がみられないことや、顕著な絵画的表現があることは、このような環境から発生した可能性があるかと思われる。

結　語

　天平宝字三年図と神護景雲元年図の修正箇所の集成（東大史料編纂所 2007）をもとに、その特徴などを分析し、開田図の作成方法のほか、越中の開田図がもつ実務的な傾向が生まれた要因、さらには平栄らの検田の行程などを検討し、現地踏査の有無のほか、絵画的表現の盛り込まれた背景などについて一案を提起した。

　天平宝字三年図の作成にあたっては、現地踏査を伴うものとこれまで推定されてきたが、考察の結果、新川郡の丈部・大藪（荊）両荘は現地踏査の割愛された可能性があるかと思われる。

　なお、現地踏査の有無という視点は、大藪（荊）荘における 2 図の相違という論点にも波及する。同荘の神護景雲元年図では、案文を作成するための校班田図が部分的にも存在することから、或る程度実態に即した図を作成することが可能であった。しかし、天平宝字 3 年（759）の段階では未開であったため、限られた四至等の記載事項を盛り込むだけの机上図でも正本に昇華しえた可能性があり、さらに大藪（荊）荘は国内他荘に比して遠隔にあり、且つ作成時期の時節や当該地の自然環境など、こうしたことが複合的に関係し、また現地踏査の有無を経た結果として両図の相違を生んだものと考えたい。

　開田図における修正法と作成工程への検討は、須加荘の現地比定研究にも一定の影響を及ぼすものと思われる。正誤付記による修正を有する天平宝字三年図は現地踏査を経た可能性が高いと

考えるが、これに伴い同図の荘域北東端を表す緩い鋸歯状のラインもこれが実在したうえで正本化したと考えられる。しかしながら、これまでに提起された須加荘の比定案のうち、上記の地形を表す可能性のあるものは高岡市五十里にしか見受けられず、このことは須加荘を高岡市五十里に比定する説への肯定要素が追加された可能性があるものと考える次第である。

(注1) 『越中国新川郡大藪開田地図』における墳墓の描画には外周を単線で描画する部分がみられるが、それが墳丘や周堀など、どの部分をさすのかは描画が簡素なため判別困難である。
(注2) 伊加流伎荘の神護景雲元年図が異なる範囲を表記しているものと指摘されているが、これには同図を作成する際、元となる校班田図を誤って転写したことによるとの提起がある(金田・田島 1996)。
(注3) 国府における校班田図の保管状態にもよるが、更なる問題として、この事案は班田図が必ずしも「1条1巻」により収蔵されていないことを示す可能性もあるかと思われる。

引用・主要参考文献

弥永貞三・亀田隆之・新井喜久夫 「越中国東大寺領庄園絵図について」『續日本紀研究』第5巻第2号別冊 1958
木倉豊信 「東大寺墾田地を主としたる呉西地区の古代地理(中)」『富山教育』287 1937
岸 俊男 「班田図と条里制」『日本古代籍帳の研究』塙書房 1973
金田章裕・田島公 「越中 越中国砺波郡東大寺領莊園図 石粟村・伊加流伎(伊加留岐村)・井山村・杵名蛭村」 金田章裕・石上英一・鎌田元一・栄原永遠男編『日本古代荘園図』東京大学出版会 1996
金田章裕 『古代荘園図と景観』東京大学出版会 1998
金田章裕 『古地図からみた古代日本』中公新書 1999
東京大学史料編纂所 『日本荘園絵図聚影』釈文編一 古代 東京大学出版会 2007
鈴木景二 「越中の東大寺荘園と田図」木本秀樹編『古代の越中』高志書院 2009
根津明義 「越中国西部地域における東大寺領諸荘の所在について」『古代荘園絵図聚影』古代釈文編ワークショップ資料 2004
根津明義 「越中国」古代交通研究会編『日本古代道路事典』八木書店 2004
根津明義 「東大寺領須加荘の所在にかかる考古学的考察」『富山史壇』148号 2005
根津明義 「東大寺領榑田荘の所在にかかる考古学的考察」『富山史壇』151号 2007
藤井一二 「荘園絵図とその歴史的世界」福井県編『福井県史』通史編1 原始・古代 上巻 1993
藤田富士夫 「東大寺領大藪荘の現地比定と遺跡」『森浩一70の疑問 古代探求』中央公論社 1998
藤田富士夫 「東大寺領越中国荘園「丈部荘」の現地比定と若干の考察」『富山史壇』135・136号合併号 2001
本郷真紹 「越中国新川郡大藪開田地図・大荊墾田地図」 金田章裕・石上英一・鎌田元一・栄原永遠男編『日本古代荘園図』東京大学出版会 1996
本郷真紹 「越中国新川郡丈部開田地図」 金田章裕・石上英一・鎌田元一・栄原永遠男編『日本古代荘園図』東京大学出版会 1996
吉川敏子 「越中国射水郡東大寺領荘園図」 金田章裕・石上英一・鎌田元一・栄原永遠男編『日本古代荘園図』東京大学出版会 1996

越中東大寺領諸荘の開田図における修正箇所一覧（天平宝字三年図）

所在部位	修正方法	修正内容
越中国新川郡丈部開田地図　修正14箇所		
袖の文書部分	重書	開田卅六町の「町」の部分を重書
荘域北西「庄所三町」部分	重書	味當村古郡所の「古」は元の字に重書
13(16)条幡手里2行6	顔料塗布・正字上書	元は「杏」の字を顔料により塗抹し「泉」と記す。
16条大田里6行6	顔料塗布・正字上書	元は「杏」の字を顔料により塗抹し「泉」と記す。
16条大田里5行6	顔料塗布・正字上書	元は「杏」の字を顔料により塗抹し「泉」と記す。
16条大田里4行6	顔料塗布・正字上書	元は「杏」の字を顔料により塗抹し「泉」と記す。
16条大田里6行1	顔料塗布・正字上書	元は「杏」の字を顔料により塗抹し「泉」と記したか。
16条大田里5行4	顔料塗布・正字上書	元は「杏」の字を顔料により塗抹し「泉」と記す。
16条大田里5行5	顔料塗布・正字上書	元は「杏」の字を顔料により塗抹し「泉」と記す。
16条大田里4行4	顔料塗布・正字上書	元は「杏」の字を顔料により塗抹し「泉」と記す。
16条大田里4行5	顔料塗布・正字上書	元は「杏」の字を顔料により塗抹し「泉」と記す。
16条大田里4行3	顔料塗布・正字上書	当初は「三　泉田二段　野二段」であったが、後に「野八段」に修正。
署名	顔料塗布・正字上書	「小橋君」の「君」を「公」に修正
署名	顔料塗布・正字上書	「上毛野君」の「君」を「公」に修正
越中国新川郡大藪開田地図　修正4箇所		
署名	顔料塗布・正字上書	「小橋君」の「君」を「公」に修正
署名	顔料塗布・正字上書	「上毛野君」の「君」を「公」に修正
南端の条線	顔料塗抹	南端の条線を誤記し塗抹
北端中央付近	顔料塗抹	不整楕円状の描画を塗抹
越中国射水郡須加開田地図　修正14箇所		
表題	顔料塗布・正字上書	「南」を顔料で塗抹し、「拾」と上書き。
表題	重書	当初の「五」に「六」を重書
7条世岐里2行1	顔料塗抹	坪中央の「堺」を顔料にて塗抹。よって界線上の「堺」が正しい。
7条世岐里2行1	顔料塗抹	坪中央の当初荘域を表した線を顔料にて塗抹。よって界線上が荘域端。
7条世岐里3行1	墨塗抹	「社」を墨で塗抹
7条世岐里3行1	正誤付記	当初「社」の領域と思い描いた線を「誤」を付記し誤りを明示
7条世岐里3行2	重書	「八」の上に田を重ね書き
7条棄田里1行1	顔料塗布・正字上書	「葦原」を「被」と修正
7条棄田里1行2	顔料塗布・正字上書	「葦原」を「被」と修正
7条棄田里1行3	顔料塗布・正字上書	「葦原」を「被」と修正
7条棄田里1行4	顔料塗布・正字上書	「葦原」を「被」と修正
署名	顔料塗布・正字上書	「小橋君」の「君」を「公」に修正
署名	顔料塗布・正字上書	「上毛野君」の「君」を「公」に修正
7条世岐里2行3他	正誤付記	当初の溝の流路を訂正し、正しい流路を確認。「正」「誤」を明記。
越中国射水郡楔田開田地図　修正5箇所		
7条楔田上里2行5	重書	「九」の上に「六」を重書
署名	顔料塗布・正字上書	「小橋君」の「君」を「公」に修正
署名	顔料塗布・正字上書	「上毛野君」の「君」を「公」に修正
署名	重書	「佐官法師」の「法」の字を当初書きかけた文字の上に重書
9条上葦原里3行3	顔料塗抹	荘域を示す線を誤記し塗抹
越中国礪波郡石粟村官施入田地図　修正3箇所		
28条黒田東下里4行6	擦消	「田」を擦消
北界・西界	顔料塗抹	荘域を条線上にあるものと誤記し、これを塗布・抹消
27条黒田下里4行3	顔料塗抹	荘域を条線上にあるものと誤記し、これを塗布・抹消か

第5章 東大寺領越中諸荘における開田図の作成

越中国礪波郡伊加流伎開田地図	修正4～5箇所か	
署名	顔料塗布・正字上書	「小橋君」の「君」を「公」に修正
署名	顔料塗布・正字上書	「上毛野君」の「君」を「公」に修正
袖の文書部分・奥署判	顔料塗布・正字上書	条線描画部南北の条線を引く際の墨点を塗抹し、文書や署名を記述。
木波道	顔料塗抹？	道の一部に多量の顔料。修正か。
荘域南西端付近	顔料塗抹	溝付近の堺の線を誤記し、これを塗抹したか？
越前国足羽郡糞置村開田地図	修正4～8箇所	
西南7(8)条5動谷里14	顔料塗布・正字上書	誤記を顔料で塗抹し、「冬岐」を上書き。
西南7条5琴絃里20	水塗抹消？	「野六段」と読めるが、水で濡らし抹消したか。
西南7(8)条5動谷里30	顔料塗布・正字上書	誤記を顔料で塗抹し、「六」を上書き。本の文字は「五」か。
署名	顔料塗布・正字上書？	「調」の文字に顔料を塗布した形跡あり。
署名	顔料塗布・正字上書	「従位位下」とあるが、上方を顔料で塗抹のうえで正字「五」を上書き。
西南7条5琴絃里17	水塗抹消	水で濡らし誤記した線を抹消したか。
西南7条5琴絃里20	水塗抹消	水で濡らし誤記した線を抹消したか。
西南7(8)条6大谷里12外	不明	山稜線を誤記し、抹消したか。

『日本荘園絵図聚影　釈文編一　古代　』（東大史料編纂所2007）の成果をもとに筆者にて表化。

越中東大寺領諸荘の開田図における修正箇所一覧（神護景雲元年図）

所在部位	修正方法	修　正　内　容
越中国礪波郡井山村墾田地図	修正1箇所か	
表題	擦消？	内容不明ながら破損部分に墨痕のみ確認。修正ではない可能性あり。
27条高槐中里4行5	重書	「戸」の上に「山」を重書
越中国礪波郡伊加留岐村墾田地図	修正0箇所	
越中国礪波郡杵名蛭村墾田地図	修正1箇所	
23条荊原里1行1		「段」の上に「町」を重書
越中国射水郡須加村墾田地図	修正2箇所	
7条世伎里2行1	重書	「一」の上に「八」を重書
8条□里4行1	重書	「一」の上に「八」を重書
越中国射水郡鳴戸村墾田地図	修正1箇所か	
13条大塩下里6行2	重書？	褐色で太く塗りつぶす箇所あり。修正か？
越中国射水郡鹿田村墾田地図	修正0箇所	
越中国新川郡大荊村墾田地図	修正0箇所	

『日本荘園絵図聚影　釈文編一　古代　』（東大史料編纂所2007）の成果をもとに筆者にて表化。

第Ⅱ編
古墳時代と律令期の在地社会

第1章　越中国射水郡における諸郷の所在

はじめに

　『倭名類聚抄』には「射水郡　阿努　宇納古奈美　古江宇流衣　布西　三嶋美之萬　伴　布師奴乃之　川口　櫛田久之多　塞口」とあり、同郡は当該期に10郷を所管していたことが明記されている。また、天平勝宝4年(752)の越中国貢上の調綿の紙籤には「寒江郷」の名もみえる。

　既に文献史学的考察により8郷の比定案が概ね統一され、また、近年では布師郷の比定案も提起されるなど(川﨑2001他)、活発な追究が行われているが、この傍らで考古学的資料も増加し集落論も一定の進捗をみせるなど、新たな動きもみられている。

　なお、考古学でいう集落と郷とは同義ではないが、集落の人員がいずれかの郷に所属していたことは確実視できよう。また、当該期の集落のほとんどは農業経営を基盤とする伝統的なそれと考えられ、ある程度の空間的なまとまりを呈していた可能性も高い。これらのことから、考古学な手法を駆使する考察も諸郷の所在をはかる方法論となりえ、あるいは、従来まで郷の比定地として着目されることのなかった集落や遺跡群を抽出することができたなら、この問題に抜本的な検討課題を提起することができる。

　以上を鑑み、本章では諸郷の所在について試論を提起することとしたい。なお、古代における射水郡の範囲とおぼしき現在の富山県北西部では多くの遺跡が所在する。本章ではこれを暫定的に15地区に区分して考察をすすめる(図1)。

1　圏内における遺跡群の分布とその概略

氷見北部地区

　氷見平野を南北に分断する朝日山から北側の地をさすこととするが、縄文時代から倭名抄段階までの長期にわたる歴史的様相が存続する。古墳時代においては阿尾島田A古墳群などが造営されるなど(西井他2002a)、各時代に盟主墳や在地首長層の存在を勘案することができる。

　本地区においては、阿尾や宇波といった地名から阿努・宇納両郷を比定する意見が提起されている(角川書店1979)。また他に論社があるものの、磯辺のほか、箭代や久目といった式内社の系譜をひくとみられるものも鎮座する。

氷見南部地区

　氷見平野における朝日山以南の地をさすこととしたい。現状では東方が富山湾と接し、他の三方は山間部に囲まれているが、古代においては河岸線が現在の平野部の奥部にまで入り込み「布勢水海」が形成されていたと考えられている(第Ⅱ編第3章図15)。当該地では包蔵地の分布が希薄な現状にあり、上述の想定とは一応の符合が見出せる。

　本地区は、包蔵地の分布状況から西側の氷見市布施などを中心とする地点と、高岡市太田周辺の地点、そして朝日山の南方に小区画を設けることが可能かと思われる。発掘調査事例は少ないものの、西側においては弥生後期の惣領浦之前遺跡をはじめ(富文振2003他)、これ以降の時代

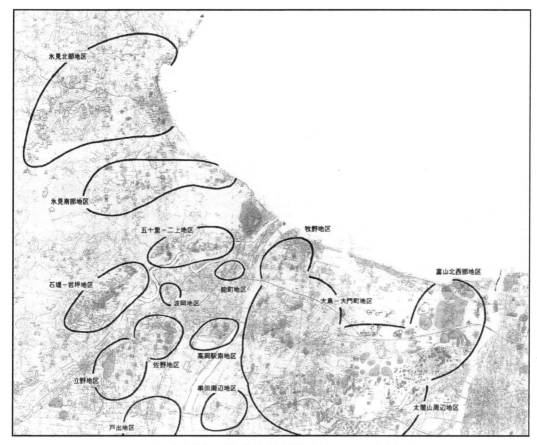

図1　富山県北西部における各遺跡群（富山県1993他を加工）

においても歴史的様相の所在が分布調査の成果等から想定できる（氷見市教委2008）。ちなみに、布施という地名は、布西郷を比定する際の根拠の一つとされている。また、式内社の系譜をひくとみられる速川のほか、布勢や加久禰といった3社も西側に鎮座する。

一方の高岡市太田を中心とする地点も各時代の様相が点在する。比較的長期の存続を呈した桜谷古墳群が造営されており（山口1999、小黒2005他）、在地首長層の存在を考えることができよう。また、その南方の伏木台地においては、7世紀中頃から後半代の古代瓦を検出した御亭角遺跡が造営され（西井1983他）、さらに越中国府をはじめ、越中国分寺や射水郡衙などの所在が想定される越中国府関連遺跡が形成されていく（高岡市教委1988他）。

なお、第Ⅱ編第3章でも述べるとおり、氷見平野における古墳時代はそれまで各地に有力古墳が点在する傾向にあったが、後期の盟主墳たる朝日長山古墳がそれを統一したかのようなかたちで造営される（西井他2002b）。同墳は前述の氷見北部地区と本地区を地理的に分かつ朝日山にあり、その南方には「古江」という地名も存在する。同地は包蔵地が現状であまり顕著ではないが、古江郷の所在を模索する一案として注意したい。

牧野地区

旧新湊市（現・射水市）と高岡市の行政区域が交錯する牧野地区を中心とする遺跡群である。縄文時代のほか、弥生、古代、中世といった各時代の遺跡が点在しており、断続的ながらも長期の存続が窺われる。中曽根西遺跡では弥生後期から古墳時代初頭の方形周溝墓群が検出され、在地

首長が存在したものと考えられる(高岡市教委 2005)。

　周辺には川口という地名が現存しており、文献史学の側からは川口郷の遺称とする意見が提起されている(角川書店 1979)。また、他地域に論社があるものの式内社の系譜をひくとみられる道神社もこの地区内の旧新湊市(現・射水市)作道に鎮座する。

五十里—二上地区

　高岡市五十里から二上にかけて所在する遺跡群をさすこととする。発掘調査事例は少ないものの、西山丘陵には古墳時代から7世紀代を通じ古墳群や横穴墓群が造営され在地首長層の存在を窺わせる。また、これらと同時共存した集落跡の存在も五十里を中心に確認されている。

　古代の遺跡としては須田藤の木遺跡が特筆され(高岡市教委 2000a 他)、周辺を東大寺領須加荘に比定する案も提起され(木倉 1936、金田 1998 他)、「布師郷戸主」による付札木簡も出土している(根津 2000 他、第Ⅰ編第2章図7)。一方、本地区東側の二上は貞観元年(859)に正三位となった二上神の本貫地とされ、式内社である射水神社の前身もこの地に鎮座することから、関連する様相が所在した可能性があると思われる。また、五十里の北には式内社の系譜を引く可能性をもつ物部・道重両神社が鎮座する。

佐野地区

　高岡市泉ケ丘周辺に所在する遺跡群であり、弥生中期から近現代まで長期にわたり歴史的様相が存続する(注1)。弥生・古墳両時代には在地首長層の方形周溝墓や前方後方墳などが、古代においても東木津遺跡や下佐野遺跡で官衙的な施設が造営されている(高岡市教委 2001、同 2012)。

　この東木津遺跡からは種子札などの種々の木簡や墨書土器などが検出されているが、その周辺をめぐっては、「布忍(師)郷」と焼成前に刻まれた横瓶の出土から同郷に比定する意見が提起されている(堀沢 2001 他)。しかし、下記の釈文をもつ木簡の存在や(注2)、『越中国官倉納穀交替記』などを参照するならば、郷などを基盤としながらも郡の出先機関として機能した可能性を考えるべきかと思われる(注3)。なお、包蔵地の分布を勘案するに、西方に位置する立野遺跡群とも元来は一体であった可能性もあるかと思われる。

　　表面　「氣笶神宮寺涅槃浄土䋆米入使」

　　裏面　「□暦二年九月五日廿三枚入布師三□□」　　(154)×(21)×5　　(011)
　　　　　〔延ヵ〕　　　　　　　　　　　〔閇又は閻ヵ〕

高岡駅南地区

　JR高岡駅の南側に点在する遺跡群をさし、現状までに弥生後期から中世までの様相が断続的に確認されている。古代の遺跡としては出来田南遺跡が注目され、掘立柱構造の側柱建物や高床倉庫をはじめ、8世紀後半代から9世紀代の遺物が出土しており、墨書土器や転用硯など官衙的なものも含まれる(高岡市教委 2000c 他)。諸郷の所在を考慮させる地名としては上関や下関があり、これにより塞口郷に比定する意見もあるが定説化の傾向にはない。

能町地区

　高岡市街地の北側の地点に位置する。比較的面積の小さい微高地上に遺跡も立地するが、唯一発掘調査の行われた鷲北新遺跡では弥生後期をはじめ古代や中世といった3時期の様相の所在が確認されている(高岡市教委 1998)。

　当該地については、宅地化により包蔵地の周知が限られている可能性もあるが、現状において遺跡群の範囲は小さく、在地首長層の存在を想定させる古墳や官衙的な遺跡も検出されていない

ことなどから、近隣の遺跡群とともに郷を構成していた可能性があるかと思われる。
波岡地区
　高岡市街地北部に位置する。瑞穂町遺跡で試掘調査が数回行なわれているにすぎないが、6世紀代の遺物のほか、古代と中世の遺物が出土している（高岡市教委 2003）。諸郷を想定させる地名はなく文献史学的にも比定案はない。遺跡群の規模が小さく在地首長層の介在を窺わせる様相も見出されていないことから、近隣地区とともに郷を構成していた可能性があるかと思われる。

石堤—岩坪地区
　小矢部川左岸の高岡市福岡町赤丸から岩坪にかけて分布する遺跡群をさすこととしたい。やや断続的ではあるが、弥生後期頃から近世にいたる様相が確認されている。古墳時代では複数の古墳群が確認されているが、そのうちの立山1号墳は西山丘陵において最大規模となる全長67.5mの墳丘を有する前方後円墳である。また7世紀代には江道・頭川両横穴墓群も形成される。
　古代においては麻生谷遺跡のような官衙的な遺跡も造営され（高岡市教委 1997a）、そして中世では岩坪岡田島遺跡のほか間尺遺跡や手洗野赤浦遺跡なども地区東部を中心に形成されている（富文振 1999、高岡市教委 2004bc 他）。
　遺跡群の西側にあたる石堤周辺には、『延喜式』「神名帳」において砺波郡七座に列する浅井神社が論社とともに所在することから、当該期においては同郡の所管であった可能性が高い。また、川合（人）駅や同郡川合郷が比定されてきたが、研究史上において東部の高岡市岩坪周辺は必ずしもこれに含まれない。また、その周辺は近世における砺波・射水両郡の境界が設定されていたほか、東大寺領須加荘の比定地（弥永他 1958、和田 1959）もあるため、詳細且つ多方面にわたる検討を行う必要がある。

立野地区
　高岡市の立野周辺に位置する遺跡群をさすこととしたい。縄文後期を筆頭に、同晩期、そして弥生後期から近世までの各時代の様相が検出されている。
　古代においては中保B遺跡が特筆される（高岡市教委 2002 他）。この遺跡では7世紀後半代に一時的に盛行した在地豪族層のものと考えられた様相のほか、8世紀中頃から11世紀前葉まで存続する官衙的な様相が検出されている。調査区からは船着場や倉庫群のほか、多種多様な官衙的な遺物が出土したことなどを受け、9世紀前半代までは砺波郡ないし同地方の一部を対象とする出先機関として機能したとの一案が提起されている（根津 1999 他）。

戸出地区
　高岡市の南端に位置する遺跡群である。戸出古戸出遺跡で本発掘調査が行われているにすぎないが、8世紀後半代から9世紀代の竪穴住居らで構成される庶民的な様相をもつ集落が検出されている（高岡市教委 2000d・2004a 他）。現状において調査不足の観は否めないが、上記の成果に加え、包蔵地の分布が周辺地域に比して独立的なことなどを鑑みるならば、周辺には在地的な村落が形成されていた可能性があるかと思われる。

旧大島—大門町地区
　旧大島町と大門町（いずれも現・射水市）にかけて所在する遺跡群をさすこととしたい。これまでに弥生後期をはじめ、古墳時代から中世までの各時代の包蔵地が確認されており、歴史的様相が長期存続した可能性がある。
　本地区内各所に「三嶋野」または「三島」の地名があり、これらを遺称として周辺を三嶋郷に

比定する意見がある。また『万葉集』には大伴家持が日頃可愛がっていた鷹が三嶋野を背に須加山の方角に飛び去った夢をみて詠んだとされる「思放逸鷹夢見感悦作歌一首(巻17-4015)」が所収されている。須加山については現在の高岡市手洗野から五十里までの西山丘陵の一角と考えられ(弥永他1958、和田1959、金田1998他)、これに向かって飛び去った鳥が背にした地域となれば、本地区に三嶋郷を比定することも一案と思われる。

串田周辺地区

　旧大門町(現・射水市)串田から高岡市中田にまで及ぶ遺跡群を暫定的にさすこととしたい。周辺には縄文、弥生後期、古代、中世といった各時代の包蔵地が点在しており長期存続を呈した可能性がある。また、常国遺跡では古墳群や古代における官衙的な建物が検出されている(山口1995他)。

　当地区については、串田という地名が所在することや、『延喜式』「神名帳」にその名が記される櫛田神社が鎮座することから櫛田郷が比定されている。

富山市西部地区

　富山市北西部にひろがる遺跡群をさすこととしたい。縄文時代に最初の歴史的様相が開始され、以後中・近世にまで様相が存続する。古代の生産関連遺跡が密集する下記の太閤山周辺地区と隣接するが、これらの非操業期においては本地区との区分が概ね可能になることから、双方を個別の遺跡群と判断したい。

　当該地区において特筆されるのは富山市長岡杉林遺跡であろう。同遺跡は8世紀前半代から10世紀中頃まで存続するが、調査区からは竪穴住居や掘立柱建物などのほか、瓦塔、緑釉陶器、灰釉陶器といった遺物が出土している。文献史学的考察などから周辺を寒江郷に比定する意見が提起されている(富山市教委1987他)。

太閤山周辺地区

　旧大門町(現・射水市)南部から旧富山市西部にかけて存在する遺跡群のうち、太閤山周辺に位置する遺跡群をさすこととしたい。弥生時代から古墳時代にかけては方形周溝墓群や古墳群が造営されていくほか、射水市赤田Ⅰ遺跡などからは倭名抄段階の施釉陶器が多数出土し(小杉町教委2003)、概して有力者層の所在した可能性があるものと思われる。ただし、両時代の中間期においては窯業施設や鉄生産遺跡群が形成されており、生産遺跡と在地首長層の介在という二面性が窺われる。また、その位置関係から三嶋郷、あるいは塞口または寒江郷との関連を検討する必要もあるかと思われる。

2　射水郡の範囲と「塞口郷」の所在

射水―砺波両郡の境界

　諸郷の比定地を模索するにあたり、それらが所在した射水郡の範囲を検討しておきたい。古代における同郡の周辺には上述のように暫定15地区の遺跡群が点在する。しかしながら、このうちの高岡市石堤の周辺は、従来までの文献史学的考察により砺波郡川合郷が比定され(角川書店1979)、また立野地区内の中保B遺跡においても砺波郡ないし同地方を対象とした出先機関とする提起があり(根津1999他)、これらの考察が正しければ、射水―砺波両郡の境はこれより東方に所在した可能性がある。

　一方、射水郡の南限については、砺波郡の北部に位置する東大寺領石粟荘と、開田図に「南射水利波二郡境」とある楔田荘への現地比定が争点となる。前者については現在の砺波市東保地

区周辺に比定する意見（金田1998他）が確定的であり、郡界は同地より北方に所在したとみられる。ただし、この北東には射水郡櫛田郷の故地と目される串田周辺地区が所在するため（角川書店1979）、郡境はその中間地点に所在したと考えられよう。

　榎田荘をめぐっては複数の比定案が提起されているが、本編第3章でも述べるとおり、木倉・和田両説は成立困難とみられ同荘は佐野南部に比定することが穏当と思われる。ただし、このさらに南部に位置する戸出地区は地理的にすでに砺波郡のそれであったと目されるため、郡境は戸出地区から佐野南部までに所在したことが窺われよう。

　総じて、射水郡における郡界というものが存在するならば、上記した各地点を結ぶラインの周辺が検討にのぼるとみられ、同郡の諸郷もまた、この東及び北側に点在する可能性が高いと考える次第である。

郷の概念と考古学的成果との照合案

　郷をめぐっては「戸令」における「凡戸以五十戸為里」という記述をもとに、里制の廃止された天平12年（740）以降も、新たに整備された郷という機構がその制度を基本的に順じたとする理解が一般である。しかし、元来的に郷は課税や課役にかかるものであり、在地における自然発生的集落やその空間的広がりを直接さす保証はない。また「五十戸」という規定についても、実際にはこの近似値で組織される場合や、距離をあける少数村落を総括的に編成したケースも理論上は考えうる。

　文献史学的な面からみた郷への概念は上記のとおりであるが、考古学的にこれを見出していくには、やや抽象的ながら次の視点が当面の検討事項に浮上するものと思われる。

　① 一定数の埋蔵文化財包蔵地の集合がみられ、且つそれが分布論的にも一地域を形成していること。
　② 律令期をはさむ前後長期にわたり歴史的様相の継続がみられること。
　③ 在地首長の存在したことをしめす古墳や豪族の居宅、あるいは倭名抄段階における緑釉陶器や灰釉陶器などの所謂「高級物」とされるものの検出。
　④ 明らかに当該地域に郷の存在したことを窺わせる木簡等の遺物の出土。
　⑤ 地名や郷と同名の式内社が近隣に所在すること。

　諸郷の所在が検討される暫定15地区の遺跡群を上記の各項目と照合するならば、文献史学的考察による比定案との一致がみられた事例は6地区8郷にのぼる。一方、この照合がみられなかったのは9地区に及ぶが、このうち立野、戸出、石堤―岩坪（西方のみか）の3地区は砺波郡に所属する可能性が高く論旨から除くことが可能と思われる。また、能町、波岡、高岡駅南の各地区はいまのところ上記5項目との符合が希薄であり、周辺に位置する遺跡群とともに一つの郷を構成していたかと思われる。

　なお、15地区のうち上記までに議論にのぼらなかったのは太閤山周辺地区、五十里―二上地区、佐野地区の3地区となるが、これらについての考察は後述とする。

塞口郷及び寒江郷

　塞口郷をめぐっては、『倭名類聚抄』を唯一の史料とするうえに所在地を模索させる地名も希少なことから現地比定はあまり論議されずにきた。わずかに高岡市中心部の上関や下関といった地名の所在をもって周辺地域を同郷に比定する意見も提起されたが、確固たる支持が得られては

文献史学的考察との一致が みられた地区	氷見北部地区と阿努及び宇納郷　　氷見南部地区と布西及古江郷 大島町―大門町地区と三嶋郷　　牧野地区と川口郷 串田周辺地区と櫛田郷　　富山市西部地区と寒江郷
文献史学的考察との一致が みられなかった地区	五十里―二上地区　　佐野地区　　高岡駅南地区　　能町地区 波岡地区　　太閤山周辺地区
郡界を模索させる遺跡等	麻生谷遺跡（石堤－岩坪地区所在）　　中保B遺跡（立野地区所在） 佐野地区と楡田荘比定案　　石粟荘比定地と常国遺跡（串田周辺地区所在） 戸出古戸出遺跡（戸出地区所在）

いない。

　また、その実在をめぐっても寒江郷の誤写とみる意見のほか、寒江郷こそが倭名抄段階までに近隣の他郷に吸収されたとする想定もある。これは、寒江郷が奈良期の存在を窺えるものの、倭名抄段階の史料が皆無で存続が確認できず、一方の塞口郷はこれに反して倭名抄段階にのみ存続を窺わせる史料があることに起因する（角川書店1979）。

　しかし、この点については富山市西部地区の動向を窺うことで一定の推察が可能と思われる。寒江郷の所在をめぐっては、地名の残存などから上記周辺に比定する案が提起されている（角川書店1979）。当該地では縄文時代から中世までの長期に及ぶ様相が存続し、また、遺跡群としての消長や空間的増減といったものも古代にいたるまで大きな変化が見受けられない。さらに、この一角をなす長岡杉林遺跡という倭名抄段階における官衙的な遺跡も存在するなど（富山市教委1987）、これらを勘案するに、当該地区は郷を比定するだけの要素をもち、且つこのほかに塞口郷を比定するだけの地点もいまのところ見出せないことなどを総合するに、筆者は上記の誤写説を現状では有力と考える次第である。

3　布師郷の所在

布師郷と伴郷の所在にかかる従来までの諸説

　布師郷の所在をめぐっては、史・資料が希少なことなどから比定案に一致がみられずにきたが、高岡市伏木説をはじめ、同市佐野説、そして旧新湊市（現・射水市）高木から布目の地に比定する計3説が提起されてきた（角川書店1979）。

　伏木説については、「布師」の字音（フシ）から「伏木」への転訛を想定するもののほか、同地周辺に城館や城柵が所在したものとし上記に「城」の字音（キ）が追加された可能性を説くもの、あるいは『新撰姓氏録』にみえる「布敷（首）」の表記に着目し、「フシキ」に転訛したとするものなどがある（川﨑2002他）。

　これに対し、布師郷を高岡市佐野に比定する意見は、佐野地区の東木津遺跡から「布忍（師）郷」刻書須恵器が出土したことを論拠とする（堀沢2001他）。また、旧新湊市高木から布目に布師郷を比定する説は、この旧地名である「布目高木」を遺称とみるものである。

　一方の伴郷についても、『倭名類聚抄』を唯一の史料とするうえに有力な地名もみられないため、こちらも現状では比定地が特定されずにいる。また、その名をとっても大伴郷、伴部郷、伴野郷といったものからの転訛とする意見がある。従来までに提起の比定案も、「伴」が「半」に略されたとみて近世の半村荘（射水市寺塚原・沖塚原など）に比定する意見や、同市作道・片口・堀岡などに比定する説がある（角川書店1979）。

上記のように、布師・伴両郷は現状において比定案に一致がみられていない。しかし、郷を比定するだけの要素をもちながら、これまで検討はおろか、着目すら殆どされずにきた地区もまた２つある。高岡市五十里―二上地区と佐野地区がそれである。この２地区は空間的・分布論的にも他地域との隔絶性が窺え、この傾向は倭名抄段階まで継続される。また両者を合わせた空間は長軸９km程度にも達するが、これは鬼頭清明の研究（鬼頭1989他）による径４kmないし最大幅6.5kmという郷の想定範囲を超えるほか、古墳時代においてもそれぞれ個別の古墳群が造営されるため、両地区が同一の郷に所属していた可能性は低いと考えたい。

布師郷の所在

　布師郷の所在をめぐっては五十里―二上地区と佐野地区が当面の検討対象になるかと思われる。以下では比較的史・資料の多い布師郷を中心にその所在を検討していくこととするが、同郷の名を記す考古学的資料もまた、この２地区から検出されている。

　１点は前者に所在する須田藤の木遺跡出土の「布師郷戸主」による付札木簡であり（第Ⅰ編第２章図7）、他は佐野地区の東木津遺跡から出土した「布忍（師）郷」刻書須恵器である（図２）。またこの他にも郷名ではないが同遺跡から布師姓を記す木簡も検出されている。

　須田藤の木遺跡の付札木簡をめぐっては、その型式などから課税関連または小作料の納入に関わるものとみる案が浮上する。しかしながら、第Ⅰ編第２章でも述べたとおり、この木簡をめぐっては幾通りもの理解が可能になるとみられる。またそれによれば、出土遺跡周辺を荘園に比定する場合はいまのところ否定要素が希薄であり、周辺を布師・伴いずれかの郷に比定する資料とする限りではないものと思われる（注4）。

　それに対し「氣斐神宮寺」木簡は、布師姓の人物が自身を所轄する公的施設（東木津遺跡）に赴き、物資を奉納したことに伴い発生したものとみることができる。しかしながら、「布師」姓については『新撰姓氏録』左京皇別にも「布師首」があり、また概論的には周辺を統括する立場にあった可能性がありうる。やや飛躍があるものの、これらを郷名に関係するものと理解できれば当該地を同郷に比定する案も検討にのぼるものと考えたい。

　また「布忍（師）郷」刻書須恵器については、前述のようにこれを根拠に周辺を同郷に比定する意見が提起されている（堀沢2001他）。確かに、この刻書は焼成前に施されたものであり、生産段階から同地へと供給されることが意識されていた可能性が考えられる。また、仮に五十里―二上地区に布師郷を比定するならば、なぜ別郷の佐野地区に「布忍（師）郷」刻書須恵器が移動したのかも論ずる必要がある。これらのことを鑑みるならば、この周辺をして布師郷に比定する案が有力と思われる。

『倭名類聚抄』における諸郷の列記

　布師郷の所在をめぐっては、高岡市五十里―二上地区と佐野地区を候補とする案が有力と思われるが、現状では適否を決しがたく、当面は発掘調査の発生頻度が高い高岡市佐野地区の動向を見守る必要があると思われる。しか

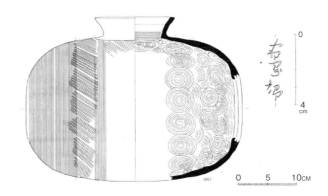

図２　東木津遺跡出土「布忍（師）郷」刻書須恵器
（高岡市教委2001）

しながら、本章においては次のような推定を付すことにより、以後の研究への叩き台を提起することとしたい。

通常、一定範囲の中に点在する事象を列記する場合、最初に何らかの大枠を設定し、さらにその中にある細部の事象を順に列挙していくという法則をとるのではないか。『倭名類聚抄』における「阿努 宇納 古江 布西 三嶋 伴 布師 川口 櫛田 塞口」という諸郷の列記と、これまでに述べてきた比定案を対比するならば、「布西」までを氷見平野に、「三嶋」以降を射水平野の諸郷に大別することができる。加えて、東端に比定されている塞口（寒江か）郷を末尾に記載していることから、大局的には西方から東方にむけて諸郷を列記していることが窺われる。

ただし、氷見平野と射水平野という2つの大枠では、双方とも平野部の比較的中央部に位置するとみられる阿努・三嶋両郷が先頭に記されているが、前者については射水郡の大領・阿努君の本貫地とみられる阿努郷を列記の筆頭とし、後者は官営的な施設、たとえば窯業や鉄生産の施設や有力豪族の所在した可能性などが起因するものと、ここでは暫定的に考えておきたい。

次に各平野内の列挙にかかる規定について検討をしていきたい。氷見平野の諸郷については、まず上述のとおり阿努郷を列記の筆頭とする。そしてこれを除く3郷については「北＞南」という方式のほか、当該期に存在した「布勢水海」の存在を考慮し列記したものと考えたい。すなわち、まず最北に位置する宇納郷を阿努郷の次に記し、そして同じく海岸線寄りで南方に位置する古江を記し、さらに南下した地点に位置すると思われる布西郷を末尾に記すという流れを想定したい。なお、本書第Ⅱ編第3章でも述べるとおり、宇納郷の成立をめぐっては、本来は阿努郷の勢力下にありながら「凡戸以五十戸為里」の規定にもとづき余剰となったものを近隣の宇納郷に編入し郷とした可能性があるかと思われる。

一方の三嶋郷をのぞく射水平野については伴・布師両郷への比定案が考察を左右するところがある。仮に伴郷を佐野地区に比定するならば、三嶋郷を基点として時計回りに櫛田郷までを列挙し、最も東方にある塞口（寒江か）郷を最後に記すという机上の方式が浮上してくる。

これとは反対に、伴郷を五十里―二上地区に比定した場合では、河川による地理的な小区分を基軸とし、且つ「北＞南」という氷見平野で想定したのと同様な方式と上述した「西→東」という傾向のもと、三嶋郷をのぞく諸郷を列記している可能性があるかと思われる。すなわち、射水平野は小矢部川と旧庄川によって3分割されるが、最も北ないし西の区画（小矢部川左岸）に伴郷を比定するならば、以下は南方ないし東方にむけ、布師郷（小矢部川―旧庄川間）・川口郷（旧庄川右岸の北）・櫛田郷（旧庄川右岸の南）と記述し、そして東端に位置する塞口（寒江か）郷を末尾に記すというものとなる。

結　語

射水郡の諸郷の所在について考古学的資料を追加し考察を加えてきた。従来までの文献史学的研究から比定案に統一がみられてきた8郷をめぐっては、郷的な様相をもつ遺跡群との重複関係がみられたことから、その蓋然性の追加をみるにいたったと考えたい。また、従来まで比定案を必ずしも統一することができずにいた布師・伴・塞口の3郷については、一定の論点と候補地を見出すことができたと思われる。

なお塞口郷をめぐっては、富山市北西部に寒江郷を比定する案が正しいことを前提に、寒江郷との誤写説を支持したい。また布師郷については、高岡市佐野地区と同市五十里―二上地区のい

ずれかに候補がしぼられたものと思われる。その適否については発掘調査頻度の高い佐野地区の動向が今後とも注目されるが、これにともない伴郷の所在も帰納的にしぼられていくものと思われる。ただし、布師郷の比定地としては佐野地区が相応しいと考える次第である。

　総じて、射水郡の諸郷の所在について考古学的成果をもって検討をするならば、上述のような蓋然性や問題提起を行なうことができるものと思われる。なお、本章は現状の史・資料をもとに考察を行なっているほか、本文でとりあげた包蔵地のなかには駅家や荘園などといった律令期の諸施設が含まれている可能性もあるため、新たな資料の追加がなされるたびに、その考察も更新をしていきたいと考える次第である。

(注1)　石塚遺跡では縄文後期に最初の歴史的様相が形成され（高岡市教委1997b 他）、これが佐野地区または石塚遺跡群における最古のそれとなる。しかし、農業を基盤とする弥生時代以降は石塚遺跡群の周囲に一つの歴史的様相が展開されていたものと現状の資料から考察をする次第である。

(注2)　釈文については第Ⅰ編第3章注2に詳細を述べている。

(注3)　近年、「郡衙別院」ないし「郡衙の出先機関」と暫定的に仮定する遺跡の報告事例が散見される。これらは現状において確固たる規定や内容が定着しているものではないが、第Ⅲ編第2章などで特定の遺跡や遺跡群に対しては試論を述べさせていただいている。

(注4)　本文では、須田藤の木遺跡をもって郡の出先機関であった場合を仮定して考察をすすめているが、同遺跡は東大寺領須加荘の関連である可能性もある。この点については第Ⅰ編第2章にて筆者の考察するところを述べさせていただいている（根津2005）。

(注5)　塞口郷と寒江郷の名称をはじめ、宮森俊英氏からは文献史学的な考察方法を多岐にわたりご教示いただいた。

(注6)　市町村名については、混同をさけるため旧町村名をあえて採用した箇所がある。

(注7)　図1に示す15箇所の地区は、あくまでも古代の遺跡群としての分類であり郷の範囲をさすものではない。1地区が単独の郷の所管となる場合でも、当然それは遺跡として姿をみせるだけのもので、居住域のみならず生産域その他を包括する空間が別途存在し、仮に「郷域」というものがあるならば図に示す範囲よりもさらに拡大するものと認識している。

引用・主要参考文献

弥永貞三・亀田隆之・新井喜久夫　「越中国東大寺領庄園絵図について」『續日本記研究』第5巻第2号　別冊　1958

小黒智久　「古墳時代後期の越中における地域勢力の動向」『大境』25号 湊晨先生追悼号　2005

角川書店　『角川日本地名大辞典16 富山』1979

川﨑　晃　「『越』木簡覚書 ―飛鳥池遺跡出土木簡と東木津遺跡出土木簡―」『高岡市萬葉歴史館研究紀要』11　2001

木倉豊信　「東大寺墾田地を主としたる呉西地区の古代地理（上）」『富山教育』280　1936

鬼頭清明　「郷・村・集落」『国立歴史民俗博物館研究報告』22　1989

金田章裕　『古代荘園図と景観』東京大学出版会　1998

国史大系編纂会　『国史大系交替式・弘仁式・延喜式』吉川弘文館　1965

小杉町教育委員会　『赤田Ⅰ遺跡発掘調査報告』2003

高岡市教育委員会　『越中国府関連遺跡調査概報』Ⅱ　1988

高岡市教育委員会　『麻生谷遺跡・麻生谷新生園遺跡調査報告』1997a

高岡市教育委員会　「石塚遺跡　安川2地区」『市内遺跡調査概報』Ⅵ　1997b

高岡市教育委員会　「鷲北新遺跡　区画整理地区」『市内遺跡調査概報』Ⅶ　1998
高岡市教育委員会　『須田藤の木遺跡調査報告』2000a
高岡市教育委員会　『高岡市遺跡地図』2000b
高岡市教育委員会　「出来田南遺跡」『市内遺跡調査概報』Ⅹ　2000c
高岡市教育委員会　『戸出古戸出遺跡調査概報』2000d
高岡市教育委員会　『石塚遺跡・東木津遺跡調査報告』2001
高岡市教育委員会　『中保B遺跡調査報告』2002
高岡市教育委員会　「瑞穂町遺跡　―大和ハウス工業地区の調査―」『市内遺跡調査概報』Ⅷ　2003
高岡市教育委員会　『戸出古戸出遺跡発掘調査概報Ⅱ』2004a
高岡市教育委員会　『間尺遺跡調査報告Ⅱ』2004b
高岡市教育委員会　『間尺遺跡調査報告Ⅲ』2004c
高岡市教育委員会　『中曽根西遺跡調査報告』2005
高岡市教育委員会　「下佐野遺跡（豊原地区）」『市内遺跡調査概報』XXI　2012
富山県教育委員会　『富山県埋蔵文化財包蔵地図』1993
富山県文化振興財団埋蔵文化財調査事務所　『能越自動車道関係埋蔵文化財包蔵地調査報告　―NEJ-10・NEJ-11―』1999
富山県文化振興財団埋蔵文化財調査事務所　『能越自動車道関連埋蔵文化財包蔵地調査報告　―NEJ-15（惣領野際遺跡）NEJ-16（惣領浦之前遺跡）NEJ-17 NEJ―18 正保寺遺跡、栗原A遺跡―』2003
富山市教育委員会　『長岡杉林遺跡』1987
西井龍儀　「御亭角遺跡出土の瓦について　―御亭角廃寺を中心に―」『富山県小杉町・大門町小杉流通団地内遺跡群第5次緊急発掘調査概報』富山県教育委員会　1983
西井龍儀・細川眞樹・上野章・大野究　「阿尾島田古墳群・土塁群」『氷見市史 7 資料編 5 考古』氷見市　2002 a
西井龍儀・細川眞樹・上野章・大野究　「朝日長山古墳」『氷見市史 7 資料編 5 考古』氷見市　2002b
根津明義　「中保B遺跡」『木簡研究』21　1999
根津明義　「須田藤の木遺跡」『木簡研究』22　2000
根津明義　「越中国」古代交通研究会編『日本古代道路事典』八木書店　2004 a
根津明義　「越中国西部地域における東大寺領諸荘の所在について」『古代荘園絵図聚影』古代釈文編ワークショップ資料　2004b
根津明義　「東大寺領須加荘の所在にかかる考古学的考察」『富山史壇』148号　越中史壇会　2005
根津明義　「東大寺領榎田荘の所在にかかる考古学的考察」『富山史壇』151号　越中史壇会　2007
根津明義　「『氣笶神宮寺』雑考」『富山史壇』176号　越中史壇会　2015
氷見市教育委員会　『氷見市遺跡地図　第3版　改訂版』2008
堀沢祐一　「越中国の律令祭祀と官衙遺跡」『フォーラム古代北陸の国と郡の成り立ち』第2回「奈良時代の富山を探る」フォーラム資料　2001
山口辰一　『常国遺跡・発掘調査現地説明会資料』1995
山口辰一　「桜谷古墳群」『富山平野の出現期古墳』富山考古学会　1999
和田一郎　「越中の東大寺墾田」高岡市史編纂委員会編『高岡市史 上巻』1959

第2章　古代越中における官衙的様相と在地社会
―令制期における在地の適応と展開および諸施設の現地比定研究の現状―

はじめに

　『万葉集』を編集し、自らも多くの歌を残した大伴家持。この貴人が国守として赴任した頃、越中には華やかな文化が都からもたらされた。国内においては、国府や郡衙をはじめとする官衙施設が造営され、多くの東大寺領荘園なども施入されていくが、その一方で、在地においては旧来からの村落なども脈々と受け継がれてきた。
　史・資料が数量的に限られているため、上記のうち詳細が解明に至ったものは希少である。しかし、本章では双方の中間に位置する数例の遺跡などをとりあげ、さらに現地の古代交通などにも視点をおき、律令制下における越中の古代社会について、その一端を垣間見ていくこととしたい。また、現状における官衙等諸施設の現地比定研究も整理しておきたい。

第1節　在地における律令制の受容と展開

1　在地勢力の適応 ―高岡市中保B遺跡の事例から―

　網目状の水利と広大な耕作地のひろがる現在の富山県北西部、海岸線からも直線距離12kmほど内陸に中保B遺跡は所在する。その東方にはこの遺跡を語るうえで重要な祖父川が北流するが、同河川は数km先で小矢部川と合流し、最終的には国府や国府津などが比定される高岡市伏木で日本海に達する。遺跡内では縄文時代から近現代までの様相が断続的に確認されており強い在地性を有するが、本章ではこのうちの8世紀中頃から11世紀前葉までの様相について述べることとする。
　8世紀中頃以降、中保B遺跡では総数50棟以上の建物群が造営されていく。ただし、小規模なそれが数棟造営されるのみの調査区北側に対し、東側では整然と建ち並ぶ倉庫(屋)群のほか、船着場や水路なども整備され、概して官衙的な様相を呈するなど、両者には明確な相違がみられる。
　この二極化傾向は出土遺物の内容と符合する。北側建物群の周辺では帯金具を除き9世紀前半代まで質・量とも一般的な集落遺跡でみられるものと大過ないのに対し、東側では暗文土器・木簡・転用硯・祭祀具などの官衙的なものが集中するほか、「案調」「案鳥」「津三」「大家」「林家」「罡家」などの墨書土器も検出されている。
　この物流を伴う様相も9世紀中頃を境に一変する。まず東側建物群が廃絶し物資の輸送行為が停止するが、これと交互するように北側建物群が官衙化を呈する。また遺物の内容もこれと同調し、出土量も北側に偏重していく。
　このように官衙的な様相を呈する中保B遺跡であるが、その内容から郡衙などとは一線を画する存在であったと考えられる。また、役人の介在を窺わせる遺物も出土しているが、最多の出土をかぞえる「案調」「案鳥」両墨書土器についても文書担当の下級役人である案主をさすと考え

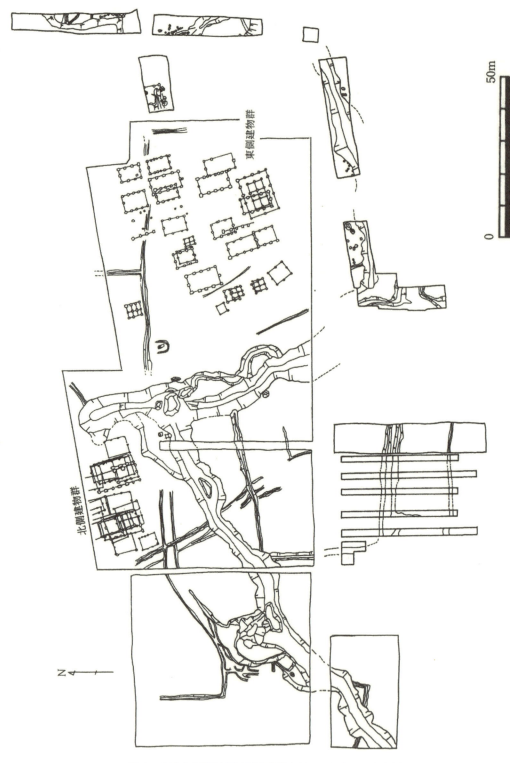

図 1　高岡市中保 B 遺跡遺構平面図（高岡市教委 2002 を改変）

られよう。また帯金具も出土しているが、縦24mmという小型の部類に該当し、かつ表金具と裏金具が結合したまま単体で検出された状況からは、同じく下級役人からの譲渡物であったとみられる(高岡市教委2002)。さらには、前述した遺跡の存続期間や遺構の形態など、これらを総じて、中保B遺跡については在地的な勢力を基礎とし、一時的に官衙的な機能を有したものと考えたい。

この遺跡の具体相をめぐり、過去に筆者は砺波郡衙や砺波地方の北東部を対象とする郡衙等の出先機関として一時的に機能したとする仮説を提起した。その事由として、同遺跡が射水・砺波両郡の境界付近に位置することに着目し、仮に砺波郡の所管であった場合は国府推定地に対し最短距離に位置することから、両地の中継施設としての機能を果たしやすい環境にあることを掲げた(根津2005a)。また、『越中国官倉納穀交替記』に記載の「川上村」ら3村が郡衙の機能を一部代行することがありえたとする提起(木本2002、山中1994)を援用した。

なお、国内各地域を治めるうえでは在地豪族層の協力が不可欠であり、郡司職も当初は旧来からの勢力をもつ譜第を中心に任命する傾向にあったことはすでに諸先学が明らかにしている。しかしながら、社会の変革に対応するかたちで、やがてそれに次ぐ擬任郡司や副擬任郡司などの役職も加わり、これらが8世紀後半期以降から拡大傾向に移ったとする指摘がある(山口2004他)。もちろん、この他にも記録にない在地豪族層の協力が介在したことも想像に難くない。

一方、これとは別に税の一つである調をめぐっても、在地の実際の複雑さをものがたる。調については都が各国に物品を規定するものであったが、必ずしも当該地の産業やその成果に合致するとは限らず、地方ではこれに即するべく、「市」などの施設において交易などを介し数量等の調整を行っていたとされる(栄原1987他)。

これらのことと当該地では一定の相違もあろうが、筆者は肯定的に引用することとしたい。すなわち、中保B遺跡については、空間的にも機能的にも国府や郡衙などの官衙と在地村落の中間に位置した。そしてこれらを結ぶ水上交通を駆使し、収税行為などの政治的・社会的活動を円滑に進めるべく、出先機関的な役割を担っていたと考えたい。またこのことは、在地豪族層が自身の既存勢力を維持・増大するべく、新たに導入された律令制に即し、協力姿勢をみせた一例と理解したい(注1)。

2 所謂「官衙的な遺跡」の多様性

中保B遺跡の東方数kmの地点には、弥生中期から近現代まで存続した高岡市石塚遺跡群が所在する。古墳時代で前方後方墳をふくむ古墳群が造営され、古代においてはその一角を構成する東木津遺跡が官衙化を呈するなど当該地周辺における中心的な存在であったと考えられる。また同遺跡からは焼成前に「布忍(師)郷」と刻書された横瓶の出土があり、これをもとに周辺を同郷に比定する意見も提起されている(堀沢2001、根津2006a)。

東木津遺跡からは、片面庇をもつ建物をはじめ、計画的配置を呈する掘立建物群が検出されている。また帯金具や幾何学的な文様等を有する数個体の円面硯のほか、木簡も多数が出土している。ただし、木簡については種子札のほか、未記入とみられるものや、「□二月六日便(裏面に「郡」に類似した記述あり)」と記されたもの(高岡市教委2001)、中世においては「難波津歌」木簡など(川﨑2002)、このように中央文化の受容を窺わせるものがある。

しかしながら、次のような木簡も出土しており一考を要する。その大意は、布師姓の者が涅槃浄土への往生を祈願すべく、氣笶神宮寺あてに奉納物をおさめたものと理解したい。この場合、

同遺跡には遠方へ輸送物を届けるための機能や役割が備わっていた可能性があるかと思われる(注2)。

　　表面　「氣笶神宮寺涅槃浄土粲米入使」
　　裏面　「□暦二年九月五日廿三枚入布師三□□」　　（154）×（21）×5　　（011）
　　　　　〔延カ〕　　　　　　　　　　　　　　〔間又は閇カ〕

　もっとも、この遺跡からは「宅」「明家」「川相」「悔過」「大」「庄」「助郡」などといった墨書土器も検出されており、荘園や仏教、あるいは郡との何らかの関係があったことも検討できる。ちなみに、遺跡の南方には東大寺領楳田荘が比定されている（藤井1994a、金田1998、根津2007）。また、この遺跡を前記の神宮寺関連の荘所施設とする提起もあるが（大川原2006）、遺跡の南方約2.5kmの地点には気多神をまつる西藤平蔵神社が鎮座しているほか、『越中国射水郡楳田開田地図』には「社幷神田」とあり、関連が注目されよう(注3)。

　近年においては所謂「官衙的な遺跡」の検出例が相次いでいる。それらは郡衙の出先機関とする案をはじめ、郷やその他想定上の施設などに比定する意見がある。しかし、その結論に至るまでには相対論や消去法の介在が否めない。また、これらは存続期間が限られる傾向にあり、越中では9世紀前半から中頃にかけて消長の境が多くみられる。東木津遺跡については、根本的には中保B遺跡と同様に、律令制という新たな制度のもとで在地勢力がこれに適応したものと考えたいが、その一方で多様な機能を有した可能性もあるかと考える次第である。

3　現地における展開

　中央における政治的・社会的展開は地方にも少なからぬ影響を及ばした。越中においても、橘奈良麻呂の墾田が政変後に東大寺領石粟荘となったほか、砺波臣志留志の活躍などが特記されよう。

　砺波臣の系統にあるとみられる志留志は、天平19年（747）に東大寺盧舎那仏への智識として米3000斛を献じ、その功により外従五位下を授かる。つづいて神護景雲元年（767）には、後に井山荘となる墾田百町を東大寺に献じ、従五位上に昇叙されるとともに越中員外介に、以後も東大寺領荘園の関連事業に奔走し、宝亀10年（779）には伊賀守にまで昇りつめる。

　このほかにも、延暦7年（788）の『五百井女王家符案』では、五百井女王が自身所有の墾田を宇治華厳院に寄進する際、東大寺領須加荘の荘長であった川辺白麻呂が奔走したと記されている。また、『越中国礪波郡井山村墾田地図』には「小井郷戸主蝮部三□戸治田二段百廿歩」「大野郷戸主秦足山田物部乎万呂治田一段二百冊歩」とあり、規定に則し無位の階層による開発も行われていたことが窺われる。

　しかしながら、こうした個々の開発行為とは別に、公的な立場からの活動も存在した可能性がある。砺波市久泉遺跡に着目しよう。金田章裕は同遺跡を「溝所」と推定するほか、この「大溝」が東大寺領石粟荘にまで達するとの予測を示した。現状では同比定地まで達していないものの、この方向へ2kmほど溝が延長することが確認されている（金田2007a）。

　本章ではこの成果より派生する更なる可能性を検討したい。調査報告書によれば「大溝」は8世紀後半代に存続していたものと提起されている（砺波市教委2007）。しかし、出土遺物を概観するにその廃絶は13世紀前半代を遡ることはない。これほどまでに長期継続を呈する水利施設も希少であるが、それが維持された社会背景、またそれとは逆に後世においてそれほどの施設を廃絶せしめたことなどは、当該地域の社会史を解くうえで大きな意味をもつと思われる。また、亀田隆之の研究（亀田1973）を参照するならば、この水路が数km離れた石粟荘のみを対象としていた

か、あるいは如何なる立場がその造営や管理をしていたかという課題も残るであろう。

なお、『雑令』によれば「山川藪沢之利 公私共之」とあり、また天平神護 2 年 (766) 10 月 20 日の『越前国足羽郡大領生江東人解』では「右従元就公川治通溝 (中略) 未任郡領時以私功力治開」とあるなど、私人が公的な水利から用水路を引くことも不可能ではなかった。『越中国礪波郡石粟村官施入田地図』では荘域の西方に「国分金光明寺田」とあり、「大溝」が石粟荘以外に活用された可能性もあるかと思われ、上記の対論として検討に値しよう。

さらには、複数の立場が「大溝」を利して各々の用水路を新たに造営し、結果として幾流にもこれが分岐し平野の各地を潤していた可能性も現状では残されている。そのことが肯定されるならば、「大溝」が新規に造営され、以後も長期継続を呈する意義はより大きなものとなる。ちなみに、首長層のものとおぼしき古墳群は同地から遠く離れた小矢部市道林寺周辺に集中し、久泉遺跡の周辺では小規模古墳が散見される程度である。今後における埋蔵文化財包蔵地の分布・確認調査の進展もさることながら、現状をみる限り久泉遺跡周辺の古代の様相はやや後進的な存在であった可能性があるかと思われる。こうした点を鑑みても、「大溝」の発見は周辺地域における歴史的様相の推移をめぐる大きな論点となる可能性をひめるものと思われる。

実証を重んじるべき考古学にとって、金田の推定とその的中は驚愕に値する。そして上記は単なる机上の可能性の羅列に過ぎない。しかし、以後はこれをもとに、それぞれの方法論に即し、あらゆる可能性について検討していく必要があり、たとえ今は即答に至らずとも、それが筆者を含め後に続く者のつとめと考える[注4]。

小　結

律令政府は地方に「国―郡―郷」という収税機構を編成したが、現地においては上記と概念の異なる「村」という単位が並存した。官衙施設と在地村落は内容的に対極的位置にあるかと思われるが、越中においては越中国府関連遺跡 (高岡市教委 1987 他) が前者に、後者としては小矢部市桜町遺跡 (小矢部市教委 2003) などが代表的である。

しかしながら、その中間には所謂「官衙的な遺跡」が存在した。こちらについては律令制という新体制のもとで在地豪族層が自身の既存勢力を維持・拡大するべく社会的参画を遂げたものと考えたい。ちなみに、越中におけるこれらの多くは 9 世紀前半から中頃までに盛衰がみられるが、この点については当該期における政治的な要因のほか、後の時代の社会構造などを照合するに、在地豪族層による開発領主化や律令制に随従することからの撤退という可能性を提起しておきたい。律令制を崩壊に至らしめた要因として荘園制の導入が挙げられることが多い。しかしながら、上述の状況などを鑑みるに、そうした不穏分子は律令期の比較的早い段階から内在していた可能性もあるかと思われる (根津 2006b)。

第 2 節　古代交通と周辺の社会事情

1　越中の古代交通研究とその展開

前述においては所謂「官衙的な遺跡」をとりあげ、在地豪族層による律令制への適応について

図2　延喜式段階の駅路推定ルートの一例（高瀬1993）

考察した。ここでは地域間をむすぶ交通路を検討し、周辺地域における古代社会の一端を検討していきたい。

古代北陸道をめぐっては『延喜式』兵部省諸国駅伝馬条が希少な史料となる。そして諸先学は各駅の比定地を結線し駅路の推定ルートをつくりあげた（図2）。

それによれば、加賀郡(注5)から山間部を通過し越中に入国した古代北陸道は、まず西山丘陵の山麓線沿いを北東方向にはしり、第3駅付近で国府に最接近する。そしてそれ以降は概ね日本海側の地域を東進し、越後国に至るとしている（木下1980他）。ただし、この推定があくまで延喜式段階にのみ有効であるとの警告は、早い段階で諸先学が提起していた（和田1959a他）。

越中においては、前出の桜町遺跡（伊藤1995）と富山市水橋荒町・辻ケ堂遺跡（小林2004）で駅路とおぼしき古代道が検出されている。ともに上記の駅路推定ラインと概ね重複し、構造も他国の類例と共通するなど、その蓋然性は高い(注6)。

一方、駅路とは別に、国府や郡衙を結ぶ伝路という古代道の存在も指摘されており（木下編1996）、越中ではその実在性をある程度検討できるものと思われる。たとえば、天平20年(748)における大伴家持の国内巡行は基本的に郡衙を巡るものであり、その経路は伝路の概念と符合する。また、『越中国礪波郡石粟村官施入田地図』には「従利波往婦負横路并溝際」とあり、砺波―婦負両郡衙を結ぶ伝路の存在を窺わせよう（山口1998他）。そのほか、国府と砺波郡衙を結ぶルートについては、西山丘陵の山麓線が両推定地を地理的に連結する。付近には小矢部川が並走するが、同ルートはその氾濫を回避できる環境にあるなど、古代道を築造する条件に比較的恵まれている(注7)。

越中の駅路は従来からの説のとおりに所在したかに見えるが、課題もある。全国的な発掘調査の事例を参照するならば、西暦800年前後の時期に駅路は改変され、それまで幅幅9m程度、ないしそれ以上の規模であったものが、所謂「6mクラス」に縮小され、ルートの変更もなされた箇所があるという（木下編1996）。

前記の確実例はいずれも後者の規模に該当し、同地に幅9m以上の道路遺構は検出されていない。また水橋荒町・辻ケ堂遺跡（図3）の例にいたっては、8世紀後半から9世紀初頭に比定された掘立柱建物と切り合うため、これを延喜式段階に存続した駅路とする限り、存続期間もまた後者の時期と考えざるをえない（根津2004a）。

さらに、上記を前段とするならば第3駅以西のルートにも一考を要する。同ラインは国府と砺波郡衙を結ぶ伝路の推定ラインと大部分が重複するため、改変期に駅路へ転化された可能性が生じるからである。そのほか、後に再評価されたより道路幅の広い「呉羽山の古道」についても延喜式段階の駅路推定ラインとは符合せず（西井・小林2005）、同様に、延喜式段階の駅路推定ルートと大きく距離を隔てる射水市赤井南遺跡からも幅約8mの道路遺構が検出されている（富文振2011）。上述した蓋然性を含め、筆者はこれを改変前の駅路と考えるとともに、駅路のルート変更は存在したものと理解したい。

なお、駅路のルートを検討するに際しては、各駅家の現地比定案が争点となるが、越中においては若干の論点が生じている。

従来までに提起された説としては水橋荒町・辻ケ堂遺跡を水橋駅家に（小林2004）、入善町じょうべのま遺跡を佐味駅家に比定する案（森1998）がある。しかし、水橋駅家の実在は10世紀前半に成立した『延喜式』を証左とするものの、水橋荒町・辻ケ堂遺跡とは、いまのところ存続年代に1世紀ほどの差異がみられる。したがって、発掘調査区周辺

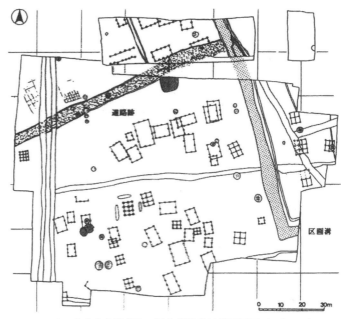

図3　富山市水橋荒町・辻ケ堂遺跡遺構平面図（小林2004）

のさらなる調査の進展を待つべき部分もあるかと考える次第である。

一方、じょうべのま遺跡をめぐっては、東大寺領丈部荘や西大寺領佐味荘に比定されてきたほか（富山県教委1974、藤井1998）、これを参照し港津の機能を備えるとの提起もある（中村1997）。もっとも、駅家とする比定案には建物群の構造論より発する新たな試みが含まれる。全国的にも遺構論としての体系化が十分とはいえない現状よりすれば、しばらくは類例の増加を見守る必要もあるかと思われる。また、港津の機能を有したならば、佐味駅にかかる『延喜式』の記述が「越中国駅馬（中略）佐味八疋」とあるのみで、たとえば出羽国佐芸駅の「（駅馬）四疋　船十隻」といった記述と異なることなども一考の余地があるかと思われる。

2　水路との並存関係とその背景

西暦800年前後に駅路が全国規模で改変された可能性が高いことは前述した。この点をめぐっては、加賀郡の複数遺跡からも広狭2類の道路が重複・踏襲されており（柿田2004他）、古代北陸道も例外ではなかったことが判明している。しかし、このことは当該地の駅路が改変後もルートを踏襲していたことを示す反面、越中の事例とは相違し、またその社会史を解く論点になる可能性があると思われる。

越中における駅路ルートの改変が存在したならば、それは如何なる事情によるものか。結論をいえば、まず水路との併用が重視された可能性があるかと思われる。

再び中保B遺跡を参照し検討を加えよう。この調査成果により、以前より想定されてきた古代における越中の内陸水上交通の実在が証明され、また、現在の富山県西部を斜行する小矢部川がこの時代に水路として活用されていたことが濃厚となった（図4）。

しかし、延喜式段階の駅路が推定どおりのルートをとるならば、駅路と小矢部川は地理的に並走関係にあるため両者の併用も視野に入る。また、第3駅以東では日本海の水運を意識していた

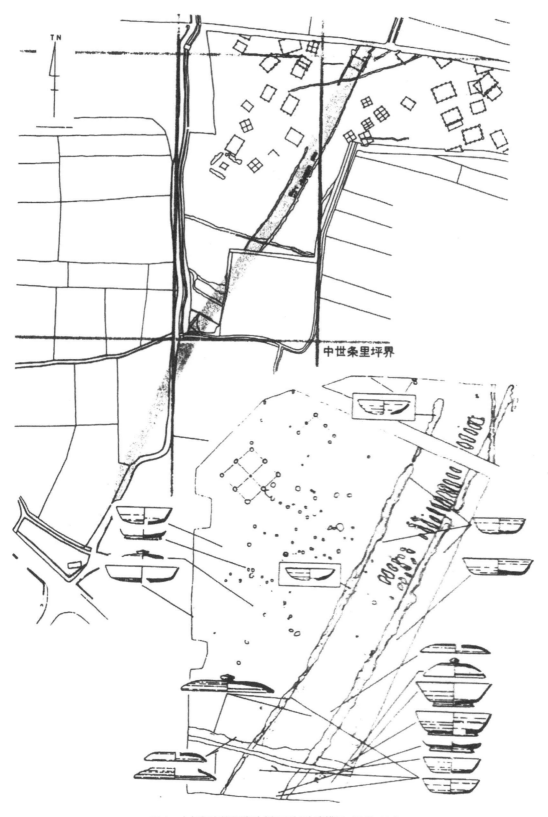

図4　小矢部市桜町遺跡（産田地区）遺構図（伊藤 1995）

との提起もあったが(木下1980)、その適用範囲は河川交通の追加により延喜式段階の駅路のほぼ全線に拡張することとなる。当該地に駅路の改変があったとすれば、こうした地の利を活かした可能性があるかと筆者は考える。

なお、その機能的な面での具体例として、古代瓦の出土をみた高岡市御亭角遺跡を提起しておきたい。この瓦の生産地は10km以上距離をおく射水市小杉丸山遺跡であり、その間の輸送も和田川の水運を活用したものと理解されている(西井1983)。水上交通を利する場合は重量物を輸送する際の労力を軽減でき、当該事例はこの点が重視されたとみられる。ちなみに同様な事例として、石川県かほく市中沼コノダン遺跡の例を掲げておきたい(注8)。

ただし、有数の豪雪地帯である北陸地方にあって、水路は降雪期における普遍的な交通路になりえたものと考えられる。また現在の富山平野には網目状の水利が所在しているが、おそらくは日本海の海上交通なども含め、古代においても、こうした水利を柔軟かつ有効に活用することにより、在地の活動が支えられていたと考える。このことを、延喜式段階の駅路における水路との併用を重視した第2の利点として掲げたい。

3 西国からの経路と周辺地域の社会背景

越中における古代北陸道をめぐっては、西国からの経路という問題も諸説提起されてきた。しかしながら、そこにも当該期の社会事情の一端を浮上させる可能性がある。

すでに大伴家持と池主の歌などから、越中にとって最も近い存在となる加賀郡の深見村や深見駅家は現在の石川県河北郡津幡町に比定され、また眼前の山間部が両国を分かち、沿道には砺波関が所在するものと理解されてきた(佐藤2006他)。また『延喜式』への理解により、加賀郡最終駅の深見駅家を通過した後、古代北陸道は越中にむかう本道と、能登方面へと通じる能登路に分岐すると考えられてきた(津幡町1974他)。

この分岐点をめぐっては、山間部により両国方面へと平地を分ける地形的分岐点が研究史的にも同一視されてきた。しかし、それより2km以上も能登側へ北上した地にある津幡町加茂遺跡から加賀郡牓示札などが検出され、さらに同記載の「深見村諸郷駅長(前後略)」などから深見駅家の比定案(小嶋2001)と、越中へと向かう経路も新たに提起されるに及んだ(柿田2004)。この発見と提起は大きな反響を呼ぶこととなったが、その数年後、前記の地形的分岐点の付近に位置する同町北中条遺跡から「深見駅」墨書などが検出され(津幡町・津幡町教委2005)、旧来の駅家や経路の比定案が再評価されるに至っている(金田2007b)。

筆者も現状では北中条遺跡の周辺が深見駅家の有力な比定地とみるが、その場合は次のような考察が可能と考える。

一つは水上交通との併用がなされた可能性である。前述のとおり、越中における延喜式段階の駅路は水路との併用を可能とする環境にある。加賀郡においても上記の地形的分岐点から倶利伽羅峠等の方面へとひろがる低地には、近代まで水路として活用され日本海にも通じていた津幡川が所在する(津幡町1974)。同様の河川が古代にも存続していたならば、降雪期の交通路として活用された可能性が生じ、また越中へと通じる駅路ルートが同沿線に造営されていた蓋然性も高まるかと思われる。

西国からの入国経路の模索をめぐっては、このほかにも、当該期における周辺の治安等を維持する施設の存在を窺わせるかと思われる。ちなみに加茂遺跡からは次の釈文をもつ木簡が出土

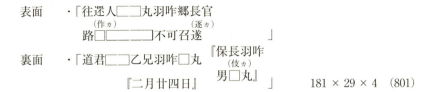

しており、既にこれをもとに同遺跡が関に類する機能を有していたことが提起されている(平川 2001)。

関をめぐっては、軍事関連のほか、本貫地主義にもとづく政策の一環として、民の逃亡を抑制する機能を有したとする見解がある(舘野 1998)。加茂遺跡は旧河北潟と宝達山系の山間部に挟まれたわずかな平地上にあり、周辺の陸上交通も自ずとこの空間に限定されるため、上記の見解と環境面が符合する(図5)。

ただし、当該地は越中・能登双方へとむかう前出の地形的分岐点から後者側へ 2km 以上北方にあり、状況的にその機能は能登方面を対象とする部分が多く、したがって、越中方面のルート上にも同種の施設が設置されていた可能性が派生するかと思われる。越中と加賀を結ぶ交通の要衝であり、かつ地形的に両者を分断する現在の砺波山や倶利伽羅峠を含む山間部周辺、この環境下にこそ関のような機能を有効にし、大伴家持の歌にも登場する砺波関(『万葉集』巻18-4085)が所在した蓋然性が垣間見えてくるかと思われる。

なお、諸先学と同意見ながら、前述のような治安施設を設ける必要性が生じたことをめぐっては、やはり当時の社会を反映したものと考えたい。その一案として東北地方への進出とその緊張ということもさることながら、民の逃亡を禁じ、また抑制する効果をはかったことが前出の過所様木簡や加賀郡牓示札の内容などから推測が可能と思われる。

現在、古代交通研究にかかる労力の多くが交通路そのものへの検討に注がれる傾向にあるが、「点と線」という言葉でたとえられるが如く、地域間をむすぶものが道路であるならば、それへの研究は当該地域とその周辺の社会を検討することにも直結しうる。その解明に至るまでには、船着場や木簡などといった一つの史・資料が既往の研究を誘発し結実させ、そして新たな学的展開を導くこともありうる。近年の動向を鑑み、あらためて研究史に正対することの重要性を提起したい。

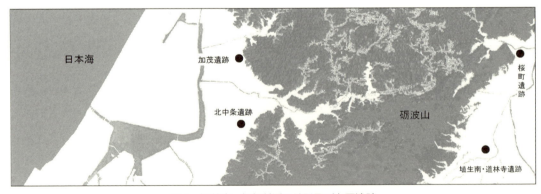

図5　旧越中—加賀付近の地形及び主要遺跡

第3節　諸官衙等の現地比定

　律令期の開始とともに、越中でもその体制や関連施設の整備が進められた。これらの現地比定はあまり多くの進展をみせてはいないが、ここでは現状までの比定案や、その課題などを整理しておきたい。

　越中国府については、国分寺などとともに高岡市の伏木台地に比定する意見が定説化の傾向にある。国内においても古代瓦の消費遺跡は同台地上に集中しており（北陸古瓦研究会1987）、また関連を窺わせる旧地名の残存、あるいは官衙的な遺構群や遺物、ことに、回廊をふくむ大型の掘立柱建物群や、国外各地で生産されたとみられる施釉陶器などが検出されていることなど、これらを総じて上記の比定案（古岡1991他）は蓋然性が高いものと思われる。しかし、いまだ決定的な物証は得られておらず、また『倭名類聚抄』大東急文庫本では国府が砺波郡に所在するものと記されているが、いまだその詳細は明らかにされていない。

　郡衙については、大宝2年（702）以降は一定期間をのぞき射水・砺波・婦負・新川の4郡が所在したが（注9）、現状において郡庁施設の検出などといった直接的な把握には至っていない。ただし、小矢部市埴生南・道林寺遺跡では「郡」と書かれた墨書土器が検出されており、砺波郡衙との関連が注目される（小矢部市教委1987）。ちなみに、その近隣の松永遺跡からは古代瓦や甎仏などが出土しているほか（小矢部市埋分調1982）、前述のとおり周辺には古代道が集中する傾向にある。また時代は異なるものの、首長層の古墳とおぼしきものが古墳時代の全時期を通じて近隣に造営されているなど（岸本1995）、当該地周辺には砺波郡衙を比定するための肯定的要素が複数存在する。

　射水郡衙をめぐっては、国府と同様、高岡市の伏木台地に比定する意見が早くから提起されてきた（和田1959b他）。程遠からぬ地に在地首長層のものとみられる古墳群が所在するほか、古代道推定ルートの付近に位置するなどの蓋然性もあるが、いまのところ決定的な史・資料の検出はない。

　婦負郡衙については、射水市黒河尺目遺跡の周辺に比定する案が提起されている（藤田2002）。現時点においては存続年代や建物の構成などの課題もあるが、県道9号線を前記の「従利波往婦負横路」の後継とみるならば、同遺跡は概ねその沿線に位置することとなるため肯定的な要素が追加されることになろう。

　新川郡衙をめぐっては、『越中国新川郡丈部開田地図』に「味富村古郡所」とあるほか、『越中国新川郡大荊村墾田地図』には「従郡川枯往道」とあり、これらの位置関係を体系化する必要にせまられる（藤井1998）。富山市米田大覚遺跡を同郡衙に比定する意見が提起されている（富山市教委2006）。

　越中の古代史において、全国規模で注目すべき歴史事象として東大寺領荘園の施入がある。その現地比定をめぐっては、開田図に記載の条里（プラン）により複数の荘園を帰納的に検討する必要性もある。すでに研究者諸氏による比定案が提起されているが、現状では杵名蛭荘を除く射水・砺波両郡の7荘は金田章裕の比定案が最も説得力を有するものと評価されている（金田1998）。

　射水郡に施入された4荘をめぐっては、検討材料にめぐまれた須加荘の比定地が研究上の起点となり、これに続き他3荘を帰納的に考察することで諸説は概ね一致する。その須加荘については高岡市五十里に比定する意見が一定の支持を得ているが、神護景雲元年図の「大溝」をめぐり

課題も残るとされる（注10）。また鳴戸荘についても、天平宝字三年図における荘域中央やや北側の「沼」にあたる地点は、現在の前田利長墓所の付近に比定されているが（金田1998）、周辺の調査成果を鑑みるに、そのような地形は見出し難い現状にあるかと思われる（根津2004b）。

杵名蛭荘をめぐっては、南砺市高瀬遺跡をその主要施設とする説（富山県教委1974）と、高岡市戸出説（金田1998）がある。高瀬遺跡については、出土遺物の年代幅が限られるうえに施設の建替えも未確認であるなど、存続年代に不整合がみられる。また出土遺物についても荘園遺跡に特定されるものも見出し難いかと思われる。一方の戸出説は歴史地理学的な考察によるものであるが、「三宅」が該当する周辺には埋蔵文化財包蔵地が重複する可能性があり（高岡市教委2000）、その発掘調査の実施が待たれる。

越中の東大寺領荘園は同国の西部地域に集中する傾向にあるが、東半部においても大藪（荊）・丈部両荘が施入されている。前者への比定案は、現在の立山町北辺部から舟橋村にかけて諸説提起されているが、詳細については相違点も少なくない（石原1956、宇野1989、本郷1996、藤田1998）。丈部荘については、じょうべのま遺跡をその主要施設とする比定案（富山県教委1974）のほか、富山市水橋に比定する案がある（藤田2001）。しかしながら、大藪（荊）荘が諸先学の提起する地の周辺に確かに所在するならば、双方の条里を鑑みるに後者に説得力があるといえよう。ただし、同案についても表層条里などをもとに考察しているなど課題も派生しうる。

次に、郷についてみていこう。『倭名類聚抄』によれば越中国では42郷を所管していた。国域の北西に位置する射水郡では10郷が列記されているが、天平勝宝4年（752）の越中国貢上の調綿の紙籤には上記に記載のない「寒江郷」の名もある。

すでに諸先学により8郷の所在については概ね諸説一致をみており、多くの検討を要するのは塞口・寒江・布師・伴の4郷とみられる。ただし前2者をめぐっては、文字の類似性や史料の消長関係などから両者を同一視する意見が提起されている（角川書店1979）。またその点は、問題となる富山市西部の遺跡群の推移や消長からも一定の肯定的要素を見出せるかと思われる（根津2006a）。

布師・伴両郷についても既に多くの比定案が提起されてきた。近年では研究史上の死角となってきた高岡市五十里周辺地区と同市佐野地区が検討対象に浮上したほか（根津2006a）、川﨑晃による布師郷への卓見もあるが（川﨑2001）、布師郷にかかる文字資料もまた両地域から出土しており、さらなる検討を要することとなっている。

ちなみに、五十里周辺地区に所在する須田藤の木遺跡からは、表面に「布師郷戸主丈部□□□□（9文字目は宗か）」、裏面に「十月十日」との釈文をもつ付札木簡が検出されているが、同地は他に東大寺領須加荘を比定する意見も提起されている（金田1998他）。一方の佐野地区の東木津遺跡からは前記の「布忍（師）郷」刻書や「気笶神宮寺」木簡が検出されているなど、総じて布師・伴両郷の所在を特定するには、なおも詳細な検討を要する状況にあるかと思われる。しかしながら、筆者は布師郷については高岡市佐野の石塚遺跡群の周辺に比定するべきと考えるが、詳細は別章に委ねる（根津2006a）。

射水郡以外の諸郷の現地比定は定見をみていないものが多いが、砺波郡では長岡・大野・三野・川上・意斐の5郷に具体的な比定案が提起されている。

長岡郷については、前述の桜町遺跡から90棟以上の建物群をはじめ、「長岡」「長岡神□」などの墨書土器、さらには帯金具や和同開珎などが出土したことから周辺を同郷に比定する意見がある。また大野郷については、神護景雲3年（769）の『礪波郡司売買券文』に「大野郷井山村

百廿町」とあるほか、承和8年(841)の『某院政所告状案』にも「礪波郡大野郷井山庄」とあり、同荘周辺に大野郷が所在したことが窺われる。三野郷については高岡市福岡町市街地の簔島・上簔・下簔などの字名から周辺にこれを比定する意見がある(藤井1994b他)。

　川上・意斐両郷をめぐっては、『越中国官倉納穀交替記』に記載の「川上村」「意斐村」を南砺市福光周辺や庄川右岸地域に比定する意見がある(角川書店1979他)。ただし、江戸期につくられた『郷荘考』では、下老子村(現・高岡市福岡町下老子)を遺称地かとしており、また冒頭で述べた中保B遺跡は同地の近隣に位置することになる。

　なお、同遺跡の倉庫群の配置は木本秀樹による復元案(木本2002)と相違する。しかし、寸分違わぬ配置を呈する保証もなく、また、この図は上記文献にみえる建物を試験的に図化したものであり年代差が著しく同時共存は難しいものと思われる。さらに、中保B遺跡それ自体も後世の深い削平を受けており実際に掘立柱建物の掘方を消失している事例もあり(高岡市教委2002)、往時の建物数は検出数よりも増加する可能性はある。

　加えて、この西方に位置する「老子」という地名は「小井(意斐)郷」と字音が似ており転訛と考慮することもとくに飛躍があるとは思われず、さらに中保B遺跡の北方にある地名「五位」も現地の古老は「オイ」と呼称する。もとよりひろく周囲を俯瞰しても、大局的には長期存続を呈する遺跡群が所在し中保B遺跡はその一角を構成し、また前述のような活動が行われていたとみ

国府・国分寺	
国府	高岡市伏木・砺波郡域
国分僧寺	高岡市伏木
国分尼寺	高岡市伏木
郡衙	
射水郡衙	高岡市伏木
砺波郡衙	小矢部市埴生南・道林寺遺跡
婦負郡衙	射水市黒河尺目遺跡の周辺地域
新川郡衙	富山市米田代各遺跡
駅家(延喜式段階)	
坂本駅家	小矢部市坂又・蓮沼(木下1980)
川合(人)駅家	高岡市赤丸(木下1980)
日理駅家	高岡市二上～伏木(木下1980)
白城駅家	射水市白石など(木下1980)
磐瀬駅家	富山市岩瀬(木下1980)
水橋駅家	富山市水橋荒町・辻ヶ堂遺跡
布勢駅家	黒部市沓掛・三日市辺など(木下1980)
佐味駅家	入善町じょうべのま遺跡・朝日町泊など(木下1980)
東大寺領荘園	
須加荘	高岡市五十里(木倉1937)・手洗野(和田1959)・岩坪(弥永他1958)
楔田荘	高岡市佐野南部地区
鳴門荘	佐野東地区(和田1959)・高岡駅南地区
鹿田荘	高岡市井口本江(和田1959)・射水市布目沢(金田1998)
石粟荘	砺波市東保地区(金田1998)
井山荘	砺波市東保地区(金田1998)
伊加流伎荘(伊加留岐)	砺波市東保地区(金田1998)
杵名蛭荘	南砺市高瀬・高岡市戸出
大藪(荊)荘	立山町北辺部～舟橋村域
丈部荘	入善町じょうべのま遺跡・富山市水橋佐野竹周辺

表1　各官衙等の現地比定案一覧（※本文に明記の出典は省略）

られる。これらを総合するに、筆者は当該地域を小井(意斐)郷に比定する案を提起したい。

　婦負郡の諸郷については、史・資料の数量的限定から現地比定は長らく停滞をみたが、近年における藤田富士夫の提起(藤田 2002)により、ようやく研究は緒についた観がある。悉皆調査を経過したとみられる高野郷への検討など特記できる部分もあり、今後も対論との比較検討などをふまえ、さらなる追究がなされていくものとみられる。

　新川郡においても婦負郡と同様の問題を抱えているが、大荊・丈部・佐味の３郷については、同名の荘園の周辺に所在するとの意見がある(角川書店 1979)。また大荊郷をめぐっては、立山町辻遺跡から「□□□葦□里正墨□郡司射水臣□□」という釈文をもつ木簡が出土しており注目される(立山町教委 1990)。

結　語

　貴重な史・資料をもつ古代の越中は、研究者諸氏により多角的に研究が進められている。本章では所謂「官衙的な遺跡」の数例や古代交通に着目し、在地社会における律令制への適応と開発という視点から検討を試みた。また、現状における律令期諸施設の現地比定研究などを整理した。

　かつて当該地域を支配し、死後は古墳に手厚く葬られた在地首長層も、律令期という新たな時代を迎え、その制度に即しつつ既存勢力の維持・拡大に奔走したとみられる。その一環として、所謂「官衙的な遺跡」の存在があるものと理解したい。

　一方、現地においてはあらゆる階層による開発行為のほか、公的機関とおぼしき立場のそれも並存した可能性がある。また隣国との境界付近の社会事情をめぐっても、民の逃亡とそれへの抑制といった点が隠見されるなど、地方における律令社会の実態は混沌とした内容を呈したことが、従来説と同様にここでも見てとれる。

　そのさらなる具体相を解明するにあたっては、資料数の増大を現実的に望める考古学側が果たす役割は大きく、また文献史学や歴史地理学などといった複数の分野が集結し、総合的に検討していく必要性が今後いっそう高まるものと思われる。研究対象の相違は研究法の相違を生み、ときに異なる成果を生むであろう。そして近年の個々の情勢を鑑みるに、互いの方法論がある程度確立をみるまでは一定の距離をおくべき部分も本来的にはある。しかし、こうした壁を乗り越え、他分野への関心と吸収を積極的に実施していく先にこそ、限りのある史・資料を扱い歴史解明を果たしていくことに繋がっていくものと考える次第である。

(注1)　調査報告書における建物群の存続年代は、さまざまな要素を検討した一案であり、また若干の想定が含まれる。たとえば同報告書記載の３間４面の建物も、中世となる可能性が書中に付記されているなど、課題が残る。

(注2)　調査報告書(高岡市教委 2001、川﨑 2002 他)では「気多大神宮寺」としているが、赤外線写真等分析により、筆者は本文のように表記することとした。なお、釈文については第Ⅰ編第３章注２に詳細を述べている。

(注3)　西藤平蔵神社の存在については、古岡英明からの教示による。

(注4)　「大溝」をめぐっては、「最下堆積層①-2層」出土の須恵器をもって８世紀後半代に存続していたものと提起されている。しかし、それのみでは後世の堆積層であった可能性も否定しきれず、

実際に、理化学的年代測定により中世とする分析結果も出ているようである。しかしその一方では、この土層のように堆積が不安定な場合は数百年の誤差が生じる可能性もあるという（酒井 2007）。
(注5) 　加賀郡は、延喜式段階において加賀国の所管であったが、家持在任時は越前国の所管であった。また、その北方にある能登についても、家持在任期間を含む天平13年から天平宝字元年 (741 ～ 757) は越中国の所管であった。
(注6) 　同ライン上の高岡市麻生谷新生園遺跡でも3期変遷が想定された古代道が検出されている（高岡市教委 1998）。部分的な検出にとどまり課題は残るが、遺構確認時が廃絶・撹乱後の姿を呈することを考慮するならば、国内における他の確実例と同様、これに連なる幅6mクラスの駅路と考えることも一案となろう。
(注7) 　現在の高岡市域における西山丘陵の山麓線上には、東大寺領須加荘の現地比定案が複数ある（木倉 1937、弥永他 1958、和田 1959c、金田 1998、根津 2005b）。しかしながら、8世紀後半代に作成された同荘の開田図には道路の描画や図示はない。この点については別稿にて検討することとする。
(注8) 　発掘調査担当者の折戸靖幸の教示による。
(注9) 　大宝2年 (702) には頸城・古志・魚沼・蒲原の4郡が越後国の所管となり、これにより越中は射水・砺波・婦負・新川の4郡を所管するのみとなるが、その後も (注5) のような変動がある。
(注10) 　この点については、金田章裕による反論（金田 1998 他）のほか、第Ⅰ編第5章などでも筆者の意見を述べている。

引用・主要参考文献

五十嵐小豊次　「郷荘考」（高岡文化会『農政全書　―五十嵐篤好遺著 全―』1928 所収）1835
石原与作　「東大寺領新川郡大藪庄と丈部庄」『越中史壇』第7号　1956
伊藤隆三　「古代北陸道の調査　―富山県小矢部市桜町遺跡産田地区―」『古代交通研究』第4号　八木書店　1995
弥永貞三・亀田隆之・新井喜久雄　「越中国東大寺領庄園絵図について」『續日本紀研究』第5巻第2号別冊　1958
宇野隆夫　「東大寺領大荊荘をめぐって」立山町教育委員会・富山大学人文学部考古学研究室『立山町埋蔵文化財調査報告』Ⅳ　1989
大川原竜一　「東木津遺跡出土の文字資料をめぐって」『第34回古代史サマーセミナー（富山）』研究発表資料　2006
小矢部市教育委員会　『道林寺遺跡』1987
小矢部市教育委員会　『桜町遺跡発掘調査報告書 弥生・古墳・古代・中世編Ⅰ』2003
小矢部市埋蔵文化財分布調査団　『小矢部市埋蔵文化財分布調査概報Ⅳ』1982
柿田祐司　「石川県津幡町加茂遺跡について　―道路遺構を中心に―」富山市教育委員会編『フォーラム奈良時代の富山を探る』フォーラム全3回の記録　2004
角川書店　『角川日本地名大辞典 16 富山』1979
亀田隆之　『日本古代用水史の研究』吉川弘文館　1973
川﨑　晃　「「越」木簡覚書　―飛鳥池遺跡出土木簡と東木津遺跡出土木簡―」『高岡市万葉歴史館研究紀要』11　2001
川﨑　晃　「氣多大神宮寺木簡と難波津木簡について　―高岡市東木津遺跡出土木簡補論―」『高岡市万葉歴史館紀要』12　2002
木倉豊信　「東大寺墾田地を主としたる呉西地区の古代地理（中）」『富山教育』287　1937
岸本雅敏　「越中」石野博信編『全国古墳編年集成』雄山閣出版　1995
木下　良　「越中における北陸道」富山県教育委員会編『富山県歴史の道調査報告書　―北陸街道―』1980

木下　良編　『古代を考える 古代道路』吉川弘文館　1996
木本秀樹　「『越中国官倉納穀交替記』をめぐる二、三の問題」『日本海地域史研究』第5輯　1987（『越中古代社会の研究』高志書院　2002所収）
金田章裕　『古代荘園図と景観』東京大学出版会　1998
金田章裕　「久泉遺跡における大溝・建物遺構の性格」砺波市教育委員会編『久泉遺跡発掘調査報告書Ⅲ』2007a
金田章裕　「深見村と深見駅」津幡町教育委員会編『加茂・加茂廃寺遺跡　―第1〜12調査区の詳細分布調査概要―』2007b
小嶋芳孝　「結節点としての加茂遺跡」石川県埋蔵文化財センター編『発見！古代のお触れ書き 石川県加茂遺跡出土加賀郡牓示札』大修館書店　2001
小林高範　「富山市水橋荒町・辻ケ堂遺跡について」富山市教育委員会編『フォーラム奈良時代の富山を探る』フォーラム全3回の記録　2004
酒井英男他　「久泉遺跡の大溝を埋めた堆積物の磁化の研究」砺波市教育委員会編『久泉遺跡発掘調査報告書Ⅲ』2007
栄原永遠男　「都城の経済機構」岸俊男編『日本の古代9 都城の生態』中央公論新社　1987
佐藤　隆　「越への道〈近江を含めて〉について」『高岡市万葉歴史館論集9　道の万葉集』2006
高岡市教育委員会　『越中国府関連遺跡調査概報』Ⅰ〜Ⅷ　1987〜1996
高岡市教育委員会　「麻生谷新生園遺跡　村田地区」『市内遺跡調査概報』Ⅷ　1998
高岡市教育委員会　『高岡市遺跡地図』2000
高岡市教育委員会　『石塚遺跡・東木津遺跡調査報告』2001
高岡市教育委員会　『中保B遺跡調査報告』2002
高瀬保編　『図説 富山県の歴史』河出書房新社　1993
舘野和己　『日本古代の交通と社会』塙書房　1998
立山町教育委員会　『辻遺跡　―第2次発掘調査報告書―』1990
津幡町史編纂委員会編　『津幡町史』1974
津幡町・津幡町教育委員会　『北中条遺跡（G区）』2005
砺波市教育委員会　『久泉遺跡発掘調査報告書』Ⅲ　2007
富山県教育委員会　『富山県埋蔵文化財調査報告書Ⅲ　井波町高瀬遺跡 入善町じょうべのま遺跡 発掘調査報告書』1974
富山市教育委員会　『富山市米田大覚遺跡発掘調査報告書』2006
中村太一　「港津の構造　―じょうべのま遺跡に関する一試論―」『古代交通研究』第6号　1997
西井龍儀　「御亭角遺跡出土の瓦について　―御亭角廃寺を中心に―」『富山県小杉町・大門町小杉流通団地内遺跡群第5次緊急発掘調査概報』富山県教育委員会　1983
西井龍儀・小林高範　「呉羽山古道の調査」『大境』25号 湊晨先生追悼号　2005
根津明義　「越中国」古代交通研究会編『日本古代道路事典』八木書店　2004a
根津明義　「越中国西部地域における東大寺領諸荘の所在について」『古代荘園絵図聚影』古代釈文編ワークショップ資料　2004b
根津明義　「古代における物資輸送の一形態　―主に内陸における船着場遺構への認識をめぐって―」藤井一二編『古代の地域社会と交流』岩田書院　2005a
根津明義　「東大寺領須加荘の所在にかかる考古学的考察」『富山史壇』148号　2005b
根津明義　「越中国射水郡における諸郷の所在について」『富山史壇』149号 広瀬誠先生追悼号　2006a
根津明義　「古代越中における河川交通と歴史環境　―在地系官衙的施設の出現と歴史的背景―」藤井一二編『金沢星稜大学共同研究報告 北東アジアの交通と経済・文化』桂書房　2006b
根津明義　「東大寺領楔田荘の所在にかかる考古学的考察」『富山史壇』151号　2007
根津明義　「『氣笶神宮寺』雑考」『富山史壇』176号　2015
平川　南　「古代の交通手形　―過所様木簡―」平川南監修 石川県埋蔵文化財センター編『発見！古代の

お触れ書き 石川県加茂遺跡出土加賀郡牓示札』大修館書店　2001
藤井一二　「楡田荘」平凡社編『日本歴史地名体系 16 巻 富山県の地名』1994a
藤井一二　「礪波郡」平凡社編『日本歴史地名体系 16 巻 富山県の地名』1994b
藤井一二　「「国指定史跡じょうべのま遺跡」と寺領荘園」『日本海地域史研究』第 8 輯　1998
藤田富士夫　「東大寺領大藪荘の現地比定と遺跡」『森浩一 70 の疑問 古代探求』中央公論社　1998
藤田富士夫　「東大寺領越中国荘園「丈部荘」の現地比定と若干の考察」『富山史壇』135・136 号合併号　2001
藤田富士夫　「古代婦負郡の「郷」擬定と栃谷南遺跡の位置」富山市教育委員会編『栃谷南遺跡発掘調査報告書』Ⅲ　2002
古岡英明　「大伴家持とその時代」高岡市『高岡市制 100 年記念誌 たかおか ―歴史との出会い―』1991
北陸古瓦研究会編　『北陸の古代寺院 ―その源流と古瓦―』1987
堀沢祐一　「越中国の律令祭祀と官衙遺跡」『フォーラム古代北陸の国と郡の成り立ち』第 2 回「奈良時代の富山を掘る」フォーラム資料　2001
本郷真紹　「越中国新川郡大藪開田地図・大和墾田地図」金田章裕・石上英一・鎌田元一編『日本古代荘園図』東京大学出版会　1996
本田秀生　「加茂遺跡の調査から」石川県教育委員会・（財）石川県埋蔵文化財センター『シンポジウム 古代北陸道に掲げられたお触れ書き ―加賀郡牓示札から平安時代を考える』2001
森　　隆　「越中の古代居宅建物に関する覚書」『大境』19 号　1998
山口英男　「古代荘園図に描かれた道」『古代交通研究』第 8 号　1998
山口英男　「地域社会と国郡制」歴史学研究会・日本史研究会編『日本史講座 第 2 巻 律令国家の展開』東京大学出版会　2004
山中敏史　『古代地方官衙遺跡の研究』塙書房　1994
和田一郎　「駅路」高岡市史編纂委員会編『高岡市史 上巻』1959a
和田一郎　「国府と部府」高岡市史編纂委員会編『高岡市史 上巻』1959b
和田一郎　「越中の東大寺墾田」高岡市史編纂委員会編『高岡市史 上巻』1959c

第3章　富山県北西部における古墳編年の再検討と越中国の確立

はじめに

　古墳時代と律令期。この連続するはずの2つの時代は、主な研究対象や方法論が異なるため研究者からは異分野と分類されがちだが、古代の在地庶民層にとっては以前と変わらぬ日々が続いていた。ただ収税など世の機構や制度の変革を除けば。

　在地首長層が眠る古墳は、墓という概念を超え歴史資料として考古学の黎明期から注目され、一方の律令期も文献史学や歴史地理学などの他分野との融合を経てその実態が徐々に解明されつつある。

　しかしながら、個々の古墳を分析し、また古墳群単位での研究をもって既存のそれと対比・検討すれば、富山県北西部の古墳時代から律令期までの勢力の推移や拠点の抽出、諸郷編成の実態、あるいは律令機構における整備等の歴史的背景や有機性にかかる一案も見出せるかと思われる。

　これらの視角より、本章では以下に試論を述べることとする。

第1節　富山県北西部における古墳群研究

1　富山県内における古墳研究

略史

　古墳研究が、現代人にとって身近なものから順次着手され、また特徴的な内容になるほど国家統一などの政治論に志向が拡大していくことはもはや全国的な共通項である。

　富山県北西部では、当初県下最大級と評された墳丘長62mの桜谷1号墳らを擁する桜谷古墳群への「王墓論」や「伊弥頭国造論」などが長く研究の中心に位置した（高岡市教委1991他、図1）。しかし、後にこれとは距離をおく西山丘陵や市内平野部、そして他市町村からも多くの古墳が発見・確認され研究の対象は拡張していく（西井1982、高岡市教委1992他）。平成10年（1998）には日本海側最大の前方後方墳となる墳丘長107.5mを呈する柳田布尾山古墳が発見され（氷見市教委2001）、3年後には墳丘長70mを呈し県下最大の前方後円墳となる阿尾島田A1号墳が調査され（富大考古研2003）、これらは桜谷古墳群に主軸をすえた既往の研究に再検討を提起した。

　なお、当該地域における古墳研究の既往の特徴として、撥形前方部への志向性と前期後半代の空洞化がある。これは、小矢部市谷内16号墳の調査成果（小矢部市教委1988）のほか、四隅突出型墳丘墓の発見に端を発する当該期への関心（富大考古研2012他）、さらには畿内における古墳出現期の拡張傾向など、これら賞賛されるべき成果を後続が曲解したことに起因すると筆者は考える。

　また、その一方で古墳群研究もあまり活発ではなかったかと思われる。各地域の古墳の消長を図化する試みは適宜行われているが、調査事例の希少なことが影響し図示する古墳も少なく、また積極論の提起もあまりみられなかった（岸本1995他）。

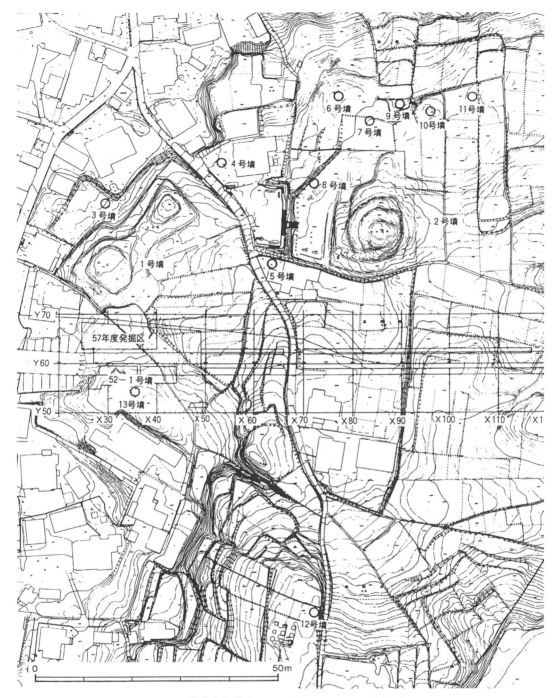

図1　桜谷古墳群（富山県教委1983、山口1999を加工）

桜谷古墳群への着目と撞着

　氷見平野の南東端にして富山湾を一望する高岡市太田の台地上に桜谷古墳群は立地する。大正7年(1918)、後に9号墳と命名される元諏訪社付近を掘り起こした際、内行花文鏡1面と管玉13点が出土し、これを契機に2基の大型墳と数基の小規模墳からなる古墳群と認識された。
　前者のうち、1号墳は群中最大規模の墳丘長62mをはかる。主体部の調査はされておらず年

代も現状では諸説考えうる。2号墳は墳丘長約50mの帆立貝形古墳とされ、この墳形や同墳出土の石釧5点や碧玉製紡錘車1点などにより4世紀後葉から5世紀前葉のものと考えられる。

昭和33年(1958)には三木文雄による測量調査が実施されるが、既に古墳群は改変済みで往時の姿はなく、消失した他の古墳の痕跡も明確ではなかった(高岡市史編委1959他)。ちなみに上記はGHQによる戦後の航空写真でも同様である。

昭和38年(1963)には「金銅製銙帯金具」(図2)が紹介され、共伴とされる鉄鏃から古墳時代後期のものと解された。併せてその形状や奈良県新沢千塚126号墳の類例をふまえ、また大陸の影響を帯びるなどとし、7号墳を王墓と、桜谷古墳群については前期から後期までの権力の継続が想定された(古岡1964他)。

その後、国道建設工事に伴う発掘調査が実施され52-1号墳などが確認された(富山県教委1978・1983)。また、このときの検出遺構のあり方から1号墳を前方後方墳と解する提起も後にされるが(山口1999他)、客観的にはいかようにも解せる検出状況にあると筆者は考える。

こうした研究史の渦中に柳田布尾山古墳と阿尾島田A1号墳の発掘調査がされたのである。しかし、前者と比するに桜谷1号墳が劣勢となることは明白であり双方の関係論を整理する必要がある。阿尾島田A1号墳を擁する古墳群もまた大小多数にして長期存続する古墳密集地の一角をしめる。よって桜谷古墳群とは長期並存の関係にあり、双方の先後関係により盟主墳の移動等、勢力的な優劣や盛衰論が起こり得る。他方、古墳時代後期についても朝日長山古墳が以前から周知されており(氷見市教委1973)、本来ならばより闊達な議論が行われて然るべきであった。

平成15年(2003)には小黒論文が提起された(小黒2005)。同論は全国的視野による壮大で斬新な再検討と評価できるが、以下に論点を幾つかにしぼり検討する。

まず、桜谷古墳群を後期の「王墓」たらしめる要因であった伝7号墳出土の「金銅製銙帯金具」をめぐってはこれを帽冠飾とした。ただし、この遺物については発表当初既に慎重論が付記され(古岡1964他)、対比資料とした新沢千塚126号墳の「金製龍文方形板」も被葬者の頭部に安置され腰部には別個体の帯金具が副葬されていることから以前より「冠金具」などと解されていた(泉森・伊藤1985他)。また、帯金具とは本来重厚なつくりをなすもので桜谷例とは明確に異なり、事実としてこれは百済系の冠飾金具と類似する。その他、活字化こそないものの以前より冠金具や冠飾金具とする共通認識があった[注2]。もっとも、桜谷例は二次採集物の砕片であるため冠帽の一部とみることも可能と思われ、或いは桜谷古墳群のものかも確認の必要があろう。

小黒は9号墳の年代についても検討をしている。本墳は2号墳の北側に存在したとされ周辺には7号墳などの小規模古墳がひしめく。以前から中期とする仮説があるなか、これを前期に比定し古墳群の初現とした。畿内勢力にも通じる首長層を輩出したという桜谷古墳群のはじまりを、大型古墳ではなく小規模な9号墳にもとめたのである。

しかし、同墳出土遺物のうち内行花文鏡は伝世の類例や可能性があり、また管玉も長期にわたり副葬品として採用されるものであるため、これらだけで

図2　伝桜谷7号墳出土金銅製装金具
(富山県教委1983)

は築造年代を特定し難い。さらに、古墳が順次築造されていく過程で9号墳→1号墳→2号墳という築造順は現地の地形等をみるに不規則の観もあるかと思われる。くわえて9号墳の周辺には小規模古墳が群集するが、うち1つは後期に比定した7号墳である。その他、隣接の「2基」で前方後円墳を形成する可能性や、2号墳の陪塚がその中に存在する可能性など、現状で想定しうる机上論は多数にのぼるかと思われる。

2　古墳編年試案

　富山県内における古墳研究の問題点や経緯をふまえ図3(注1)のとおり古墳の編年表を作成した。古墳時代の時期区分論や年代観は諸説あるが、本稿では前期・中期・後期・終末期に細分し、また各々の端緒を3世紀後葉・4世紀後葉・西暦500年・同600年とし、7世紀後半代以降を律令期と仮定した。

　なお、その他多くは高橋編年（高橋2009）に賛同するものの、土師器の編年については若干の意見の相違があるかと思われる。また、氷見市域には「布勢湖」が所在し、古墳時代では東西約3km、南北約2kmの広大な潟であったと考えられ、東側は砂喋に沿い高岡市太田の方向にまで広がるものと推定されているが（氷見市史編委1999）、概して古墳や遺跡の所在もこれに符合している。

宇波

　氷見市宇波の周辺とし、これより北側は古墳が希薄である。本地域では中期とされる安居寺古墳群をはじめ、中・後期と評される脇方十三塚古墳群など5つの古墳群のほか、脇方横穴墓群が所在する。小規模の円墳13基と方墳1基をかぞえるが（氷見市教委2008他）、前期古墳はなく、農耕に適した平野も多くはない。発掘調査の実施は石室内から鉄刀や須恵器が出土した6世紀後半の宇波1号墳のみである（氷見市教委2003、図4）。

阿尾・余川川流域

　宇波地域の南方にある古墳密集地であり古墳群12と横穴墓群5が所在する。中心地は阿尾島田古墳群らのある氷見市阿尾付近と思われる（図5）。

　同古墳群は前方後円墳1基、方墳1基、円墳11基で構成され、A1号墳は木棺の内外より、鉄槍1点、鉄剣1振、鉄槍ないし鉄剣5点、鉄鏃5点、鉄製刀子2点、鉄製鉇2点、鉄製ヤス1点、鉄製鋤先2点、板状鉄斧1点、袋状鉄撃1点、ガラス小玉66点、管玉24点、錫製小玉6点、ヒスイ玉1点、そして緑色凝灰岩粗割品が出土した。また第2主体部からは小型鏡1面、ガラス小玉4点と多数の副葬品が出土した。墳丘は柳田布尾山古墳につぐ推定70mをはかる。また古墳時代前期前半の築造と推定する意見もある（氷見市教委2003、図6）。

　上記と谷を隔てた丘陵上には大小20基からなる稲積オオヤチ古墳群が所在する。前期とおぼしき前方後方墳もあるなか、墳丘長47.5mをはかる帆立貝形のA1号墳が最大規模を呈する。この西側の尾根には円墳1基と方墳9基からなる稲積ウシロ古墳群がある。これら3者は近接しており、各々を支群とし一つの古墳群と考えることも可能と思われる（以下「阿尾3古墳群」と仮称）。

　南西のやや距離をおく余川川対岸の丘陵には、帆立貝形古墳1基、前方後円墳2基、前方後方墳1基、円墳4基、方墳8基で構成される加納蛭子山古墳群が所在し、眼下には現状で氷見平野周辺では最多となる88基が周知される加納横穴群がある。

　この他に発掘調査が行われたのは、礫床の主体部から鉄刀や管玉の出土した指崎向山13号墳のみであり後期中頃の築造と考えられる（氷見市教委2008他）。

108　第Ⅱ編　古墳時代と律令期の在地社会

上庄川流域

　氷見市域北側にあり、市街地のほか、加納・中村・小窪などが該当し計29の古墳群と3つの横穴墓群が所在する。全時期を通じ存続した古墳群はいまのところ確認されていないが、前期古墳の可能性をもつという前方後円墳の中村天場山古墳(大野1999他)のほか、イヨダノヤマ3号墳、泉1号墳、そして律令期の小窪廃寺跡が特筆される。

　イヨダノヤマ3号墳は墳丘径20.5mの円墳である。直葬された木棺からは横矧板鋲留短甲1領、鉄刀2振、長頸鏃21点、鉄鑿1点が、墳丘からは須恵器が出土し5世紀後半の築造と考えられる(氷見市教委2003他)。

　泉1号墳は長径43mの墳丘を有する円墳である。中期の古墳と推定され、これが確かであれば該期としては大型の部類に属する(村上・高橋2006)。なお、この近隣に位置する泉9号墳(鶏塚)と泉17号墳(猫塚)は戦前に発掘調査がされ前者は後期、後者は中期の築造と考えられる(氷見市教委2003他)。

　小窪廃寺跡は7世紀末から8世紀に創建された古代寺院とされ、出土遺物から平瓦・丸瓦・塔心礎を配する伽藍が想定されるが、後1者と目される「いぼ石」は直径約160cmの円形を呈

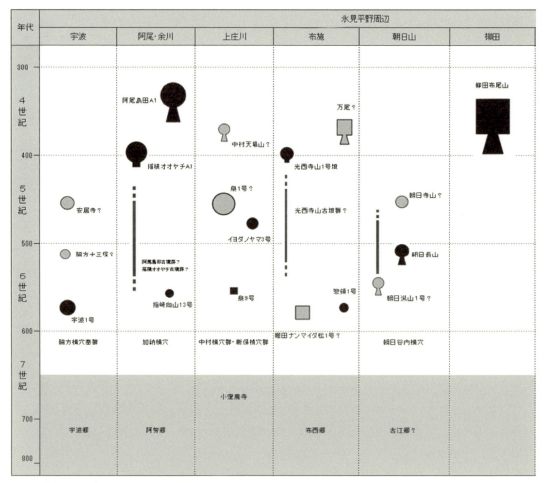

図3　富山県北西部における主要古墳群の編年試案
・古墳を黒塗りするものは年代が一定以上確定のもの。薄色は年代が流動的なもの。後者は必要に応じ考えうる幅を図示。
・墳形は各古墳の相似形を示していない。ただし、墳丘長は互いのそれを考慮して図示した。

し、またこの上面に直径約 82cm もの孔が穿たれている（氷見市教委 2003 他）。おそらくは後の射水郡大領・阿努君の氏寺とみられるが、古代寺院という点では 7 世紀後半代の古代瓦を出土した高岡市伏木の御亭角遺跡との対比が論点となる。

朝日山周辺

　氷見平野を南北に分断する所謂「朝日山」周辺をさす。国道の東側では朝日長山古墳のほか、朝日寺山古墳群や朝日潟山古墳群、そして朝日谷内横穴が周知されている。同西側では古墳時代中・後期とされる西朴木古墳群や後期と推定の中尾高塚古墳群、そして十二町矢崎横穴群がある（氷見市教委 2008 他）。

　朝日潟山古墳群は、墳丘長 34m を呈する前方後円墳の 1 号墳と方墳 1 基からなり、前者は紆余曲折の末に中期後半以降と現在では考えられている。谷をはさむ北側には円墳 2 基と方墳 1 基で構成され中期に比定される朝日寺山古墳群が所在する（氷見市教委 2008他）。

　この近距離に位置する朝日長山古墳は V 式の円筒埴輪や形象埴輪が配される墳丘長 43m の前方後円墳である。竪穴系横口式石室とされる主体部からは MT15 型式の須恵器や土師器のほか、冠帽や胡籙金具、鞍金具、杏葉 2 点、鉄刀 5 振、鉄剣 1 振、鉄矛 1 点、鉄鏃約 100 点、碧玉製管

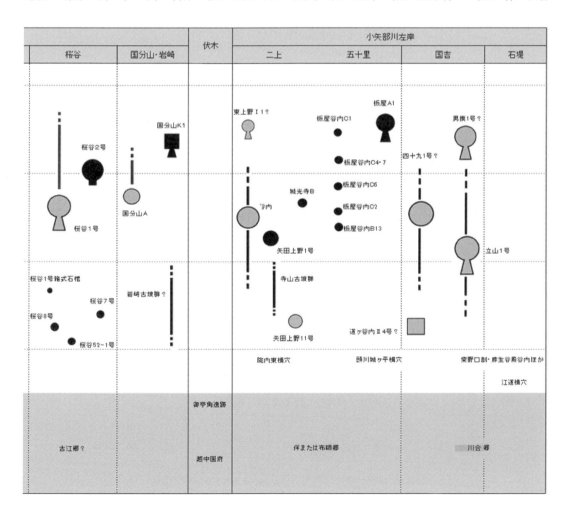

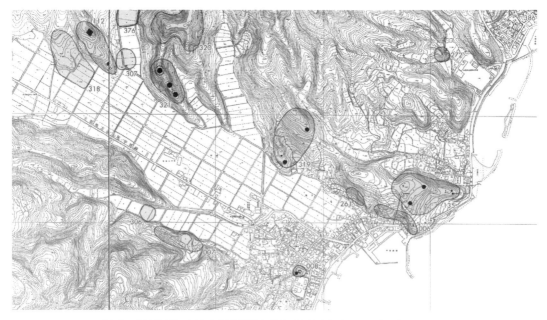

図4　宇波地域における古墳群等の分布（氷見市教委 2008 を加工）

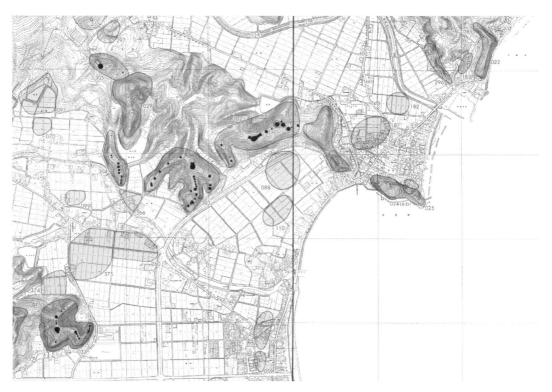

図5　阿尾地域における古墳群等の分布（氷見市教委 2008 を加工）

玉2点、ガラス製丸玉6点などが出土している（氷見市教委1973、図7）。

上記によれば本地域は中期以降の継続性が想定され、朝日長山古墳にいたっては当代の盟主墳と考えられるが、周囲には古墳群が希薄であり分布論的には孤高の存在となっている。

柳田

現状では柳田布尾山古墳とその陪塚をさす。隔絶した規模を有するうえに富山湾を眼下に見下ろし能登西部を結ぶ志雄路ルートも近いことから、被葬者は広域を勢力基盤とし水陸交通や日本海域の経済を掌握した可能性があるかと思われる。墳丘の形状などからは古墳時代前期後半に比定すべきである（図8）。

布施

「布勢湖」の南方及び西方の布施・神代・蒲田・堀田などをさすこととする。隣接地

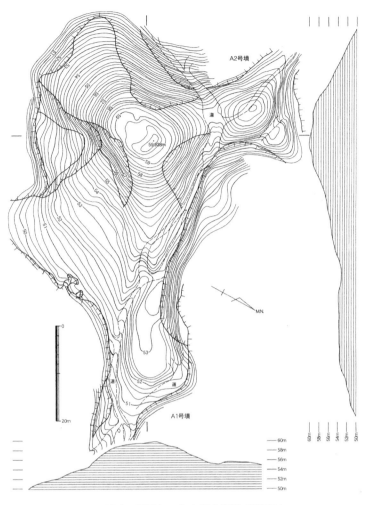

図6　阿尾島田A1号古墳墳丘測量図
（氷見市教委2008を加工）

域との境界設定にもよるが円墳49基、方墳12基、前方後円墳と前方後方墳各1基の計63基からなり、中・後期のものが多いとされる。

発掘された古墳としては惣領1号墳があり、戦前に須恵器や鉄刀が、昭和38年（1963）の調査では礫床の埋葬施設のほか、鉄刀・刀子・玉類が出土し6世紀後半の築造と考えられる。

このほかに長辺28.5mの方墳である堀田ナンマイダ松1号項が注目されよう。また中期から後期にわたるとされる光西寺山古墳群も、その継続性とともに計24基を有し周辺の最大規模を呈する。わけても1号墳は帆立貝形古墳となる可能性があり（氷見市教委2003他、図9）、桜谷2号墳などの同墳形を呈する古墳との対比を要する。

桜谷

桜谷古墳群をさす。南東2kmの範疇には国分山古墳群や岩崎古墳群が存在し同一地域を統治下においた可能性もあるかと思われる。また図3を鑑みるに、桜谷1号墳の年代によってはこの3者の中でも権力の移動があったことを想定しうる。

同古墳群については別に詳細を述べたが、年代が確定的なのは少なく、8号墳（6世紀後葉～末）、52-1号墳（6世紀末）、1号箱式石棺（6世紀前半代）、そして帆立貝形古墳の2号墳（4世紀後葉から5世

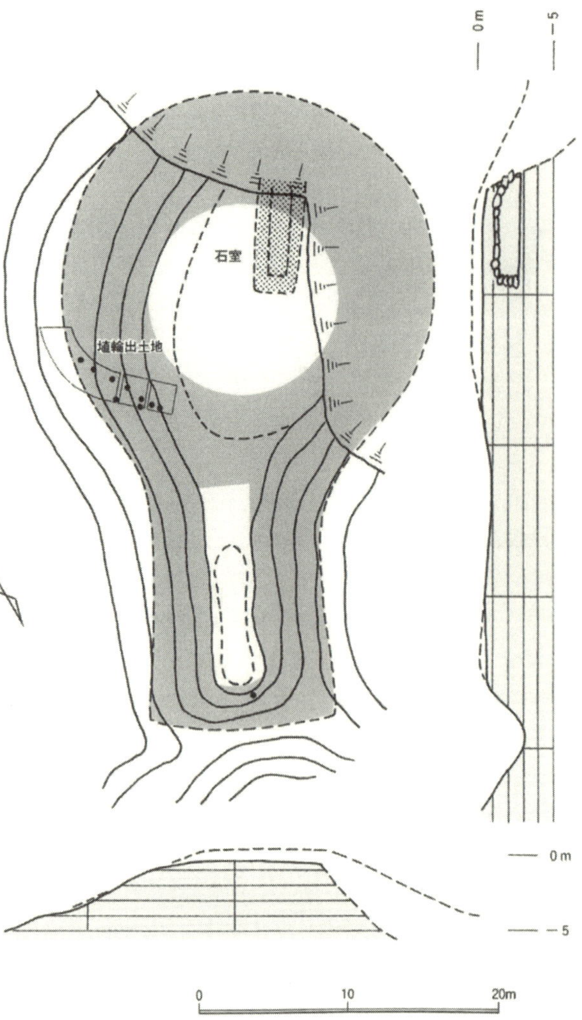

紀前葉)が挙げられよう(富山県教委 1978 他)。この他に年代の特定について可能性を残すのが伝出土遺物の中に6世紀後半代の鉄鏃がある7号墳かと思われる。

岩崎

国分山古墳群と岩崎古墳群をさす。前者は富山湾を一望する岩崎鼻灯台の周辺にあり、2基の前方後方墳をはじめ、8基の円墳と2基の方墳で構成されるという(図10)。

A墳は径30mの円墳とされる。ベンガラを敷き詰めた2基の埋葬施設が確認され、第1主体部からは盤龍鏡1面、直刀1振、そして鉄鏃が出土した。第2主体部からは内行花文鏡1面、勾玉1点、鉄鏃、そして土師器の壺が出土した(藤田1983、山口1999他)。前期後半説(岸本1995他)と、中期前半説がある(古岡1991他)。

この古墳群の北西1km、すなわち桜谷古墳群との中間地点には後期古墳とされる岩崎古墳群が存在したが、不詳のまま開発により消失している。

二上

「西山丘陵」の高岡市城光寺から国道160号が通る海老坂断層崖までとする。計12の古墳群に前方後円墳2基や前方後方墳3基を含む計90基近くが所在し、また二上横穴墓群をはじめ4群の横穴墓群が確認されている。

図7 朝日長山古墳墳丘測量図(氷見市教委2003を加工)

東海老坂ダイラ2号墳と鳥越古墳群A3号墳には四隅突出型墳丘墓の可能性が提起されているが(西井1999他)、未発掘のうえ周囲にこれを成立せしめる該期の集落遺跡が顕著ではなく調査の進展が待たれる。墳丘長33mの前方後円墳で撥型前方部を有するとの提起(山口1999他)がある東上野I1号墳も同様である。

発掘調査の実施は城光寺古墳群B支群と、院内東横穴墓、そして矢田上野1号墳の3例である。前1者は4基の円墳からなるも墳丘は径9mから18mと小規模である。2号墳の周溝や3号墳の墳頂よりTK216から208型式の須恵器が出土・採集されており5世紀中葉の存在が見込まれるが、主体部が未調査であり全容は不明である(高岡市教委1985)。

院内東横穴墓は災害対策工事の際に1基が不時発見されたもので周囲には横穴墓群を形成した可能性がある。玄室からは須恵器の高杯2点、直刀1振、刀子3点、金環1点、ガラス小玉112点などが出土し、6世紀後半から7世紀初頭の埋葬と考えられる(高岡市教委1998)。

第3章　富山県北西部における古墳編年の再検討と越中国の確立　113

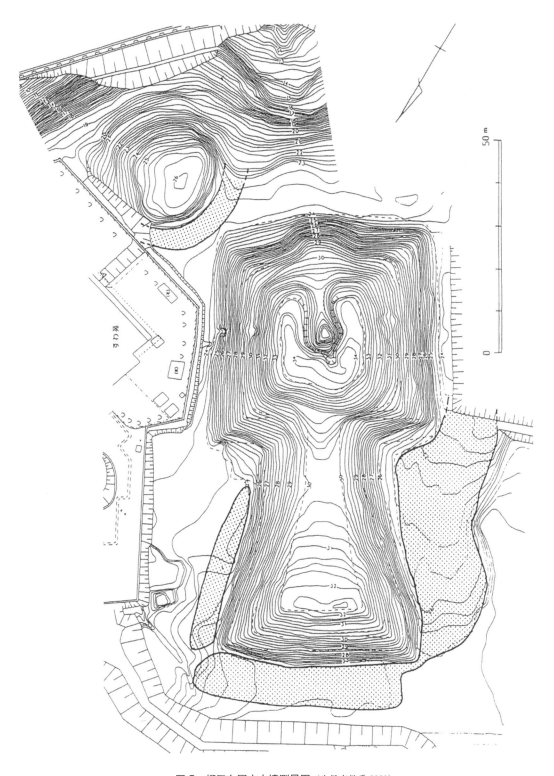

図8　柳田布尾山古墳測量図（氷見市教委2001）

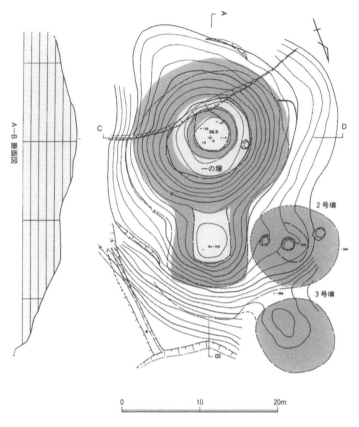

図 9　光西寺古墳群 1 〜 3 号墳丘測量・想定図
（氷見市教委 2003 を加工）

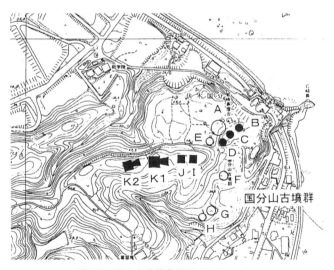

図 10　国分山古墳復元図（西井 1999）

矢田上野 1 号墳は径 27m の円墳であり、ベンガラ敷礫床と直刀が検出され時期は 5 世紀後半という（古岡 1972 他）。なお、発掘調査によるものではないが同古墳群の 4 号墳からは石室が、11 号墳からは石室のほか須恵器の提瓶・長頸壺・高杯、そして馬具が出土し、6 世紀後半のものと考えられる。

その他、既に消滅した寺山古墳群からは直刀のほか、6 世紀前半と後半の須恵器を検出している。また本地域には比較的大型の円墳もみられ、谷内古墳群では、長径 40m と径 27m の円墳が 2 段築成を呈する径 36m の城光寺 A 1 号墳が注目される（高岡市教委 1988 他）。

概して二上地域には大規模古墳や詳細の判明したものが少なく、調査の進展に伴い従来の理解を大きく変える可能性がある。ただし、経済基盤については眼下の小矢部川左岸地域はもとより、右岸地域にもその領域が広がっていた可能性があるかと思われる。

五十里

「西山丘陵」のうち海老坂断層崖から高岡市頭川までと仮定する。7 つの古墳群中に前方後円墳 3 基、前方後方墳 1 基、円墳 21 基、方墳 12 基が所在する（図 11）。発掘調査の実施は墳丘長 51m の前方後円墳と解すべき板屋谷内 A1 号墳のほか、板屋谷内 B 13・14 号墳、板屋谷内 C1・2・4・6・7 号墳、それと頭川城ヶ平横穴墓群である。

板屋谷内 A 1 号墳は墳丘裾部より鉄剣 1 振が、周溝内から月影 I 式土器が出土したことから古墳時代前期に比定されている（富山県教委 1982 他、図 12）。B 13 号墳は中期後半に、C 古墳群は

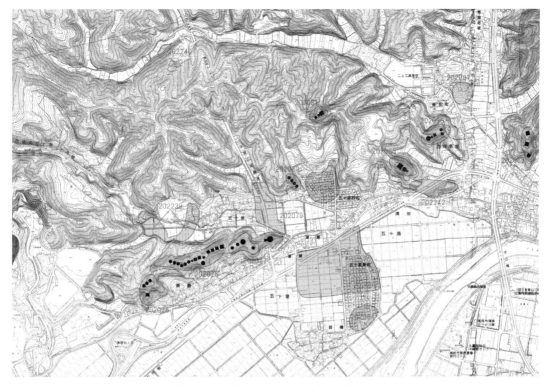

図 11　五十里地域における古墳群等の分布（高岡市教委2000を修正）

C1号墳（前期中葉～後半）を筆頭に、C4・7（前期後半～末）、C6（中期前半）、C2（中期後半か）の築造順位が把握された（富文振2008）。後期古墳は希薄であるが、未調査古墳や近隣地域にそれをもとめるのも一案と思われる。また6世紀末から7世紀中葉頃には頭川城ヶ平横穴墓群が築造されていくものと想定されている（高岡市教委2001）。

国吉

　高岡市頭川から笹八口の両谷地形間と仮定する（図13）。計11の古墳群中に前方後円墳2基、前方後方墳1基、円墳14基、方墳21基があり方墳の占める割合が多い。また江道横穴墓群が所在する（高岡市教委1998他）。倉谷古墳群と江道横穴墓群で発掘調査が実施され、男撲古墳群と立山1号墳で測量調査が行われている。

　倉谷古墳群は古墳時代初頭の方形墳墓6基が検出されている。その構造は弥生時代の墳丘墓のそれにも通じる（高岡市教委2002）。江道横穴墓群は国吉・石堤両地域を地形的に分かつ谷筋に所在する。2度の発掘調査により計20基が確認されたが（高岡市教委1998他）、7世紀第1四半期から同後半まで造営が続いたものと考えたい。第29号墓の羨門に馬の線刻画をもつ。

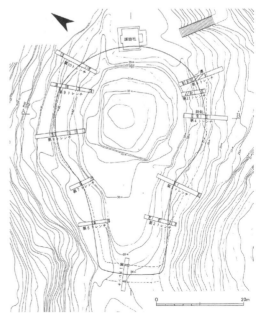

図 12　板屋谷内A1号墳測量および墳丘推定図
（山口1999）

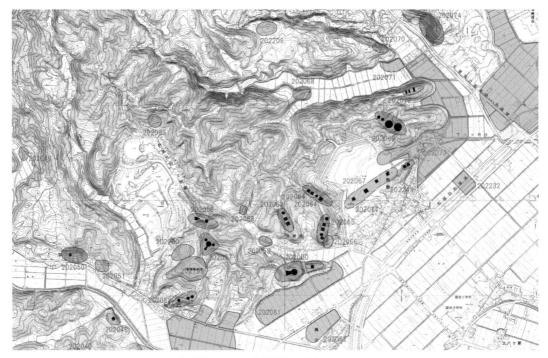

図 13 国吉地域における古墳群等の分布 （高岡市教委2000を加工）

　男撲古墳群は、墳丘長推定58mの前方後円墳である1号墳のほか、円墳と方墳各1基で構成される。測量調査成果をふまえ1号墳は出現期のものと提起された（西井1999）。立山1号墳は西山丘陵最大の墳丘長67.5mと推定されている（高岡市教委1985、図14）。

石堤

　高岡市笹八口から谷内川までの両谷地形間とする。7古墳群中に円墳20基と方墳12基がある。円墳の方が多いが、円墳12基で構成される西端の石堤柏堂古墳群を除けばその割合は東方に隣接する国吉地域と類似する。前方部をもつ古墳はなく、一定規模以上の古墳も石堤柏堂2号墳（長径26m）があるのみである（高岡市教委1986）。発掘調査が実施された古墳はない。

福岡町赤丸周辺

　旧高岡市域西端の谷内川から福岡町下向田の谷地形までとするが、既に当該地は礪波郡の範囲と思われる。9つの古墳群が点在するなか方墳1基に対し円墳は73基と数的に圧倒する。土屋古墳群にやや大規模の円墳1基、同

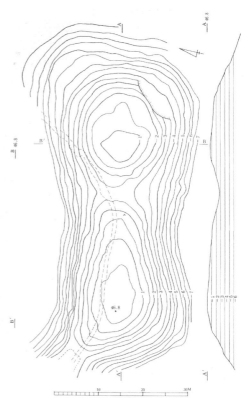

図 14　立山1号墳測量定図
（高岡市教委1985）

古墳群と下向田古墳群に 2 基ずつ中規模円墳があるのみである。小規模古墳が多く前方部をもつ古墳がないという傾向は隣接の石堤地域と同様である。終末期には城ヶ平横穴墓群をはじめ、舞谷横穴墓群や加茂横穴墓群などが所在する。

3　盟主墳の移動と拠点の抽出　（1）氷見平野周辺

　標記には 400 基を超える古墳が所在し、桜谷 1 号墳を前方後円墳とすれば同墳 14 基、前方後方墳 11 基、帆立貝形古墳 4 基、円墳 249 基以上、方墳 125 基以上をかぞえる。

　往時の「布勢湖」や「加納潟」など地理的な制約はあろうものの（図 15）、古墳の眼下には農耕に適した平野や日本海、そして潟湖がひろがる。また朝日山以北の分布が濃密である。氷見市教育委員会の意向として極力年代を推定する傾向にあるが、発掘調査事例は少なく注意を要する。以下では一つの仮説として盟主墳や首長墓の推移、及び拠点の抽出を模索する。

隔絶した大首長墓

　筆者も同意見ながら、柳田布尾山古墳については別格視すべきとの一案がある（氷見市教委 2003）。その事由として、墳丘規模はもちろん、基本的に古墳群を形成せず前後関係をもつ古墳のないことがある。そしてそれは周辺地域に視野を広げても同様で孤高の存在にあり、たとえば農耕など現地の社会や経済の頂点に立つものの姿として同墳を直接的に認識することが困難と思われる。

　一案としては計画的・記念碑的、あるいは外来的要因により成立せしめた可能性もあるかと思われる。またその場合、周囲には従属的勢力が存在する反面、在地における盟主墳とでもいうべき古墳も他に存在する可能性があると思われる。

地域の前期首長墓

　古墳時代前期における在地首長クラスの盟主墳としては、阿尾島田 A1 号墳と桜谷 1 号墳が検討に浮上しよう。前者は柳田布尾山古墳につぐ墳丘長推定 70m をはかる県内最大の前方後円墳である。周辺には「阿尾 3 古墳群」をはじめとする複数の有力古墳群や横穴墓群、そして農耕に適した地がひろがる。

　一方の桜谷 1 号墳は、氷見平野南東端をのぞむ丘陵上に所在する墳丘

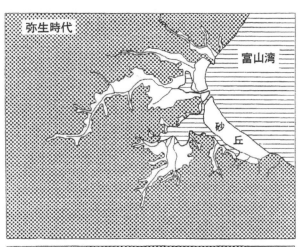

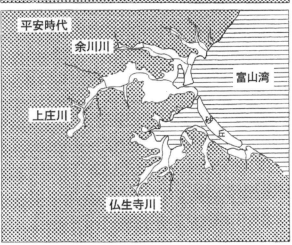

図 15　「布勢湖」および「加納潟」の想定復元図
（氷見市史編委 1999 を加工）

長62m の古墳である。本墳を前期古墳とする材料は、改変後ながら前方部の比高が後円(方)部より低いことや、帆立貝形の2号墳に先行するものと仮定すれば相対的に前期と比定されること、そして周溝とされる遺構の出土土器(富山県教委1983)が4世紀中葉から後半のものであることが挙げられる。

すべては核心をつく発掘調査成果が提起されるまで解決に至らないが、1号墳の年代如何により周辺地域の盟主墳の変遷については次の3大別が浮上する。第1案は、阿尾島田A1号墳(前期前葉〜中葉)→桜谷1号墳(前期中葉〜後半)→桜谷2号墳(前期末〜中期前葉)という順である。第2案は阿尾島田A1号墳→桜谷2号墳という順であるが、これは前者に阻まれ1号墳が盟主の座にはつけなかったと解するものである。第3案は、阿尾島田A1号墳→桜谷2号墳→桜谷1号墳とするものであるが、この場合は、当該地域の5世紀代には前方後円墳が不在であったとする案を覆すものとなる。

もっとも、桜谷1号墳の北側には3号墳が造営されており位置関係からすれば陪塚の可能性がある。同墳からは金環5点、ガラス小玉17点、刀剣破片7点、土師器杯などが出土し古墳時代後期と理解されているが、今後の土師器の編年とももども以上に変化がなければ1号墳についてもこれに近いか、もしくはその前代か前々代程度に存在した可能性が浮上しよう。ちなみに地形的に低位となる1号墳の周辺には小規模な後期古墳ばかりが造営されている。

中期社会の模索

氷見平野周辺においては古墳時代の全時期を通じ存続した古墳群は希少で、中期以降に各地域で発生・増加し、その後は勢力を維持していく。

中期の古墳と判明しているのはイヨダノヤマ3号墳と泉17号墳である。前者出土の横矧板鋲留短甲をめぐっては畿内政権からの配布物とする意見もあるが(高橋2009他)、墳丘径20.5mと比較的小規模な円墳であり前後代の盟主墳に比して見劣りが否めない。

この他にも、墳丘長34mを呈する前方後円墳で未調査ながら中期後半以降の築造と推定されている朝日潟山1号墳がある(氷見市教委2003他)。周辺には次代の盟主墳たる朝日長山古墳があり、両者に連続性があるならば2代にわたる前方後円墳の築造を問えよう。

また同様に、発掘調査は行われていないが長径43mの泉1号墳も、この期のものであれば円墳としては県内屈指の規模をほこり発掘調査の実施が待たれる。

さらには、前述したように桜谷1号墳が2号墳に後続するならば相対的に5世紀代にまで年代が新しくなり、その場合は該期における前方後円墳の空白を埋めるとともに、本墳がその盟主墳となる可能性が浮上する。

帆立貝形古墳の斉一性

中期当初に築造された可能性を有するものとして、上記以外に帆立貝形古墳の稲積オオヤチA1号墳(47.5m)と加納蛭子山A1号墳(36.7m)、光西寺山1号墳(29.5m)、そして桜谷2号墳(約50m)があり、これらはその墳形から4世紀後葉から5世紀前半代までに比定可能とみられる。

前2者は、河川をはさみ対峙する各古墳群中にあり前後代とみられる古墳が近隣を取り囲む。古墳総数は稲積オオヤチA1号墳のある「阿尾3古墳群」が凌駕し、規模も同墳の方が大きい。なお、加納蛭子山古墳群では帆立貝形のA1号墳が郡中最大規模を呈することから、同古墳群の最盛期は「阿尾3古墳群」に比べ後発的であったとみられる。

一方の桜谷2号墳は、規模のうえで稲積オオヤチA1号墳を上回るが、同墳の測量成果をみる限りさらに大型化の可能性もある。また、出土した石釧をして倭王権中枢の有力首長層との結び

つきを示すとの見解もあり（小黒2005、高橋2009他）、総じて本墳については該期における盟主墳としての肯定要素を見出せるものと思われる。

しかしながら、4基の帆立貝形古墳は律令期における氷見4郷の遠からぬ地に点在し（根津2006他）、ある種の斉一性を検討できるかと思われる。

氷見平野の再統一とその後

6世紀前半代は朝日長山古墳が盟主墳であろう。本墳は、圏内の該期最大級の墳丘を有するほか、副葬品の内容、そして横穴系の石室や埴輪をいち早く採用したことが特筆される。また阿尾や桜谷など先行勢力の弱体後に本墳が出現し、しかも氷見平野を地形的に二分する朝日山の地に造営されるなど、あたかも周辺を再編したかのような様相をなす。この見解を是とできるなら、その隔絶性は盟主墳に相応しいものと思われる。

なお、朝日長山古墳の被葬者をして伊弥頭国造に比定する意見がある（小黒2005）。しかし、その勢力範囲が越中全域におよ

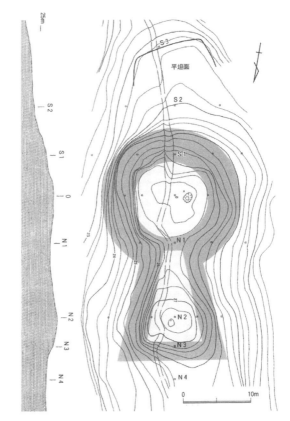

図16　朝日潟山1号墳墳丘測量・想定図
（氷見市教委2003を加工）

ぶかは要検討と思われる。たとえば小矢部川左岸では墳丘長67.5mの立山1号墳があり、朝日長山古墳との時期差および被葬者の活躍した時期を明確にする必要があるであろう。さらに律令機構の整備という点からみても実際に越中全体を統治するのは律令期と筆者は考えるが、その点は後述する。

6世紀後半代以降の盟主墳については明確ではないが、長辺28mを呈する方墳の堀田ナンマイダ松1号墳と桜谷7号墳がまず注目されよう。前者についてはその墳形や規模から仮に終末期頃のものであれば興味深く、発掘調査により詳細が明かされる機会が待たれる。一方の桜谷7号墳は僅かな採集遺物が知られるのみであるが、その最大解釈は看過のできるものではない。ただし朝日長山古墳と比べ墳丘は明確に縮小化することになる。

その意味でも、筆者は前出の朝日潟山1号墳に注目をしたい。同墳の墳丘測量図（図16）をみるに後円部よりも前方部の比高が高く、前方部もより平面の広がる可能性があると思われ、、6世紀前葉とみられる近隣の朝日長山古墳よりも後期的な要素をもつ。このことから、仮に朝日潟山1号墳が朝日長山古墳に後続するならば6世紀中頃以降に築造された可能性のほか、前方後円墳の存続期間の延長を検討できる。反対に、朝日潟山1号墳が朝日長山古墳に先行する場合は5世紀代における前方後円墳の空白期を埋める存在となりうるが、それは桜谷1号墳の論点と共通する。

続く古墳時代終末期には加納横穴墓群をはじめ、阿尾城山横穴墓群、脇方横穴墓群、朝日谷内横穴墓、坂津横穴墓群などの横穴墓群が各地域に造営されていく。また律令期には上庄川中流

域に小窪廃寺が造営され、この勢力が主導権を手中にした可能性があろう。

4　盟主墳の移動と拠点の抽出　（2）小矢部川左岸

古墳群の概要

　西山丘陵は早くから濃密な古墳の分布が知られてきた。高岡市伏木古府から福岡町下向田までには46古墳群、総数269基またはそれ以上がある。墳形別では前方後円墳7基、前方後方墳5基、円墳181基、方墳74基（うち四隅突出型墳丘墓との積極論のある方形墳2基）、方墳状遺構2基が確認されており、この他にも9群の横穴墓群が所在する。

　しかし、墳丘長50mクラス以上の古墳は五十里と国吉の両地域にしかなく、また前方部のつく古墳も国吉の釈迦堂1号墳を最後にそれ以西では遠く小矢部市域までみられなくなる。さらに国吉や西接する石堤地域では方墳の占める割合が多いが、それ以西は円墳が圧倒数となる。

　なお、高岡市内の古墳は発掘調査事例が少なく、詳細の把握されたものは希少であり年代の特定にも慎重であるが、出現期に関しては積極論を提起する傾向にある。

　こうした中、将来的な見通しや争点として流動性のある編年を提起するほか、古墳時代から律令期にかけて拠点を形成したとみられる地域の抽出と、立山1号墳を取り挙げたい。拠点と考えるのは、五十里地域のほか、大型古墳が比較的集中し前方部をもつ古墳や大型墳の西限となる国吉地域である。両地域とも各時期の古墳が代々築かれ周辺には該期の集落も並存する。そして終末期や律令期には横穴墓群や官衙的な遺跡が造営されるなど、このようなことから両地域では拠点が形成されたものと思われる。

二上・五十里地域の推移

　ここでは二上・五十里両地域をまとめて検討する。両地域とも発掘調査事例が希少であり、学術志向による測量調査の実施も久しく行われていない。また多数の古墳がひしめくなか、前方部をもつ古墳あるいは中規模以上の円墳を有する古墳群もあるが、多くは短期で造営が終了する傾向にある。

　前期古墳と確定したのは板屋谷内A1号墳や板屋谷内C1・4・7号墳が挙げられよう。また撥型前方部をもつとされる東上野11号墳や四隅突出型墳丘墓の可能性をもつ墳墓も2基あるが確定的とまでは言えない。前方後方墳も3基ほど確認・推定されており各地点で首長層が割拠した可能性もあるがいずれも大規模ではなく（高岡市教委2000他）、その点からすれば板屋谷内A1号墳については盟主に近い内容を呈するものと思われる。

　中期については、城光寺B古墳群や板屋谷内B・C古墳群の数基、そして矢田上野1号墳が発掘調査により該期のものと確定しているが、小規模且つ詳細不明であり、また盟主墳と呼べるものとは必ずしも思われない。

　しかしながら中規模以上の円墳が点在することは注目に値しよう。前出の矢田上野1号墳（径27m）もさることながら、城光寺A1号墳は径36mを呈しその規模は桜谷2号墳の「後円部」と同等である。谷内古墳群にも長径40mと径27mの円墳があり前者は富山県内でも上位の規模を有する。この他にもとは古墳であったとされる「二上経塚」は径20m程とやや規模は小さいが、二上山周辺の古墳の中では最高所に造営されている。

　なお、一案ながら富山県内の中期については大型円墳が盟主となる可能性を説く意見があり（高橋2009他）、この可能性に重きをおくならば上記の中に該期の盟主墳が存在する可能性もある

かと思われる。ただし、前期の盟主墳は二上にはなく、この間にそれが移動をしたことを意味する。また、前期と同様に中期も各地に有力首長層が割拠した可能性が浮上する。

　古墳時代後期については、馬具などを出土し6世紀後半に比定された矢田上野11号墳もあるが（古岡1972）、この時期の様相については発掘調査や測量調査の事例が十分ではなく判然としない。ただし、あたかも群集墳の様相をなす古墳群が各地にあり、またその傾向は律令期の横穴墓群のあり方にも類似する。

　なお、古墳時代の全時期を通じて存続するのは板屋古墳群のみとみられる。しかし、その規模は西側の国吉地域と比べ見劣りが否めず、五十里地域そのものは一定勢力や自立性を有しつつも国吉地域にしたがう存在であった可能性があるかと思われる。ちなみに双方は律令期にそれぞれ郷の中核をなし、五十里は伴または布師郷に、国吉はその後中心地を西に移し川合郷を構成したと思われるが（根津2006）、その編成時にはある程度人員の調整も行われたのではないかと思われる。

国吉周辺地域の推移

　国吉地域は、小矢部川左岸においても比較的規模の大きい古墳が集中する。また前述のように当地より西方は前方部を有する古墳が暫くみられなくなる。

　前期については、土取りのため消滅したが前方後方墳の釈迦堂1号墳のほか男撲1号墳が検討に浮上しよう。後者は桜谷1号墳に4m程及ばないものの墳丘長58mを呈し小矢部川左岸においても有数の規模となる。前期と確定している板屋谷内A1号墳をしのぎ左岸地帯における該期の盟主墳となる可能性がある。発掘調査が行われておらず詳細不明ながら、その墳丘はやや不整形で阿尾島田A1号墳とも共通する。

　発掘調査事例が希少なため中期古墳については特定が困難である。ただし、前述もしたが、当該期においては大型円墳が盟主になるとの意見があり（高橋2009他）、これにしたがうなら墳丘径44mを呈し富山県内でも屈指の規模を有する四十九1号墳や径35mを呈する同2号墳が注目されよう。

　中期以降という範囲では立山1号墳が注目されよう。同墳は測量調査により墳丘長67.5mと推定された西山丘陵最大の古墳である（高岡市教委1985）。その規模は阿尾島田A1号墳（70m）にはわずかに及ばないものの、桜谷1号墳（62m）や小矢部市関野1号墳（65m）、そして朝日長山古墳（43m）などの各盟主墳やその候補を上回り、おそらくは本墳も該期にあってはそれであったとみられる。

　発掘調査は行われておらず年代不詳であるが、前方後円墳であることをはじめ、前方部の比高が後円部のそれより若干高いこと、また近隣にある男撲1号墳などの存在を考慮するならば、中期後半から後期に築造された可能性を検討できるかと思われる。ただしそれは、氷見平野周辺における盟主墳の朝日長山古墳、あるいはこれに後続する一案のありうる朝日潟山1号墳と時期的に並存関係にあった可能性も浮上しよう。また同地域と氷見平野周辺は西山丘陵により地形的に分断されるなど、総じて立山1号墳の年代如何によっては、朝日長山古墳の勢力範囲は氷見平野周辺に留まる可能性も浮上するかと思われる。

　国吉地域における後期後半代以降から終末期かけては不明な点も多いが、同地域の古墳総数38基に対し半数を超える21基が方墳であることが注目される。その中にあっても道ヶ谷内Ⅱ4号墳（長辺31m）や同2号墳（長辺27m）、同1号墳（長辺22m）、そして道ヶ谷内13号墳（長辺21m）は比較的規模が大きく、わけても前1者は富山県内でも方墳としては屈指の規模であり、氷見平

野周辺の堀田ナンマイダ松1号墳(長辺28m)をしのぐ。この墳形をもって当該期のものとは即断できないが全国的類例を鑑みるならば今後注意をすべきものと思われる。

また、西方の地域も考慮に入れるならば、当該地の古墳の一部は群集墳の様相をなし、さらに律令期においては江道横穴墓群や城ヶ平横穴墓群があり、官衙的な様相を呈する麻生谷遺跡や式内社の浅井神社、そして長期且つ広域にひろがる遺跡群も所在するなど、優位性をもつとみられる様相が連綿と継続することが想定される。

総じて国吉地域については、男撲1号墳(前期)→四十九古墳(中期)→立山1号墳(中〜後期)→群集墳(後期〜終末期)→城ヶ平・江道横穴墓群(終末期〜律令期)→官衙的な遺跡(律令期・隣接地域)という変遷を仮定しておきたい。そして古墳時代における国吉地域は小矢部川左岸地域における中心的な存在であったと考える。

第2節　古墳時代から律令期へ

1　古墳時代の集落から律令期の郷へ

郷と集落

弥生時代に始まった水稲耕作はやがて首長層を生み、その勢力範囲は吸収・増大を繰り返し、より広大な地域を形成した。この動態は全国各地で発生し古墳時代に至り国家が成立する。

これがさらに強固に制度化された完成形の一つに律令国家があり、当該期の越中は射水郡の一角、現在の高岡市伏木に国府(注3)を造営し、そこに中央からの官人を派遣する傍ら、在地勢力を郡司に任じそのヒエラルキーを利して重層的に国内を治めた。

土地はすべて国家のものとされ、班田収受や戸籍にもとづき民に耕地を授け「国―郡―郷」という税収機構や交通を整備したが、承平年間(931-938)成立の『倭名類聚抄』によれば「阿努宇納古奈美 古江宇流衣 布西 三嶋美之萬 伴 布師奴乃之 川口 櫛田久之多 塞口」とあり、当該期の射水郡には10郷を所管した。

郷とは、元来的に課税や課役にかかるものである。したがって在地における自然発生的な集落とは根本から異質のものであり、現在のような行政区域をさす保証はない。また「戸令」に「凡戸以五十戸為里(郷)」とはあるものの、実際にはこの近似値で組織される場合や、若干の距離をあける村落を組み込み編成したことも考えうる。

このように郷と考古学的集落は同一視の限りではない。しかし、遺跡を形成する人々がいずれかの郷に所属したことは想像に難くなく、また集団的農耕経済を基本とする該期の社会にあって遺跡群は郷を形成する際の拠点や中核的な存在をなすものと思われる。

考古学的観点にもとづき過去に筆者は射水郡の北西部に所在する遺跡群を15地区に分け(第Ⅱ編第1章図1)、該当する郷との現地比定を試みた。これによれば文献史学から提起されていた8郷の既存の比定案には何等かの遺跡群が重複し、異なる方法論からの意見の一致がみられる。その一方で、長期存続を呈した拠点的勢力でありながらも従来の現地比定研究の対象とはされずにいた遺跡群が浮上した。高岡市佐野と五十里の両地区である。

なお、文献史学的考察から現地比定が定まらなかったものも伴・布師の2郷をかぞえるが、上記2地区から「布師郷」と表記される文字史料が検出されており問題を難解にしている。また、

当該地の遺跡群も『倭名類聚抄』の記述のとおり10箇所に分散するわけではなく、いずれか又は一部を吸収・合併し郷を編成している可能性があるかと思われる（根津2006）。

編成の実態

　古墳時代では農耕等を生業とし一定の生活集団を形成した。考古学ではこれを集落といい、現代においては遺跡群に姿を変え地下に埋もれている。これに対し、地方における律令期の機構としては国・郡・郷が存在した。ここでは律令期における郷の編成にかかる実態を探るべく、幾つかの地域に焦点をあて検討しよう。

　射水郡最北となる宇波地域には、中・後期の古墳群や律令初期の脇方横穴群などが所在し、比較的狭い範囲で連綿と墳墓が造営されている。古墳文化は後発的でいまのところ前期古墳はなく、また各古墳も小規模であるため必ずしも強大ではない勢力がこの地に根付いていたとみられる。地理的にも農耕に適する地は少なく眼前に広がる海へ出て漁労をもって主な生業とした可能性もあろう。

　しかしながら、現状における遺跡群のあり方をみるに50戸の規定を満たすほどの内容は窺えず、当該地域をその名に冠するのであろう宇納郷は他地域の民を追加編成し規定の50戸に達した可能性があるかと思われる。

　なお、宇波地域より北側には古墳群はおろか有力な集落は見受けられず、したがって、不足分を補填したと目される地域は、近隣に唯一存在する阿尾・余川両河川流域の勢力に限定されよう。ちなみに同地域は古墳時代前期にはじまる古墳群のほか、終末期から律令期にいたる横穴墓群もあり強大な勢力を維持していたとみられる。また農耕に適した広大な平野もひろがり、おそらくは50戸などという範疇を超えていたものと思われる。

　総じて『倭名類聚抄』にみえる「宇納（郷）」は、阿努郷の余剰を編入させ成立したのではないか。別言すれば実情としてこのような調整が各地で行われ、そこではじめて規定を満たし郷というものが編成・成立したものと思われる。

　布施地域についても検討しよう。現状における周知や推定の限りでは、当該地域には古墳時代中期初頭から後期まで存続したとされる光西寺山古墳群などを筆頭に各時期の古墳群がある。圏内には布施という地名があり、これを『倭名類聚抄』にみえる「布西（施）」の転訛とすれば一部なりとも当該地域をこれに比定できよう。なお氷見平野周辺にはこれを含む計4郷が編成されていたが、布西と古江そして阿努各郷の境界は少なくとも遺跡群という視角からは読み取ることが困難である。したがっておそらくは、それぞれの編成に際しても一定の拠点をその名に冠した郷が編成されたものと思われる（根津2006）。

　小矢部川左岸地域についても検討を加えておきたい。第1節でも述べたようにこの地には五十里・国吉両地域に古墳時代の拠点が存在したものと思われる。両地域とも前期から中期までの首長墓が所在したものと思われ、後続する後期古墳も近隣や消失した古墳群にもとめることが可能と思われるほか、終末期にあたる横穴墓群も存在する。また集落も断続的ながら各時期の存在が確認され、律令期の官衙的な遺跡も造営されている（高岡市教委1997他）。もちろん遺跡群としても若干の時間的空白はあるものの平野には帯状にこれが連なる。

　両地は、砺波郡川合郷と、射水郡の伴または布師郷の比定地候補となっているが（根津2006）、遺跡群の点在傾向は必ずしも明確に二分されない。おそらくは遺跡群の分布という概念では浮かび上がらない概念により50戸という規定のもと分割がなされたものと思われる。

　総じて、郷とはもとより収税機構として事務的・機械的に編成された組織をさし、現代の市

町村のような行政区画などを明確にもつものではない。また実際に、遺跡群の点在傾向をみても『倭名類聚抄』の記述するとおり10箇所に分散するようなこともなく、しかもそれぞれの密度には濃淡がありうる。射水郡に所管される郷の実態として、たとえば50戸に満たない地域にはこれを超えるところから補填・編成され郷となすべく規定を満たしたものと思われ、これが郷というものの少なくとも当該地における実態かと思われる。

2 律令機構の形成

越中国府の造営過程

　律令国家は各国に国府をおき国の拠点と定め、行政をはじめ司法や軍事などを統轄した。越中国府は現在の高岡市伏木に造営されたとみられる。それは「古府」「国分」「東舘」など関連とみられる旧地名の残存のほか、近隣に国分寺が建立されていること、そして考古学的にも多くの成果が得られているからである。

　国庁推定地（現在の勝興寺境内）の近隣からは緑釉陶器や灰釉陶器をはじめ、「傳厨」墨書須恵器（図17）、文書事務必携の円面硯、獣脚、近畿系の暗文土器など官衙的な遺物が出土している（高岡市教委1986・1994）。また、八葉単弁蓮華文軒丸瓦や唐草文軒平瓦らが国府造営期以降に当地に持ち込まれ（図18）、その消費遺跡としての出土量は他を圧倒する（北古瓦研1987）。これらの瓦は国庁等の官衙施設に葺かれたものと思われるが、やはり近隣からは大型の掘立柱建物群や回廊などで構成される官衙施設跡も検出されている（高岡市教委1988、図19）。総括するに、同地には当時の最高建築様式による官衙施設が造営され、時期・内容とも国府に相応する事物が集結し、文書事務も執り行われていたといえる。これらの蓋然性から越中国府を伏木に比定する案は今後も不動であろう。

　ところで、国府が置かれたとみられる伏木には、今のところ古墳群やこれを頂点とせしめる村落が希薄で、また地形的に農地を形成するにも限界があるかと思われる。つまり、同地は古墳時代においては最重要視された地ではなかった可能性があるのである。

　しかしながら、そんな地の7世紀第3四半期、つまり国府の造営される1世紀も前に突如として上記とは別の古代瓦を用いた構造物が造営される。御亭角遺跡である（図20）。同遺跡はかつて「御亭角廃寺」とも称されたが、それは研究の浅い時期、いうなれば古代瓦の出土があればすべからく「廃寺」と解した頃の理解である。実際に、現地からは未だ伽藍遺構はおろか確固たる仏教関連遺物の出土もないと思われる。

　御亭角遺跡とは何であったか。明らかなことは、一地域を支配するにすぎなかった古墳群の盛衰の果て、世は律令期をむかえ、広大な射水郡を地形的に分断する伏木に、当時の最高建築様式を擁する施設が成立した。のちに郡衙大領となる阿努君にとって同地は、自らの本貫地を背にし、且つ新たに管理・統治をすることとなった射水平野を眺望する地にあたる。その具体相を単なる一豪族の寺院にもとめるには飛躍があるかと思われる。ちなみに自らは小窪廃寺（跡）を別地に建立しているのである。

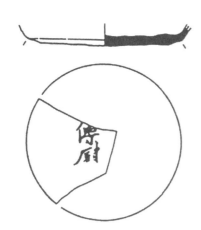

図17　「傳厨」墨書須恵器
（高岡市教委1986を修正）

第 3 章　富山県北西部における古墳編年の再検討と越中国の確立　125

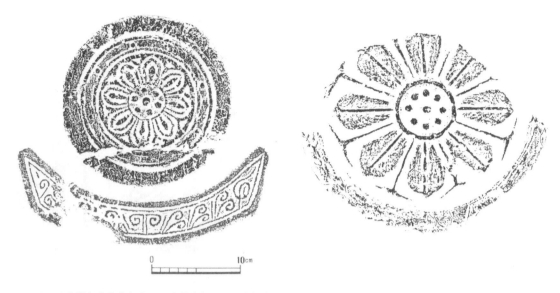

図 18　八葉単弁蓮華文軒丸瓦・唐草文軒平瓦瓦当拓本
（北古瓦研 1987 を加工）

図 20　「御亭角遺跡」出土軒丸瓦瓦当拓本
（北古瓦研 1987）

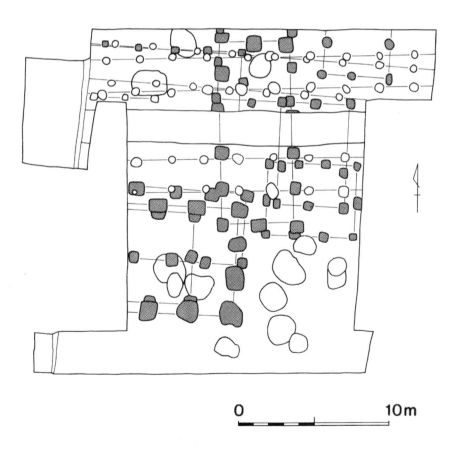

図 19　越中国府関連遺跡勝興寺南接地区遺構配置
（高岡市教委 1988）

これらを踏まえた一つの理解として射水郡衙という選択肢が浮かび上がる。またその観点よりすれば、上記の「傳厨」墨書への理解（山中1994）も再検討されよう。ただしその解決は、将来行われる両遺跡の発掘調査、ことに御亭角遺跡において官衙遺構などを検出し、その性格が特定される必要がある。

交通路の整備

　律令国家は全国を五畿七道に分け、また都と地方を結ぶ駅路を整備した。越中には古代北陸道が通過し、西国から入国したそれは国内を横断し次国の越後を結んだ。

　ただし、当初の駅路は在地の事情をあまり考慮に入れないルートをとったためか、各地でその変更がされている。南海道を例にとろう。『続日本紀』には「公私使直指土左 而其道経伊与国行程迂遠 山谷険難 但阿波国 境土相接 往還甚易 請就此国 以為通路 許之」という土佐国司からの陳情が養老2年（718）にあり、これが了承され阿波石隈駅から伊予国を経由する従来の大回りのコースを改め、同駅から直接南下し土佐国にいたるルートに変更されている。

　駅路の改変は全国規模で発生し西暦800年前後にそのピークがあるとされる。越中も同様で、当初の富山平野の中位を横断するルート（富文振2011）を廃してそれまでの砺波郡と国府の間をいく伝路を駅路に転化した。これは地理的に併走する小矢部川の水利を考慮してのものであろう。降雪期をかかえる北陸にあって河川は環境に左右されない普遍的な交通路として確保でき、また浮力を利すれば物資の輸送に有利となるからである。

　ただし、これは上記にとどまらず越中全域にわたる古代の知恵であった。改変後にあたる延喜式段階のルートをみると、同河口付近より東では日本海沿いにルートをとる。おそらくは改変後における越中の駅路は水陸併用という在地の利便性が優先されたものと考えられよう（根津2012他）。

　なお、都と地方を結ぶ駅路のほかに現地では在地道が存在した。日本海側最大の前方後方墳である柳田布尾山古墳や豊富な副葬品をもつ朝日長山古墳など氷見平野周辺の勢力もまた、西国との交流や交通をもってこれらを成立せしめたとみられ、それは能登半島を横断する志雄路ルートの果たす役割が大きいものとみられる。

　もっとも、同ルートは『延喜式』を含めどの文献史料をひもといても駅路に規定された形跡はない。この点については、律令期にいたり国府を現在の高岡市伏木に造営したことと関係するものと考える。すなわち、国府造営にともない氷見平野周辺のみを直接の対象とする志雄路ルートではなく、4郡の共有性を優先し富山平野を横断する駅路を敷いたということではないかと思われる。

　総じて、国府の選地にあたっては、4郡への空間的な共有性を念頭に、それを具現化すべく交通という概念を考慮したものと思われる。既存や新設、或いは取捨選択を駆使し交通網を有利化させ、国としての連結や構築がはかられたものと思われる。

結　語

　富山県北西部における古墳の編年を再検討し、また盟主墳や古墳群という観点よりその勢力の推移や拠点を整理し、併せて当該地における律令期の様相までの連結を試みた。

　考察の結果、各地域に古墳時代の首長層が存在し、盟主墳やその中心地は当該平野内で移動

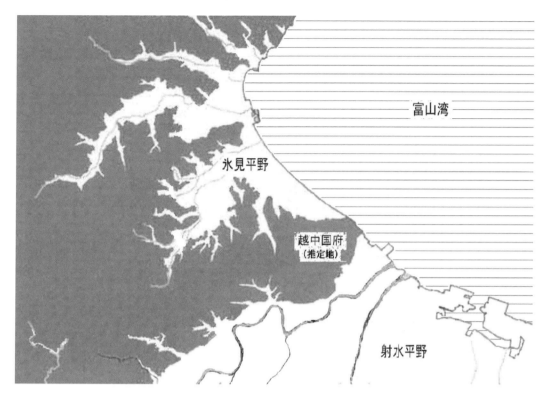

図21　氷見・射水両地の地形

をしていることが判明した。しかし、その一方で規模等の大小はあるものの連綿と勢力は保持されており、こうした流れの先に律令期における諸郷も礎が築かれたものと考える。

　もっとも、4郡を統括する越中国府については、国域の北端にあり地形的にも隔離された氷見平野には置かず、古墳の希薄な伏木台地を選んだ。その事由は4郡を視野に入れた地理的な事情を優先したものと思われる。

　また、氷見平野の勢力については、おそらく古墳時代では志雄路ルートを利して西国との交流を保持していたものと思われるが、国府を伏木に置くや、富山平野を横断するように主要道を敷いた。その一方で砺波郡との連絡路として水陸のそれを西山丘陵沿いに確保し、また、より東方の地域との連絡路として駅伝路にくわえ日本海の海上ルートを確保した（根津2004他）。国府の選地にあたってはこのように交通という点も考慮され、国としての強化がなされたものと思われる。

　なお、現状において当該地域の古墳や遺跡は発掘調査事例がいまだ希少であり、その結果次第では周辺地域をも巻き込み再検討を要する事態となりうる。こうした状況下に敢えて積極論を提起した本章も例外ではなく、この点については新資料の追加のある毎に再検討を試みることとしたい。

(注1) 古墳を黒塗りするものは年代が確定的なもの。薄色は年代が流動的なものとし必要に応じ考えうる年代幅を図示した。また墳形は各古墳の相似形を示していないが、墳丘長は互いのそれを考慮した。
(注2) たとえば平成13年(2001)に宮代栄一が、平成15年(2003)には大塚初重が高岡市立博物館を訪れ、この遺物を実見し同様の意見を述べている。
(注3) 近年、国庁等の官衙施設を国衙とし、この周囲にある計画的都市を国府と称する傾向があるが、越中においては、これらの所在が目される越中国府関連遺跡に現時点でそのような差別化は見出せず、本章では総称的に「国府」の語を使用した。

引用・主要参考文献

泉森皎・伊藤勇輔　『遺物が語る大和の古墳時代』六興出版　1985
大野　究　「朝日潟山古墳群」『富山平野の出現期古墳』富山考古学会　1999
大野　究　「中村天場山古墳」『富山平野の出現期古墳』富山考古学会　1999
大野　究　「朝日潟山古墳群・中村天場山古墳測量調査の成果」氷見市教育委員会『氷見市遺跡地図 第2版』1993
大村正之　「桜谷古墳群」『富山県史蹟名勝天然記念物調査会報告』第7号　富山県内務部 1925
小黒智久　「古墳時代後期の越中における地域勢力の動向」『大境』25号 湊晨先生追悼号　2005
小矢部市教育委員会　『谷内16号古墳』1988
岸本雅敏　「越中」石野博信編『全国古墳編年集成』雄山閣出版　1995
鬼頭清明　「郷・村・集落」『国立歴史民俗博物館研究報告』22　1989
国史大系編纂会　『国史大系　交替式・弘仁式・延喜式』吉川弘文館　1965
高岡市教育委員会　『麻生谷遺跡・麻生谷新生園遺跡調査報告』1997
高岡市教育委員会　『院内東横穴墓調査報告』1998
高岡市教育委員会　『越中国府関連遺跡調査概報』Ⅰ　1987
高岡市教育委員会　『越中国府関連遺跡調査概報』Ⅱ　1988
高岡市教育委員会　『越中国府関連遺跡調査概報』Ⅲ　1989
高岡市教育委員会　『越中国府関連遺跡調査概報』Ⅳ　1990
高岡市教育委員会　『越中国府関連遺跡調査概報』Ⅴ　1991
高岡市教育委員会　『越中国府関連遺跡調査概報』Ⅵ　1994
高岡市教育委員会　『越中国府関連遺跡調査概報』Ⅶ　1994
高岡市教育委員会　『越中国府関連遺跡調査概報』Ⅷ　1996
高岡市教育委員会　『市内遺跡調査概報』Ⅰ　1992
高岡市教育委員会　『常国遺跡調査報告』2008
高岡市教育委員会　『富山県高岡市西山丘陵埋蔵文化財分布調査概報』Ⅰ　1984
高岡市教育委員会　『富山県高岡市西山丘陵埋蔵文化財分布調査概報』Ⅱ　1985
高岡市教育委員会　『富山県高岡市西山丘陵埋蔵文化財分布調査概報』Ⅲ　1986
高岡市教育委員会　『富山県高岡市西山丘陵埋蔵文化財分布調査概報』Ⅳ　1987
高岡市教育委員会　『富山県高岡市西山丘陵埋蔵文化財分布調査概報』Ⅴ　1988
高岡市教育委員会　『富山県高岡市美野下遺跡調査概報』1986
高岡市教育委員会　『高岡市遺跡地図』2000
高岡市教育委員会　『富山県高岡市頭川城ケ平横穴墓群第Ⅰ次発掘調査報告』1984
高岡市教育委員会　『富山県高岡市頭川城ケ平横穴墓群第Ⅱ次緊急発掘調査概報』1988
高岡市教育委員会　『頭川城ケ平横穴墓群調査報告』Ⅲ　2001
高岡市史料編纂委員会　『高岡市江道横穴古墳群調査報告書』1957
高岡市史編纂委員会編　『高岡市史 上巻』1959
田口俵太郎・古岡英明　『国分山古墳群調査報告書』1951

高橋浩二　「古墳時代の越中」木本秀樹編『環日本海歴史民俗学叢書13　古代の越中』高志書院　2009
富山県教育委員会　「板屋古墳」『昭和56年度富山県埋蔵文化財調査一覧』1982
富山県教育委員会　『富山県高岡市桜谷古墳群調査報告書』1978
富山県教育委員会　『富山県高岡市桜谷古墳群調査報告書』Ⅱ　1983
富山県文化振興財団埋蔵文化財調査事務所　『板屋谷内B・C古墳群・堂前遺跡発掘調査報告　―能越自動車道建設に伴う埋蔵文化財発掘報告Ⅶ―』2008
富山県文化振興財団埋蔵文化財調査事務所　『とやま発掘だより　―平成22年度発掘調査速報―』2011
富山大学人文学部考古学研究室　『阿尾島田A1号墳　―第3次発掘調査報告書―』2003
富山大学人文学部考古学研究室　『富山市杉谷4号墳　現地説明会資料』2012
西井龍儀　「男撲古墳群」『富山平野の出現期古墳』富山考古学会　1999
西井龍儀　「国分山古墳群」『富山平野の出現期古墳』富山考古学会　1999
西井龍儀　「東海老坂ダイラ古墳群」『富山平野の出現期古墳』富山考古学会　1999
西井龍儀　「鳥越古墳群」『富山平野の出現期古墳』富山考古学会　1999
西井龍儀　「二上周辺の古墳」高岡市教育委員会『昭和57年度高岡市埋蔵文化財調査概報』1983
西井龍儀・細川眞樹・上野章・大野究　「阿尾島田古墳群・土塁群」『氷見市史7　資料編5　考古』氷見市　2002
西井龍儀・細川眞樹・上野章・大野究　「朝日長山古墳」『氷見市史7　資料編5　考古』氷見市　2002
根津明義　「越中国」古代交通研究会編『日本古代道路事典』八木書店　2004
根津明義　「越中国射水郡における諸郷の所在について」『富山史壇』149号　広瀬誠先生追悼号　2006
根津明義　「越中国府と古代北陸道」藤井昭二・米原寛・布村昇監修『富山湾を知る42のクエスチョン　富山湾読本』北日本新聞社　2012
根津明義　「古代における物資輸送の一形態　―主に内陸における船着場遺構への認識をめぐって―」藤井一二編『古代の地域社会と交流』岩田書院　2005
林喜太郎　「氷見郡太田村太田岩崎古墳調査報告」『富山県史蹟名勝天然記念物調査会報告』第5号　1924
氷見市教育委員会　『富山県氷見市朝日長山古墳調査報告書』1973
氷見市教育委員会　『氷見市遺跡地図　第3版　改訂版』2008
氷見市教育委員会　『氷見市埋蔵文化財分布調査報告（丘陵地区）Ⅲ』2003
氷見市教育委員会　『柳田布尾山古墳　第3次調査の成果』2001
氷見市教育委員会　『脇方横穴群』1989
氷見市史編さん委員会　『氷見市史』9資料編　7自然環境　1999
藤田富士夫　「伊弥頭国造に関する一考察」越中史壇会『富山史壇』72号　1979
藤田富士夫　「国指定史跡　桜谷一号・二号墳の墳形とその意義について」池上悟先生還暦記念会編『池上悟先生還暦記念論文集　芙蓉峰の考古学』六一書房　2010
藤田富士夫　『日本の古代遺跡13富山』保育社　1983
古岡英明　「巨大な権力者の誕生」高岡市『たかおか　―歴史との出会い―』高岡市市制100年記念誌編集委員会　1991
古岡英明　「桜谷古墳群出土の新資料」『越中史壇』第27号　1964
古岡英明　「矢田上野古墳群」『富山県史考古編』富山県　1972
北陸古瓦研究会編　『北陸の古代寺院　―その源流と古瓦―』1987
村上しおり・高橋浩二　「阿尾島田古墳群の位置と周辺の古墳」富山大学人文学部考古学研究室『阿尾島田A2号墳　―第2次発掘調査報告書―』2006
山口辰一　「板屋谷内A古墳群」『富山平野の出現期古墳』富山考古学会　1999
山口辰一　「国分山古墳群」『富山平野の出現期古墳』富山考古学会　1999
山口辰一　「桜谷古墳群」『富山平野の出現期古墳』富山考古学会　1999
山口辰一　「東上野Ⅰ古墳群」『富山平野の出現期古墳』富山考古学会　1999
山中敏史　『古代地方官衙遺跡の研究』塙書房　1994

第Ⅲ編
古代越中の交通と社会

第1章　古代越中における物資輸送の一形態
―主に内陸における船着場遺構への認識をめぐって―

はじめに

　遺跡とは、概して他者との有機的な交流を介して機能する傾向にある。当然、これらを結ぶ空間にはその活動を支えた交通路が存在したはずであるが、近年ではこうした研究分野も確立し、いまのところ駅路や伝路を中心に有意義な検討がすすめられている（木下編1996他）。

　もっとも、各地域において多様な交流や交通路が存在したことは想像に難くない。富山平野を例にとるならば、網目状に水利が所在する現状から、古代における越中の活動には水上交通の果たした役割も大きいのではないかとする意見がはやくから提起されてきたが、その内陸部に所在する高岡市中保B遺跡から、船着場遺構をはじめとする水上交通関連の遺構群が検出され、この推定は物証をもって明らかにされている（根津1998他）。

　既往の研究において、水上交通という分野はあまり活発に検討されることがなかったように思われる。しかし、当該地域における何らかの活動が行われた結果として交通というものが派生することを念頭にすえるならば、その一角を担う水上交通を検討することにより、はじめて明確となる歴史的様相もあろうと思われる。

　本章では、この視点が一つの研究分野として確立せんことを将来的な目標に見据え、その一例や研究視点などについて述べていくこととしたい。

1　中保B遺跡にみる水上交通の具体例

　豊富な水利と農耕に適した大地のひろがる富山平野の内陸部に位置する中保B遺跡から、簡素な形状をもつ突出部が調査区を縦横にめぐる水路の東岸から検出された。その遺構は、全長約35ｍ、幅7〜8ｍ程度の規格を呈する一方で、川底よりも1mほど高い位置に平坦面がつくり出されていた。

　この遺構が船着場遺構と判断された遺構SZ02である。しかし、この遺構を擁する中保B遺跡は、水上交通を利して如何なる活動を行っていたのか。そのことは、周辺地域における歴史的様相の一端を把握することにも発展するが、以下ではこの遺跡の具体相への追究をとおして、この問題について考えていくこととしたい。

　この遺跡からは、総数50棟以上の掘立柱建物群をはじめ、暗文土器・帯金具（巡方）・石帯（巡方）・律令祭祀具などといったものが出土していたことから、概して官衙的な様相を呈していたと考えられる。しかし、船着場遺構の周辺には整然と建ち並ぶ倉庫群が造営されていたほか、「案調」「案鳥」「津三」「大家」「林家」「罡家」などといった墨書土器や、文書活動の行われていたことを示す木簡や転用硯などが伴っていたことから、同遺跡においては、周辺各地から物資を収集し、そして文書にてそれらを管理・収納していくといった活動が行われていたことが窺われる。

　もっとも、中保B遺跡における古代の様相は8世紀中頃から11世紀前葉まで存続するが、物資の輸送に関与していたのは9世紀前半代までとみられる。また、倉庫群についても側柱構造を

第1章 古代越中における物資輸送の一形態 133

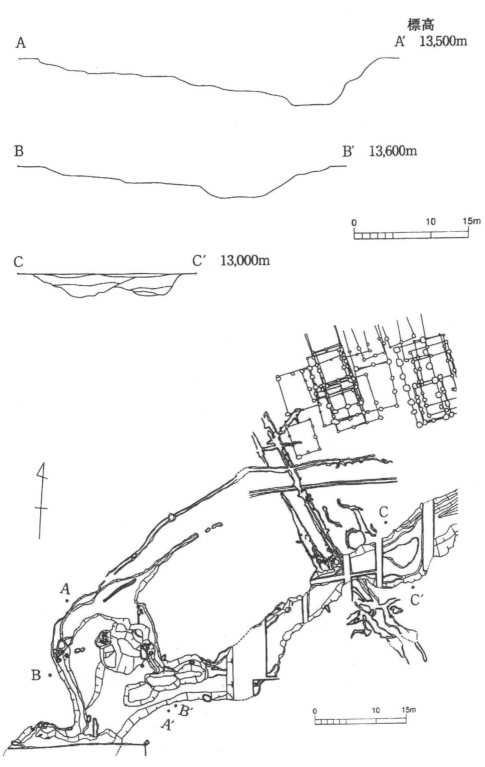

図1 中保B遺跡西側地区・船着場遺構SZ01（高岡市教委2002）

134　第Ⅲ編　古代越中の交通と社会

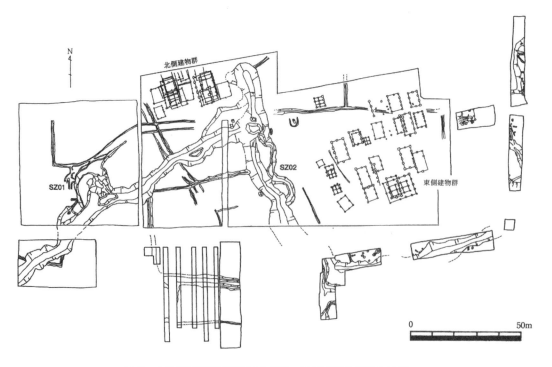

図2　中保B遺跡発掘調査区全体図　（高岡市教委2002を加工）

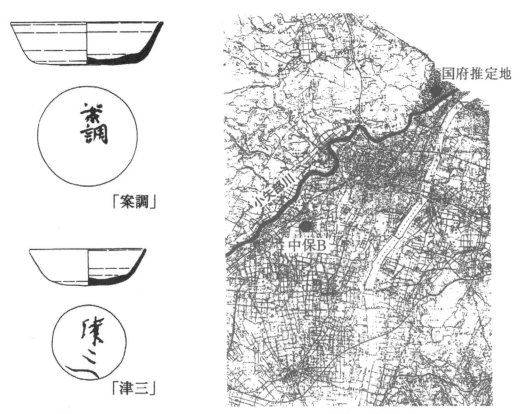

図3　墨書土器（高岡市教委2002）

図4　水上ルート想定案

呈することから郡衙正倉のそれとは構造的に異なり、類例的には調庸物や穎稲を収蔵した屋であったと考えることができるうえに、物資の輸送という点では中継地としての役割を担っていた可能性が浮上する。さらに、帯金具についても縦24㎜を呈することから概して下級役人のものと目されるうえ、表金具と裏金具が結合したままの状態であったことからは、本来の所有者からの譲渡物であったと考えられるため、中保B遺跡は、下級役人から帯金具の一部を譲渡される立場の者が常駐する機関であった可能性が浮上する。

　これらを勘案するに、中保B遺跡における8世紀中頃から9世紀前半代までの物資の輸送に関与した官衙的様相については、在地的なものを基盤に成立した可能性が考えられよう。ちなみに、この様相とは時間的に連続性はないものの、その前段階にあたる7世紀後半代においては、在地豪族層の居宅とおぼしき建物群がこの遺跡から検出されているほか、周辺は縄文時代から断続的に歴史的様相が存続した地でもある。

　中保B遺跡を理解するには、文献史学や歴史地理学の方法論を援用することも一案と思われる。古代における当該地域の様相を記した『越中国官倉納穀交替記』を考察した結果、同文献記載の「川上村」「意斐村」「某村」については、正倉をもつことから在地的な出自をもちながらも砺波郡衙の機能を一部代行していたのではないかとする見解が提起されており（木本2002・山中1994）、こうした点は中保B遺跡における遺構群の在り方などとも共通する可能性がある。

　しかしながら、この遺跡は古代における射水―砺波両郡の郡境付近に位置するものと推察されるが、仮にこの地を射水郡の所轄と仮定した場合、そして国府及び射水郡衙を従来の推定どおりに高岡市伏木に比定するならば、同郡のなかでは国府や郡衙からは遠隔の地に中保B遺跡が位置したことになるため、物資の輸送という点では中継地として機能的ではないと思われる。これに対し、中保B遺跡を砺波郡の所轄とするならば、同郡においては国府へと向かう先端の地に位置することとなるため、地理的に両官衙間を中継する立場にあったことを首肯できるのではないかと思われる。

　中保B遺跡の歴史的性格をめぐっては、なおも詳細な検討を要する現状にあると思われるが、本章ではこれまでの記述に鑑み、在地的な様相を基盤としながらも、砺波郡衙もしくは砺波地方北東部を所轄する同郡衙の出先機関として一時的に機能していた可能性を提起しておきたい。また、代替品を本来の税物へと変換する市的な機能を有していた可能性などもあわせて候補に掲げておきたい。

　なお、このような想定が妥当であるならば、中保B遺跡と国府との間には水上ルートも存在していたものと思われる。遺跡の東方には現在でも祖父川という自然河川が流れているが、同河川はさらに北上したところで前述の高岡市伏木まで通ずる小矢部川と合流することから、状況的にこの水上ルートが船の航行に利用されていたものと提起したい。

　中保B遺跡における船着場遺構の検出は、かねてから想定されてきた古代における内陸水上交通の実在を物証により明らかにしたものと言えよう。しかし、仮に船着場遺構の存在を認識できなかった場合は、当該地域における歴史的様相の一端を見落とす可能性があったと危惧される。過去の歴史を復元する研究分野は多岐にわたり存在するが、水上交通という視点についても、周辺地域の歴史を掌握するにあたり大きな比重をもつ可能性があるため、こうした新たな視点を積極的に追加及び再検討していくことによって、過去の歴史もさらに詳細に復元されていくものと考える次第である。

2 水陸交通併用の視点

文献史料にみえる各地の水上交通

『延喜式』主計上「諸国調庸中男作物」条においては、「越中国 行程上十七日 下九日 海路廿七日」とあり、同国から都までの税物の輸送については、陸路のみならず、海路をくわえた2つの行路が規定されていたことが窺われる。

もっとも、このような輸送形態の規定がなされたのは同国だけではなく、若狭国を除く北陸道諸国をはじめ、山陽道の6国や南海道諸国なども同様であった。また、『延喜式』兵部省諸国駅伝馬条をひもとくに、出羽国においては26隻の船が配備されていたことが記されており、駅馬や伝馬とともに船が交通手段として併用され、各官衙を往来していたことが窺われる。

さらに、『延喜式』民部下においては、「凡山陽 南海道 西海道等府国 新任官人赴任者 皆取海路」とあり、これらの国へと赴く新任国司に対しては海路をとるよう指示されている。また、『防国正税帳』においては「船伝使」の語もみえる。同国衙跡の発掘調査では船着場遺構も検出されており（防府市教委1990他）、ここを起点に各地と水上交通を介して様々な活動が繰り広げられていたものと思われる。

これらを概観するに、水上交通の併用という行為は全国的規模において存在したものであり、また、公的な交通といえども、各地の環境や事情などによっては水陸の併用がなされることにより、その活動が維持されていたことが窺われよう。

しかしながら、前述した中保B遺跡の事例のように、仮に公的な活動を伴うものであったとしても、地方における末端の交通路までは『延喜式』のような都寄りの文献には記載されない可能性があることを再確認するとともに、地方史を語る史料数も限られている実状を考慮するならば、在地における歴史的様相を詳細にまで復元していくには、複数の分野を包括した総合的考察が不可欠と考える次第である。

水上交通の利便性と用途

富山県小杉町・小杉丸山遺跡から瓦陶兼業窯が検出され、また、ここで作製された古代瓦が10数km離れた高岡市御亭角遺跡へと運ばれていたことが西井龍儀の考察により明らかにされた。加えて、西井は両遺跡間を流れる自然河川にも着目し、これを利して御亭角遺跡まで瓦を輸送したのではないかと提起した（西井1983）。

双方の遺跡からは、船着場や船道具などといった水上交通の存在を直接示すものは検出されていないが、西井の見解は首肯が可能と思われる。実際に、水上輸送を選択するならば、重量物を輸送する場合においても浮力の作用により労力を軽減することができるからである。

もっとも、水上交通を採択することについては、上記以外にも当該地ならではの要因もあったと思われる。たとえば『勘仲記』弘安10年（1287）7月3日の太政官符には「九月以後三月以前 陸地雪深 海路波高 僅待暖気之期 運輸調物之処」とある。降雪期をかかえる越中においては、その活動を維持するため陸路に代わる交通路の確保を要したと思われるが、当該地は河川の水面が凍結するほどの自然環境ではなかったとみられ、水上交通をもってこれに充当するならば、自然環境の影響をうけない普遍的な交通路として活用が可能であったのではないかと考える次第である。

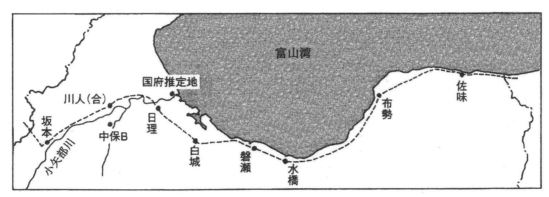

図5　延喜式段階における越中国内の駅路推定ルート

水陸交通の併用という観点から

　越中国を通過した駅路ルートについては、『延喜式』兵部省諸国駅伝馬条をもとに、図5に示すような経路をゆくものとされ、当該期にかぎりこの見解は研究者間の意見の一致がみられている（根津2004）。また、第3駅の日理駅から東方においては、概ね日本海沿岸にルートをとると考えられることから、同区間においては海上交通との併用が意識されていたものとする見解も提起されており（木下1996他）、この点についても多くの研究者から賛同が得られているところである。
　ただし、第3駅以西までの駅路ルートと地理的に伴走関係にある小矢部川については、前掲の中保B遺跡にかかる一連の考察により、古代においては航路として活用されていたことが窺われたため、総じて、延喜式段階における越中国内の駅路ルートについては、全線的に水上交通路と併走する位置関係にあったと考えたい。
　また、富山平野を通過した古代北陸道については西暦800年頃に旧道を廃して新設された可能性もあるとの意見が提起されてきたが（根津2004）、延喜式段階の駅路推定ルートと大きく距離を隔てる射水市赤井南遺跡から幅約8mの道路遺構が検出されている（富文振2011）。上述した蓋然性を含め、筆者はこれを改変前の駅路と考えるとともに、駅路のルート変更は存在したものと理解したい。しかしながら、この新設の駅路については、水陸双方の交通を全ルートで併用しうる実用性により、改変がなされた可能性があるものと思われる。

　水陸の交通には双方に利点もあるが、両者の併存する地域では、それらの特質を対比することにより、当該地における歴史の一端をひもとくことに繋がっていくものと思われる。もちろん、ひとくちに「交通」と言っても、それは在地における様々な環境などにも影響され、あるいはこれを逆利用することにより存続したものであったと考えられる。したがって、それにかかる検討を基軸とする研究も、今後積極的に行っていくべきと考える次第である。

3　船着場遺構の検討

　縄文時代の丸木舟の検出例が全国各地に及ぶことからも窺われるように（松枝1993他）、日本国内では先史時代から水上交通を利した活動が行われてきたと考えられる。この分野への検討は既往の研究史上において必ずしも活発ではなかったが、その主な要因としては、水上交通が陸上交通の代替物として考えられる傾向にあったからではないかとする指摘があるほか（中村1996他）、

考古学の側においても船着場遺構への認識が欠けていたように思われる。

そのような現状を打破するための方法は複数にのぼるであろうが、ここでは水上交通の存在を直接的に示す契機となる船着場遺構や、その周辺に所在する構造物などに焦点をしぼり、検討をすすめていくこととしたい。

船着場遺構の特徴とその指標

水上交通を研究するにあたり、考古学的には、遺跡から検出された遺構を「船着場」と解するための指標を模索することが急務と思われる。その必要条件として次のような項目を暫定的に提起しておきたい。ただし、外洋船ないし大型船にかかる考察は別稿に譲ることとし、本章においては、主に内陸及び中小規模の船を対象とする船着場遺構について考察をすすめることとする。

① 水辺と接し、一部なりとも何らかの手が加えられた遺構であること。
② 荷おろしに使用するための平坦面が存在すること。
③ 護岸施設、またはその痕跡が伴うこと。
　　（事例：周防国衙「船所」、長崎県原の辻遺跡、岡山県上東遺跡など）
④ 船を停泊ないし係留させるための船杭などの施設が備わっていること。
　　（事例：周防国衙「船所」、島根県原の前遺跡、石川県加茂遺跡？）(注1)
⑤ 乗降場と考えうる硬化面や、これに該当する施設が伴うこと。
　　（事例：富山県中保B遺跡など）
⑥ 船溜まり、またはこれに代わるものが伴うこと。
　　（事例：富山県梅原安丸Ⅴ遺跡、同県中保B遺跡）
⑦ 船、またはその道具類が検出されること。
　　（事例：高知県船戸遺跡における石碇の検出など）
⑧ 船または船道具を収蔵する施設や、船を修繕する施設などが近隣に並存すること。
　　（事例：福岡県今山遺跡？、兵庫県兵庫津遺跡？）(注2)
⑨ 水上交通の存在を示す文字史料の検出や、これと関連する地名などが周辺に存在すること。
　　（事例：石川県金石本町遺跡、同県畝田寺中遺跡、同県畝田ナベタ遺跡、同県戸水C遺跡、富山県中保B遺跡、新潟県蔵ノ坪遺跡、高知県船戸遺跡など）
⑩ 船の航路と推定できる水路が並存すること。
　　（事例：富山県小杉丸山遺跡及び御亭角遺跡、同県中保B遺跡など）
⑪ 倉庫群や道路遺構、その他物流に関する史・資料など、船着場との関連が考えられる検出物や蓋然性との総合的検討成果から、当該遺構を船着場と判断することが可能であること。
　　（事例：新潟県門新遺跡、富山県中保B遺跡、同県梅原安丸Ⅴ遺跡など）

船着場遺構とする判断材料は概して間接的なものが多いが、その中でも比較的明確なものとして、護岸施設や舟杭などを挙げることができるであろう。前者については、周防国衙の「船所」など（防府市教委1990）のように、拳大から人頭大の石を張りつける事例が一般的と思われるが、石敷により護岸をするという形式は古代に限られるものではなく、弥生中期の長崎県壱岐郡・原の辻遺跡の例（安楽1998）をはじめ、弥生後期の岡山県倉敷市・上東遺跡の例（岡山県教委2001）や、島根県松江市・原の前遺跡における古墳時代前葉の例（島根県教委1995）の他、複数に及ぶ中・近

世の事例がある。

　なお、原の辻遺跡の事例においては、木材などを組み合わせて護岸施設を補強する「敷葉・敷粗朶工法」の採用されていたことが安楽勉により報告されている（安楽1998他）。また、護岸施設については、乗降場として併用されるケースも実際にはあったと筆者は考えたい。

　一方の舟杭については、概して木製品であることから検出例が希少であり、周防国衙の「船所」（防府市教委1990他）のほか、原の前遺跡（島根県教委1995）や、石川県加茂遺跡（柿田2004他）など数例の報告があるにとどまる。したがって、発掘調査時においてはこれを設置するための小規模土坑に注目する必要性もあると思われる。

　ただし、船着場の近隣に「船小屋」や「船屋」などと呼称される構造物が存在した場合は注意を要すると思われる。上記の建物は、ときに一部ないし全ての側壁を設けない簡素な構造を呈し、船や船道具などの収納を主な用途とするものであるが、民族例をひもとくに、その柱を舟杭に代用する事例があるからである。

　なお、原の前遺跡の舟杭をめぐっては、理化学的な観察から船喰虫や波による腐食が確認されており、この杭が長期にわたり水辺に所在していたことが証され、この結果、同遺構を船着場とする蓋然性が追加されるにいたっている。船着場遺構を検出した際には是非とも参考にすべき調査事例であると思われる（島根県教委1995）。

　船溜まりについては、後述する中保B遺跡の船着場遺構SZ01（高岡市教委2002）のほか、同県福光町・梅原安丸V遺跡における中世の事例（久々1997他）がある。ただし、石川県金沢市・上荒屋遺跡（金沢市埋セ1998他）や、新潟県和島村・門新遺跡の事例（和島村教委1995）のような比較的簡素な構造を呈する船着場遺構については、遺構それ自体が船溜まりの機能を兼ねることが可能であるため、このような場合では船溜まりを付設することがなかった可能性があると思われる。

　なお、近年では船の修復施設となる可能性をもつとの見解が付された遺構の報告例が数例ある（大庭2005他）。しかし、いずれの事例も全貌が把握されたものではないため、今後の研究の進展を待つところも大きいと考える。また現状では、前述した原の辻遺跡の事例と形状的に変化がないなど、検討すべき課題もあるかと思われる。

　船またはその道具類の検出という点については、年代的には中世の事例であるものの、高知県中村市・船戸遺跡における石碇の検出例を挙げておきたい。遺跡周辺の「船戸」という地名もさることながら、その歴史的様相をめぐっては、貿易陶磁器をはじめ、自然流路・掘立柱建物群・小規模土坑群などといった遺構群の検出や、それがしめす蓋然性から、同遺跡を港湾施設に比定する見解が提起されている（松田1996）。

　文字史料の検出も、船着場遺構の存在を勘案する際の大きな材料になると思われる。現状では、中保B遺跡における「津三」（高岡市教委2002）をはじめ、石川県金沢市の戸水C遺跡や金石本町遺跡、そして畝田・寺中遺跡や畝田ナベタ遺跡といった諸遺跡からの「津」及び「津司」といった墨書土器の検出事例（石川県埋セ2000他）、さらには新潟県北蒲原郡・蔵ノ坪遺跡でも「少目御館米五斗」「□□□□所進」という木簡とともに、「津」墨書土器が検出されており（新潟県教委2002）、概してそれぞれの地に水上交通による活動が存在したことが窺われる。

　船着場と解する際の指標として提起した事項のうち⑪に示したものについては、最重要とすべき指標として掲げたい。これまでに検出された船着場遺構の事例のうち、典型的な船着場遺構のそれと評しうるものは、後述する中保B遺跡の船着場遺構SZ01（高岡市教委2002）や、梅原安丸V遺跡における中世のそれを挙げうるであろう（久々1997他）。しかし、検出された遺構を船着場

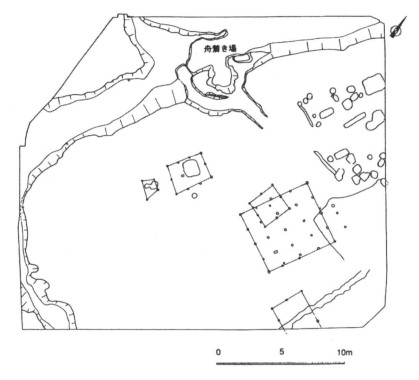

図6　梅原安丸Ⅴ遺跡全景（福光町教委1997を加工）

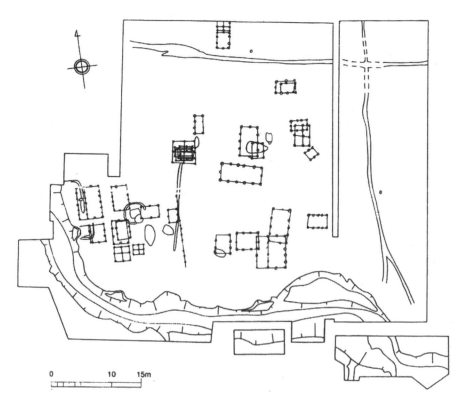

図7　上荒屋遺跡の船着場遺構と周辺遺構（金沢市埋文センター1998を加工）

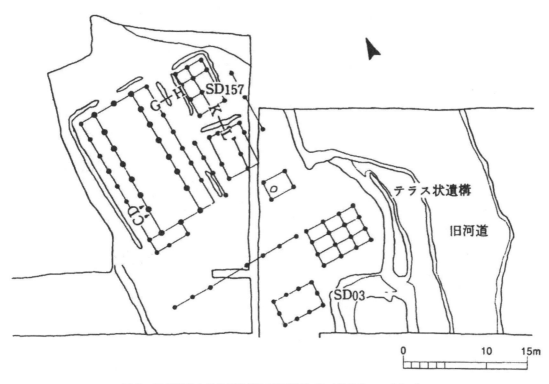

図 8　門新遺跡の船着場遺構と周辺遺構（和島村教委 1995 を加工）

と判断する際には、これらのようにその周辺に活動拠点となる事務棟や倉庫をはじめ、舟杭や道路遺構、その他文字史料などといったものが複合的に検出されることが望ましい。

　なお、石川県金沢市・金石本町遺跡においても、「津」墨書土器とともに、川底よりも一段高くつくられた平坦面や杭列などを伴う河道が検出されている。同遺跡の報告（石川県埋セ 1997）では、これを船着場とする一案を考慮しながらも遂に慎重な姿勢を崩すことはなかったが、往時の水位や周辺の水利との照合をした結果次第では、この平坦面の周辺についても船着場であった可能性が高まるものと筆者は考える。

　全国的にも船着場遺構の類例は希少な現状にあり、前述だけでは船着場と判定する基準の全てを網羅していない可能性もあるが、その点については今後も検討を進めることにより補足や修正を加え、内容を更新していくこととしたい。また、検出された船着場遺構が前述に掲げた全ての項目を備えていれば良いが、各地の事例をみても判るように、今後においても前述した全ての項目を満たす検出例は少ないと思われるため、現実的にはこのうちの幾つかの項目を満たすことで船着場遺構としての蓋然性が高まっていくものと考える次第である。

関連施設への検討から

　船着場に船が往来する以上、そこには船の修理や保管などを行う施設も所在した可能性がある。その施設については前述の「船小屋」や「船屋」と呼ばれるものもこの機能を包括する。

　船着場遺構を伴う遺跡を発掘調査するにあたっては、こうした構造物の存在する可能性についても注意をはらう必要があると思われる。ただし、このような施設のうち、とくに船の収蔵を可

能とするものについては、その用途に応じて梁行は広めの1間を呈する可能性が高いと思われる。また、中保B遺跡をはじめとする複数の遺跡においては、船着場遺構や水路の周辺に用途不明の小型の構造物が伴う例がみられるが、こうしたものについても、上記のような用途をもつ可能性をひとまず検討する価値があるかと思われる。

さらに、船着場に接する水路の幅についても、当該地に展開された水上交通の実態を復元する資料になると思われる。たとえば中保B遺跡の調査区の東西から検出された2基の船着場遺構とそれに接する水路とを対比するならば、調査区東側では水路の幅が比較的広いことから相応の船が来航することまでは可能であったと思われるが、西側の水路については、幅が5m程度の地点があるうえに鋭角的な屈曲も存在することから、この部分の航行は小型船に限定されるものと思われる。

ただし、中保B遺跡の水路における東西の相違については、それぞれが接する水路の幅にとどまらず、船着場と関連する構造物の性格を示すものと思われる。すなわち、東側の船着場(SZ02)については、整然と建ち並ぶ倉庫群と関連し、物資の輸送や収納という活動と直結していたことが明白である。これに対し、西側の船着場遺構(SZ01)では、連絡路を介して官衙的な建物群へと通じているほか、遺構断面も遠浅の海岸のように緩く傾斜する形状を呈し、且つ「しがらみ」をもって足場を固めた乗降場までもが設置されているなど、このような施設面での充実からは、人的な交通にも使用された可能性があると思われる。

また、当該遺跡における水上交通の内容は、同地に所在する倉庫の形態にも反映される可能性があると思われる。倉庫については、高床構造を呈して不動倉などに使用されたと考えられているもののほかに、調庸物や穎稲を収蔵したとされる側柱構造の「屋」と呼ばれるものとがある。

前者については、律令制下において正税を収蔵する郡衙正倉などに採用されたものとされ、下総国相馬郡の正倉院に比定される千葉県我孫子市・日秀西遺跡などが代表的事例として掲げられている(山中1994他)。この場合は税収機構のうえでは物流の終着点に該当する可能性がある。一方、側柱構造の倉庫ばかりで構成される中保B遺跡の事例では、前述のように調庸物や穎稲などを一時的に収蔵した可能性をもつことから、当該遺跡は物流機構のうえでは中継点として機能した可能性が浮上する。その場合は更なる転送先が存在したことや、そこへ到達するまでの交通路がひらけていたことを示すものと思われる。

結　語

歴史をひもとくすべての学的分野は、先人の残した史・資料を考察し、逆算的に過去の歴史を再編するものと言える。したがって、船着場の存在を見落とすということは、その背後にある水上交通やこれにより展開された当該地の歴史的様相を見落とすことに繋がる。

水上交通から派生しうる研究課題は多岐に及ぶであろう。また、本来的な考古学的考察にのぞむのであれば、船着場遺構における型式論的考察を展開すべきところであったが、とり急ぎ、水上交通への研究の必要性とその導入にかかる方法論を提唱した次第である。

(注1) 石川県津幡町・加茂遺跡の詳細については、石川県埋蔵文化財センターの三浦純夫氏より詳細をご教示いただいた。
(注2) 兵庫県神戸市・兵庫津遺跡については、同教育委員会の橋詰清孝氏より詳細をご教示いただいた。
(注3) 石川県かほく市・中沼コノダン遺跡からも、古代及び中世の船着場遺構が検出されているとの情報を調査担当者の折戸靖幸氏からご教示いただいている。

引用・主要参考文献

安楽　勉　「倭人伝の道 対馬・壱支国の港と道」『考古学ジャーナル』434号　1998
石川県埋蔵文化財センター　『金石本町遺跡』1997
石川県埋蔵文化財センター　『戸水C遺跡・戸水C古墳群（9次・10次）遺跡』2000
伊藤隆三　「古代北陸道の調査　―富山県小矢部市桜町遺跡産田地区―」古代交通研究会『古代交通研究』第4号　八木書店　1995
大庭康時　「古代日本海域の港と交流 九州　―鴻臚館と古代の港湾―」『平成16年度環日本海交流史集会 古代日本海域の港と交流 発表要旨・資料集』石川県埋蔵文化財センター　2005
岡山県教育委員会　『下庄遺跡・上東遺跡』2001
小矢部市教育委員会　『平成4年度小矢部市埋蔵文化財発掘調査概報』1993
小矢部市教育委員会　「桜町遺跡（産田地区）」『平成5年度小矢部市埋蔵文化財発掘調査概報』1994
柿田祐司　「石川県津幡町加茂遺跡について　―道路遺構を中心に―」富山市教育委員会編『フォーラム 奈良時代の富山を探る』フォーラム全3回の記録　2004
金坂清則　「北陸道　―その計画性および水運との結びつき―」木下良編『古代を考える 古代道路』吉川弘文館　1996
金沢市埋蔵文化財センター　『上荒屋遺跡Ⅲ』1998
木下　良　「越中における北陸道」富山県教育委員会編『富山県歴史の道調査報告書　―北陸街道―』1980
木下良編　『古代を考える 古代道路』吉川弘文館　1996
木本秀樹　「『越中国官倉納穀交替記』をめぐる二、三の問題」『日本海地域史研究』第5輯　1987（『越中古代社会の研究』高志書院　2002所収）
久々忠義　「中世の船着場 福光町梅原安丸Ⅴ遺跡」『埋文とやま』57号　1997
国史大系編纂会　『国史大系交替式・弘仁式・延喜式』吉川弘文館　1965
小林高範　「富山市水橋荒町・辻ケ堂遺跡について」富山市教育委員会編『フォーラム奈良時代の富山を探る』フォーラム全3回の記録　2004
島根県教育委員会　『原の前遺跡』1995
増補史料大成刊行会編　『増補史料大成　第35巻　勘仲記2』1965
高岡市教育委員会　「麻生谷新生園遺跡　村田地区」『市内遺跡調査概報』Ⅷ　1998
高岡市教育委員会　『中保B遺跡調査報告』2002
舘野和己　『日本古代の交通と社会』塙書房　1998
舘野和己　「北陸道の駅路と交通」『フォーラム奈良時代の富山を探る』フォーラム全3回の記録　2004
田名網宏　『古代の交通』吉川弘文館　1969
富山県文化振興財団埋蔵文化財調査事務所　『とやま発掘だより　―平成22年度発掘調査速報―』2011
中村太一　『日本古代国家と計画道路』吉川弘文館　1996
新潟県教育委員会　『一般国道7号中条黒川バイパス関係発掘調査報告書 蔵ノ坪遺跡』2002
西井龍儀　「御亭角遺跡出土の瓦について　―御亭角廃寺を中心に―」『富山県小杉町・大門町小杉流通団地内遺跡群第5次緊急発掘調査概報』富山県教育委員会　1983
根津明義　「古代越中国・中保B遺跡における船着場遺構と内陸の水上交通」古代交通研究会『古代交通研究』第8号　八木書店　1998
根津明義　「中保B遺跡」『木簡研究』21　1999

根津明義　「(富山)県西部地域における古代交通研究」『大境』20・21合併号　2000
根津明義　「越中国」古代交通研究会編『日本古代道路事典』八木書店　2004
根津明義　「内陸の水上交通にかかる考古学的一視点　―主に船着場遺構への認識をめぐって―」『平成16年度環日本海交流史集会古代日本海域の港と交流 発表要旨・資料集』石川県埋蔵文化財センター　2005
福光町教育委員会　『梅原安丸遺跡群』Ⅲ　1997
防府市教育委員会　『周防の国府跡1970〜80年代の発掘調査成果から』1990
松枝正根　『古代日本の軍事航海史 上巻』1993
松田直則　「四万十川流域の中世河津」『中世都市研究3　津・泊・宿』新人物往来社　1996
山口辰一　「麻生谷新生園遺跡」久々忠義編「富山県道路遺構集成」『大境』20・21合併号　1996
山中敏史　『古代地方官衙遺跡の研究』塙書房　1994
和島村教育委員会　『門新遺跡』1995
和田龍介　「金沢市畝田ナベタ遺跡、畝田・寺中遺跡他」『平成13年度発掘速報会資料 よみがえる石川の遺跡』2002

第2章　古代越中における河川交通と歴史環境
— 在地系官衙的施設の出現とその歴史的背景 —

はじめに

　律令制下における地方行政は、国司と郡司を中心に税収・戸籍・計帳など多方面において統制や執行がされた。税収においては「国－郡－郷－戸」という機構の整備がすすめられたが、近年、税収機構上の施設と解されながらも上記諸施設に該当させがたい要素をもつことから、暫定的に「出先機関」や「別院」などと仮定する遺跡の調査事例が散見されている。

　今回とりあげる越中国西部地域にも、上記のように評された中保B遺跡などが所在する（高岡市教委2002他）。本章では、これらをもとに税収行為などの地域的様相を分析するとともに、こうした施設の存在事由や律令制の変容過程などを模索することとしたい。

1　越中国北西部における在地系の官衙的施設

中保B遺跡の概要

　標記の遺跡は、網目状の水利と広大な平野のひろがる地域にあり、海岸線から直線距離で12km以上内陸の「佐野台地」に立地する。既往の調査により、周辺では縄文後期から近現代までの様相の所在が確認されており、概して在地的な基盤が形成されていたものと考えられる。また、遺跡の東方では自然河川の祖父川が所在するが、この川は数km北上した地点で小矢部川と合流したのち、越中国府等が比定されている高岡市伏木で日本海に到達する。

　中保B遺跡においては、総数50棟以上の掘立柱建物群をはじめ、船着場遺構や倉庫群などの遺構群が形成されているが、これらは立地や消長関係により幾つかに分類が可能である。

　まず、出土遺物のうえでは7世紀後半代に一時的に存続した歴史的様相のほか、8世紀中頃から11世紀前葉まで長期継続するそれに2大別される。ただし、後者については9世紀中頃を境に性質のうえで明確に細分が可能である。一方の遺構配置という点では、建物を基軸に調査区の北側と東側に分類することができるが（以下、「北側建物群」「東側建物群」）、後述のように、両建物群は上記の存続年代に即して活動が行われていたと考えられる[注1]。

　以下では、当該遺跡の推移について年代順に述べていくこととする。まず、7世紀後半代の様相については、現状では遺物のみが明確に検出されているが、これに伴う遺構群としては、東側建物群に所在する3間4面の建物をはじめとする一群が消去法的に候補に浮上するものと考えたい。建物群の構成や近畿系の暗文土器が複数出土していることなどから、豪族の居宅などが一案に浮上するかと思われる。ただし、遺物群の年代幅や建物の切り合い関係を勘案するならば、その存続は7世紀第3四半期を大きく超えるものではなく、あくまでも一時的に当該地に形成されたものと考えられる。

　上述の様相が廃棄されてから数十年の時を隔てた8世紀中頃に、中保B遺跡は再び歴史的様相が展開されていく。調査区の北側と東側にそれぞれ建物群が同時期に造営されていくが、前者においては小規模の掘立柱建物が数棟造営された程度とみられるものの、東側建物群では整然と建

146 第Ⅲ編 古代越中の交通と社会

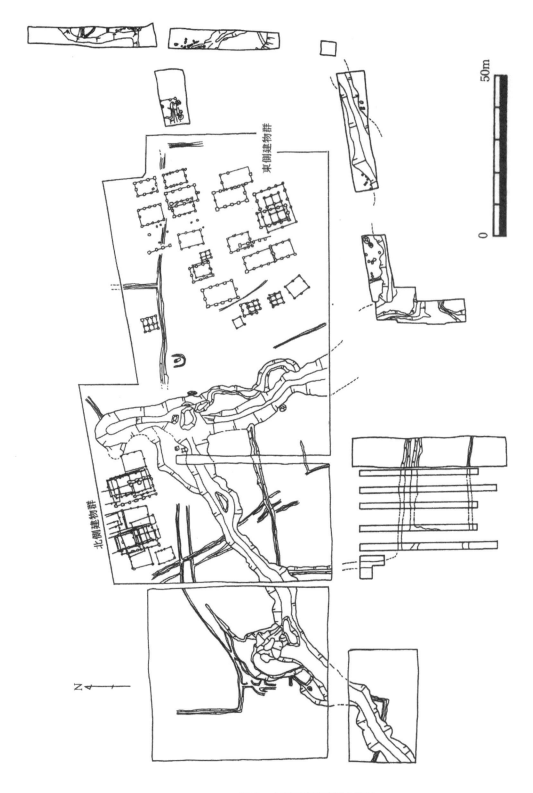

図1 中保B遺跡遺構全体図

ち並ぶ倉庫群(屋)をはじめ、船着場や水路なども整備されていくなど、概して官衙的な様相を呈しており、北側建物群とは相違する。

　この二極化の傾向は、遺物の出土地点という視点とも符合するが、東側建物群の周辺では全面的に遺物が出土する傾向にはないうえに井戸の検出もないなど、これらのことからは、東側建物群が収蔵施設として機能し、一般的な日常生活の場ではなかったことを裏付けるものと思われる。

　こうしたことは出土遺物の質的な面でも符合する。様相の開始当初における北側建物群の周辺では帯金具などを例外としながらもあまり特記するものがないのに対し、東側では暗文土器・墨書土器・木簡・転用硯・祭祀具などといった官衙的なものが出土している。ちなみに、墨書については「案調」「案鳥」「津三」「大家」「林家」「罡家」などが検出されており、最多数にのぼる「案調」や「案鳥」をめぐっては、文書管理職にあたる案主と人名(調氏)の複合と考えたい。

　なお、詳細は後述するが、中保B遺跡においては収蔵施設と水上交通施設を擁して、律令期における物資の輸送に関与していたと思われる。しかしながら、8世紀中頃に造営されたこの様相も概ね9世紀中頃を境に様相が一変する。まず、東側建物群とその関連施設である船着場が活動を停止し、物資の輸送機能が放棄されたものとみられる。そして、これと交互して北側建物群が官衙化を呈し大型化していくほか、方位も規則性がみられるようになり、また船着場遺構SZ01なども造営される。この傾向は出土遺物においても顕著であり、北側建物群の近隣に遺物が集中するよう変化するほか、このなかには緑釉陶器や灰釉陶器などといった当該期における官衙色を帯びたものが含まれるようになる。

　ちなみに、上記した北側建物群に付随する船着場遺構SZ01については、全体的に傾斜がゆるく造られているほか、官衙的な建物群へとつづく道路や乗降場まで整備されるなど、概して人的な使用を意識した構造を呈している。また、北側建物群にあって特筆に値するSB01については6間×2間の身舎に西面庇をもつ。これは8世紀中頃以降にはじまる様相のなかでも最大規模を呈するほか、周辺の官衙的な遺跡と比しても現状では有数の規模を呈する。

　建物の切り合い関係という点でも東側建物群とは明確に相違し、北側建物群では恒常的に建て替えが行われていることから、中保B遺跡における中核はやはり北側建物群にあり、東側のそれはむしろ客体的且つ一時的な存在であったと考える次第である。

　なお、北側建物群は最大で11世紀前葉くらいまで存続した可能性がある。その後において同地で活動の再開が明確に確認されるのは12世紀後半代まで待たねばならないが、調査区からは単発ながら双方の中間期にあたる遺物も散見されており、調査区外にまで視野をひろげるならば、中保B遺跡については8世紀中頃から近現代にいたるまで歴史的様相が存続した可能性も残される(高岡市教委2002)。

2　中保B遺跡の機能とその歴史的背景

中保B遺跡の機能

　上述のような推移を遂げ、且つ多様な検出物をもつ中保B遺跡であるが、8世紀中頃から9世紀前半代までの物流に関与した時期においては、具体的にどのようなかたちで律令期の地域社会に寄与したのであろうか。

　中保B遺跡における上記の様相は、8世紀中頃という律令期の最中に造営をされたものである。その存続期間や各官衙への研究を参照するに、この遺跡を郡衙や駅家などに比定することは現状

において困難とみられる。また、最も顕著に出土した墨書土器「案調」「案鳥」も、下級役人の案主をさすと考えられることから、当該地における郡司クラスの直接的介在を見込むことも困難であろう。

　さらに、北側建物群の周辺から出土した帯金具についても、縦24㎜という規格にとどまることからは上記の「案調」墨書と同様に下級役人の介在を窺わせるうえに、表金具と裏金具が結合したままであったことからは譲渡物としてこの遺跡にもちこまれた可能性を考えるべきである。

　あるいは、東側建物群についても、物資の輸送や収蔵に関与するなど概して官衙的な活動が行われていたものと考えられるが、前述した遺構群の推移をふまえるならばむしろ客体的な存在であったことが窺われるなど、これらのことを総括するならば、中保B遺跡は在地的な様相を基盤とするものであったと考えるべきであろう。

　ちなみに、既往において筆者は、周辺の地理的状況や『越中国宮倉納穀交替記』(以下『交替記』)を勘案し、礪波郡衙ないし礪波地方の北東部を対象とする出先機関として一時的に機能したとする趣旨の推定をしたことがある(根津2005a他)。この前段とした周辺地理にかかる考察としては、同遺跡が射水郡と礪波郡の郡境付近に位置することから、礪波郡の所属であった場合は郡内で最も国府(推定地)に近い位置に造営されたことになるため、税物を輸送する際には中継施設としての機能を果たしやすいと考えた。一方の『交替記』にかかる考察については、同記載の「川上村」ら3村に「正倉」をあらわす記述があることから、この時期には在地的な出自をもつとみられる「村」においても郡衙の機能を一部代行する事例がありえたとする提起(木本1987、山中1994他)を援用した次第である。

　なお、豪族層の私的収蔵施設をもって公的なそれに代用したとする可能性が既に諸先学より提起されているが、8世紀後半期以降は行政的介入をはたした階層が拡大したことにより、在地豪族層もこれに参画する機会が増加した可能性も併せて指摘されている(山口2004他)。中保B遺跡については郡司クラスによる直接的な介在を首肯することは困難であるが、上記を鑑みるならば、それより下位の者が下請業務的なかたちにより間接的にそうした事業に携わった可能性が考えられるかと思われる。

　総じて、中保B遺跡における8世紀中頃から9世紀前半代までの物流に携わった様相については、今の段階では既往の提起と同様の結論をいだくとともに、税収ルートの一環と考える次第である。また、これに伴う水上輸送にかかるルートとしては、「中保B遺跡→祖父川→小矢部川→伏木(国府推定地)」という経路を想定したい(注2)。

　上記は若干の想定も含まれており今後も検討を要する。しかしながら、郡内の北東地域から国府まではさほど遠距離ではなく、また、水運を利するならば輸送にかかる労力も軽減されることから、その道程の中間地に「出先機関」や「別院」をおくのならばもう少し具体的な必要性が問われるように思われる。

　律令制下において調は、都が各国に物品を規定し、地方はこれを都へと輸送した。しかし、その物品は当該地の産業に符合するとは限らず、地方ではこれに即するための帳尻合わせの存在した可能性が推定されており、市などの交易施設がこの役割を担っていたと解される(栄原1987他)。

　現状において中保B遺跡にそのような機能が備わっていたという物証はない。しかし、陸路に比して水上交通は在地的・既存的な要素が含まれ、且つ自らの領地にそうした施設を誘致・造営するにつけては何らかの利点が発生する可能性があり、さらに、物資の移動経路の中間地点に中保B遺跡を造営したことなどを検討するならば、筆者は同遺跡にも「市」的な機能や活動が存

在した可能性があるものと考えたい。

3　当該期における律令制の変容

周辺に所在する他の在地系の官衙的な遺跡 —東木津遺跡—

　前節では中保B遺跡の概要と同地で展開した物資輸送について述べた。以下ではその様相をひろい視野から考察するため、周辺に所在する他の在地系の官衙的な施設や、当該期周辺の歴史的動向などを検討することとしたい。

　中保B遺跡から東方へ数kmの地点には、東木津遺跡という官衙的な遺跡と、その周辺をとりまく石塚遺跡群が所在する。律令制の変容を窺うにあたり、一考に値すると思われるため概要を述べておきたい。

　石塚遺跡群については、弥生中期から近現代までの長期の継続期間を有する。古墳時代においても小規模ながら古墳群が形成され、古代においては官衙的施設も造営されていくことから、概して一定の独自性をもつ在地的基盤が形成されていた可能性がある。また、この一角を構成する東木津遺跡からは「布忍(師)郷」という焼成前刻書を有する横瓶も出土しており、周辺を同郷に比定する案も提起されている(堀沢2001、根津2006他)。

　東木津遺跡からは計画的配置を呈した官衙的建物群が検出されており、この中には庇をもつ建物も含まれる。また、幾何学的文様等を有する数個体の円面硯のほか、種子札や「□二月六日便(裏面に「郡」に類似した墨痕あり)」という釈文を有するものを含む10数点の木簡も検出されており、これらに即する活動の所在したことが窺われる。さらに「宅」「明家」「川相」「悔過」「大」「庄」「助郡」などの墨書土器の出土からは、中心施設とおぼしき構造物の存在のほか、荘園や仏教、あるいは郡との関連も検討する必要がある(高岡市教委2001他)。

　上記を鑑みるに、東木津遺跡においては、在地的な様相を基盤としながらも官衙的な施設として機能したものと考えられる。しかし、一定有力者層の活動拠点となる郡衙や荘園の関連遺跡から多く出土する傾向にある種子札をはじめ(平川2001他)、上記の多種多様な検出物、さらには官衙的な様相の存続期間が8世紀中頃から9世紀前半代までに限定されるなど、従来考えられてきた「郷」とは相違する部分もある。

　ちなみに、東木津遺跡からは後述の釈文を有する木簡も出土している[注3]。その大局としては、布師姓の人物が涅槃浄土への往生を祈願すべく、気熒神宮寺あて奉納物を納めたものと解せるであろう。したがって、東木津遺跡には遠方への輸送物を届けるべく納付を受付ける機能がそなわっていたものと考えられる(高岡市教委2003c他)。また、前記した『交替記』への考察(木本1987、山中1994)を重ね合わせることが可能であるならば、この遺跡についても、在地的な様相を基盤としながらも郡衙の出先機関のような機能を有していた可能性があるものと提起したい。

　なお、東木津遺跡の付近には東大寺領樊田荘が所在した可能性が高い(木倉1936他、和田1959、藤井1997、金田1998、根津2004b他)。同荘の開田図をひもとくに、「買」の文字が荘域の北側を中心に散見され、在地との間に田畑の売買が存在した可能性が考えられる(藤井1997他)。また、荘所の記載がないことから周辺に所在する官衙がこの機能を代行した可能性もあるかと思われるが、その候補として東木津遺跡も視野にいれたいと筆者は考える。

表面　「氣笶神宮寺涅槃浄土幣米入使」

裏面　「□暦二年九月五日廿三枚入布師三□□」　　（154）×（21）×5　　（011）
　　　〔延ヵ〕　　　　　　　　　　　　　　　〔聞又は闇ヵ〕

8世紀代以降の歴史的背景

　当該期における越中国は、政治及び税収機構の整備をはじめ、国府・国分寺・郡衙などといった官衙施設、さらには官道や東大寺領荘園の造営など、多方面にわたり律令制の波が打ち寄せてきた時期といえる。国内の各地域を政治的におさめる基本的な単位は郡衙及び郡司であり、上記した諸施設の造営なども在地豪族層の貢献が不可欠であったことはすでに諸先学が指摘している。そしてそれは国造当時からの支配力を律令制のもと組織内にとりいれた姿であるとの一連の考察は、既に研究史上にも定着をみているところである。

　しかしながら、当該期においては在地豪族層についても変化をきたした時期とされる。概して郡司については終身職との印象があるが、実際には数年おきに交替がなされていたことが判明している。また、擬任郡司や副擬任郡司といった臨時・暫定的職種の発生、あるいは文献史上に記載のないさらに下位の在地豪族層による協力体制など、豪族層における政治や行政面への介入は、8世紀後半期以降から徐々に拡大傾向にあったことが指摘されている（山口2004他）。

　無論、これに伴う豪族間の競争も生じたであろうが、同時に、在地豪族層にまでそうした活動が行われるようになる下地が出来つつあったということができるであろう。また、前記した『交替記』への理解（木本1987、山中1994）についても、そうした状況下における一つの動態と受けとることも可能と思われるほか、中保B遺跡についても、そうした歴史的背景のなかで前記のような機能を有していたものと考えたい。

在地系官衙的施設の消長とその要因

　中保B遺跡や東木津遺跡が前記のような機能を有し、且つ律令制が不動のものであったならば、本来的に双方はより長期の存続を呈しているべきであろう。ところが、この基盤となった様相がなおも近隣で存続する傍らで、両遺跡はともに9世紀中頃を境に忽然と活動を停止してしまうのである。

　その傾向は、律令制を象徴する諸施設についても見受けられ、概ね9世紀後半期から10世紀前葉までの間に徐々に後退の道をすすむことになる。たとえば8世紀中頃以降に築造が始まったと考えられる越中国分寺についても、比定地周辺の発掘調査成果を鑑みるに10世紀前葉頃の出土遺物を最終とすることから（高岡市教委2003a）、これ以降は衰退をした可能性がある。

　また、越中国西部地域に顕著な東大寺領荘園についても、開田率の推移や荒廃田の有無などを鑑みるに必ずしも運営は順調といえず、長徳4年（998）の『東大寺諸荘文書并絵図等目録』においては「庄田悉荒廃」とあり、当該期には衰退の道を歩んだものと考えられている。ちなみに鳴戸荘にいたっては、天暦4年（950）の『東大寺封戸荘園并寺用帳』を最後に東大寺側の文献から記載がなくなることから、この間に他者へと移管された可能性さえ指摘されている（角川書店1979）。

　このように、全国を統制した律令制は9世紀後半期には陰りがみえはじめていたと考えられるが、その一方で中保B遺跡の北側建物群をはじめ、富山市任海宮田遺跡（富文振2008他）・射水市赤田Ⅰ遺跡（小杉町教委2003他）など、9世紀後半代以降に官衙的様相を呈するものもある。

　この変容をめぐっては、史・資料に限りのあることから今後の課題とすべき部分があるものの、

本章では一つの問題提起として仮説をたてておくこととしたい。結論からいえば、10世紀前葉に律令制が瓦解する前段としては、在地豪族層による開発領主化と、これに伴う国家的なものへの後方支援を放棄したことによるものと推定したい。その動態を経過した具体例としては、冒頭でとりあげた中保B遺跡を提示したいが、その消長関係などを概観するならば、次のような変容過程を想定しておきたい。

すなわち、同遺跡では複数の役割をもつ傍ら「市」的な機能も有し、国家により指定された税物をとり揃える場であった可能性がありうる。そしてその業務を遂行するにあたり何等かの利潤も発生したのではないか。ただし、8世紀後半代以降ではより効率的に利潤を追求できる荘園に魅力を感じ、自らも開発領主となって経済力を拡大していく基礎を構築した結果、遂には物資の中継施設の経営という非効率的な事業から撤退していく方向へと移行したのではないか。

上記はあくまでも想定の域を出ない。また、律令制の崩壊を説くにあたり荘園制の導入が契機となったとする従来までの意見にも賛同する。しかし、それを助長する要因も各地域社会において内在し、たとえば「律令制への参画による財源の取得→荘園制の導入に伴う開発領主化→中世的支配」といった段階的推移があった可能性もあるのではないかと思量する次第である。

結　語

本章では、越中国北西部に所在する中保B遺跡を中心に、在地豪族層及び在地系の官衙的な遺跡の律令制への介入について述べてきた。また、同遺跡をはじめとするこれらが9世紀中頃を境に変容していくことに着目し、当該期における社会的な変容過程を模索することとした。

中保B遺跡の歴史的性格については、在地的勢力のもと、既存の水上交通機構を基盤に計画的に造営され、砺波郡衙または砺波地方の一地域を対象とする出先機関として一時的に機能したものと考えたい。そして、おそらくは調庸物を対象とする物流の中継施設であったと考えたいが、そこには国家により規定された税物を規定の数だけとり揃えるための交易の場、すなわち「市」のような機能を併せもっていた可能性があるものと考える次第である。

ただし、中保B遺跡は人的に造営された物流にかかる官衙的な施設であり、その活動は水上交通に多くを依存していたと思われる。もちろん、駅路などとは違い、内陸の水上交通路は自然河川を利用するなど、そもそも在地的・既存的なものであることから、在地豪族自らの勢力圏において計画的に造営をおしすすめ、あるいは誘致した可能性についても提起したい。

なお、近年発掘調査された官衙的な遺跡をさして、所謂「出先機関」などという語を暫定的につかい、その後の動向を窺うことで上記の適否を見守るうごきもみられる。しかし、本章にかかる検討をふまえるならば、当該地域をおさめる郡司の影響力のもと、下位に位置する在地豪族層による協力体制を総括する一つの姿として、ときに在地施設を転用して出先機関的な機能や要素を呈し、在地をおさめる施設と化したのではないかと提起しておきたい。

いずれにせよ在地勢力を大なり小なりとり込んだ律令制下における政治的機構も、10世紀代には瓦解していくものと考えられているが、その点については、在地豪族層がより利潤を得るに効率的な荘園制に乗じて開発領主化を果たした結果、従前の律令制にともなう非効率的な利潤を放棄したとする一案を提起したい。

荘園制の導入が律令制の崩壊をまねく契機となったとする意見について大局的には賛同する。しかし、各地域社会においてはそれを助長する要因がかねてから内在し、しかもそれは8世紀代

というきわめて早い時期から形成されていたものと考える次第である。

（注1） 中保B遺跡における建物群の存続年代をめぐっては、調査報告書中においては切り合い関係のほか、方位・柱間の測定値・柱筋などを検討し提起した一案であり（高岡市教委2002）、執筆を担当した筆者も随所でその案を活用しているが、あくまでも想定が含まれていることを明記しておく。
（注2） 砺波郡衙の現地比定は確定していないが、さまざまな調査成果や「郡」墨書土器の出土などから小矢部川上流付近の小矢部市埴生南・道林寺遺跡に比定する一案が提起されている（小矢部市教委1987他）。この比定案が正しければ、砺波郡の北東地域は「郷→郡→国府」という輸送ルートをとる場合は地理的に非効率と思われる。
（注3） この釈文をめぐっては、他に「気多大神宮寺」とよむ案も提起されているが（川﨑2002他）、赤外線写真による分析の結果、筆者は「気笑神宮寺」とよむべきと考えた。なお、釈文については第Ⅰ編第3章注2に詳細を述べている。
（注4） 本文でも述べたように、所謂「出先機関」という暫定的提起をめぐっては、今後も検討をかさね考えを更新していくこととしたい。

引用・主要参考文献

伊藤隆三 「古代北陸道の調査 ―富山県小矢部市桜町遺跡産田地区―」『古代交通研究』第4号 1995
小矢部市教育委員会 『道林寺遺跡』1987
小矢部市教育委員会 『平成4年度小矢部市埋蔵文化財発掘調査概報』1993
小矢部市教育委員会 「桜町遺跡（産田地区）」『平成5年度小矢部市埋蔵文化財発掘調査概報』1994
角川書店 『角川日本地名大辞典16 富山』1979
金坂清則 「北陸道 ―その計画性および水運との結びつき―」木下良編『古代を考える 古代道路』吉川弘文館 1996
川﨑 晃 「氣多大神宮寺木簡と難波津木簡について ―高岡市東木津遺跡出土木簡補稿―」『高岡市万葉歴史館紀要』12 2002
木倉豊信 「東大寺墾田地を主としたる呉西地区の古代地理（上）」『富山教育』280 1936
木倉豊信 「東大寺墾田地を主としたる呉西地区の古代地理（中）」『富山教育』287 1937
木下 良 「越中における北陸道」富山県教育委員会編『富山県歴史の道調査報告書 ―北陸街道―』1980
木本秀樹 「『越中国官倉納穀交替記』をめぐる二、三の問題」『日本海地域史研究』第5輯 1987（『越中古代社会の研究』高志書院 2002所収）
金田章裕 『古代荘園図と景観』東京大学出版会 1998
久々忠義 「中世の船着場 福光町梅原安丸V遺跡」『埋文とやま』57号 1997
国史大系編纂会 『国史大系 交替式・弘仁式・延喜式』吉川弘文館 1965
小杉町教育委員会 『赤田Ⅰ遺跡発掘調査報告』2003
財団法人富山県文化振興財団埋蔵文化財調査事務所 『任海宮田遺跡発掘調査報告Ⅲ』2008
財団法人富山県文化振興財団埋蔵文化財調査事務所 『とやま発掘だより ―平成22年度発掘調査速報―』2011
栄原永遠男 「都城の経済機構」岸俊男編『日本の古代9 都城の生態』中央公論社 1987
高岡市 『高岡市制100年記念誌 たかおか ―歴史との出会い―』1991
高岡市教育委員会 「東木津遺跡 堀井地区、セーブオン地区、チックタック地区」『市内遺跡調査概報』X 2000
高岡市教育委員会 『石塚遺跡・東木津遺跡調査報告』2001

高岡市教育委員会　『中保 B 遺跡調査報告』2002
高岡市教育委員会　「越中国府関連遺跡　奥村地区」『市内遺跡調査概報』XⅢ 2003a
高岡市教育委員会　『下佐野遺跡試掘調査概報』2003b
高岡市教育委員会　「東木津遺跡　島宇地区」『市内遺跡調査概報』XⅢ　2003c
舘野和己　『日本古代の交通と社会』塙書房　1998
舘野和己　「北陸道の駅路と交通」『フォーラム奈良時代の富山を探る』フォーラム全3回の記録　2004
西井龍儀・小林高範　「呉羽山古道の調査」『大境』25 号 湊晨先生追悼号　2005
根津明義　「越中国」古代交通研究会編『日本古代道路事典』八木書店　2004a
根津明義　「越中国西部地域における東大寺領諸荘の所在について」『古代荘園絵図聚影』古代釈文編ワークショップ資料　2004b
根津明義　「古代における物資輸送の一形態　―主に内陸における船着場遺構への認識をめぐって―」藤井一二編『古代の地域社会と交流』岩田書院　2005a
根津明義　「内陸の水上交通にかかる考古学的一視点　―主に船着場遺構への認識をめぐって―」『平成16 年度環日本海交流史集会古代日本海域の港と交流 発表要旨・資料集』石川県埋蔵文化財センター　2005b
根津明義　「越中国射水郡における諸郷の所在について」『富山史壇』149 号 広瀬誠先生追悼号　2006
根津明義　「『氣矣神宮寺』雑考」『富山史壇』176 号　越中史壇会　2015
平川　南　「家持と日本海沿岸の文字世界」『家持の争点Ⅰ高岡市万葉歴史館叢書 13』2001
藤井一二　「楡田荘」平凡社編『日本歴史地名大系 16 巻 富山県の地名』1994
藤井一二　『東大寺開田図の研究』塙書房　1997
堀沢祐一　「越中国の律令祭祀と官衙遺跡」『フォーラム古代北陸の国と郡の成り立ち』第 2 回「奈良時代富山を掘る」フォーラム資料　2001
山口英男　「地域社会と国郡制」歴史学研究会・日本史研究会編『日本史講座 第 2 巻 律令国家の展開』東京大学出版会　2004
山中敏史　『古代地方官衙遺跡の研究』塙書房　1994
和田一郎　「越中の東大寺墾田」高岡市史編纂委員会編『高岡市史 上巻』1959

附論　下総国葛飾郡大嶋郷諸里の現地比定

はじめに

　古代の戸籍制度を今に伝える「養老五年下総国葛飾郡大嶋郷戸籍(以下「大嶋郷戸籍」又は「戸籍」)。これに記載の諸里、すなわち甲和・仲村・嶋俣の現地比定は、一定の研究段階に達したものの未だ確定に至っていない。しかし、考古学や文献史学といった個々の研究分野における独自の進展はもとより、その対比からは新たな論点や視角も生まれているものと思われる。
　本稿は以上を整理・検討し、また筆者の試論なども添えることにより、以後の研究の一助とするものである。

1　研究小史

　大嶋郷への現地比定は江戸末期に萌芽し(清宮1976)、近現代にはいり東京低地に研究の焦点が定まる。戦後には、中村進らにより上小岩遺跡が広く知られるところとなり(中村1961)、既に提起のあった吉田東伍による江戸川区小岩を甲和の転訛とする説(吉田1903)と融合した。その一方で、葛飾区柴又を嶋俣(里)の転訛とする案も提起され(江戸川区1955他)、これらは大嶋郷諸里における現地比定の指標となっていく。
　この前後にも和島誠一による比定案が提起されたほか(和島1960)、考古学的集落論と文献史学的村落研究との照合についての警鐘と試みが小林三郎によりなされる(小林1972)。
　情勢が大きく変動したのは、昭和50年代以降に継続的に実施されるようになった葛飾・江戸川両区の発掘調査の存在である。概して小規模な調査区に留まるものの、これらは考古学側の本格的な参入を示すとともに、史・資料の数的限定により研究が停滞する中、この解消を現実として期待できる機会を得たことを意味する。実際に、葛飾区側からは現地比定に有用な検出物が次々と掘り出され、そして谷口榮説へと結実する(図1)(注1)。
　その谷口説では、嶋俣里を葛飾区柴又に、甲和里については上小岩遺跡を含む江戸川区北小岩とその以南に比定している。これには既往説との意見の一致もみられるが、考古学的新知見をはじめ、古代交通や自然地理などの新たな視

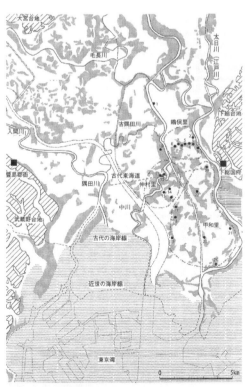

図1　谷口説による大嶋郷諸里の現地比定案
(谷口2012を一部加工)

角を追加するなど多角的な検討を試みた点で画期的といえよう。また、それまで確固たる比定案のなかった仲村里を葛飾区青戸から西新小岩にいたる地域(以下「葛飾中南部地域」)に比定した点も意義深い。

なお、仲村里の現地比定にあたっては、自身の比定地が甲和・嶋俣両比定地の中間地点に位置することを里名の由来と説くほか、南蔵院裏古墳群や熊野神社古墳群を含む所謂「立石古墳群」、そして官衙的資料の検出などを論拠とする。その点は、当該地域が「戸籍」前代に一定勢力を有したことを周知しながらも、長きにわたり現地比定の対象から外れてきたという研究史上の盲点をついた卓見である(谷口 2012 他)(注2)。

その後は、葛飾区郷土と天文の博物館主催のシンポジウム等により研鑽が試みられ(葛飾区郷天博 1994・2012 他)、墨田区域に所在した旧「中之郷」や葛飾区の旧「中原村」を仲村里の比定地候補とする提起がされるなどの進展がみられる(関 2012)。また現在の両国国技館の地点、すなわち墨田区 No.5 遺跡から古墳時代前半期の土師器がほぼ完形で出土し、周囲に該期の村落が存在したことが窺われた。

大嶋郷諸里への比定地研究は、上述のように近年になって分野を越えた総合的な研究体制が確立されている。しかし、方法論も研究対象も異なる以上は互いの融合など容易ではなく、各分野はまず独自の方法論を磨き検討を極めるのが本来である。

実際のところ、考古学でいう集落や遺跡群と税収機構たる郷や里は本来的に異質のものであり、或いは、「村」という単位の空間も文献史学では早くから検討がされ、その成果によれば郷はおろか郡さえ超える例があるとされるなど(弥永 1958)、「分野を越えた総合的な研究」はまだ途に着いたばかりかと思われ、前出の小林による警鐘は古くて新しく、尚も研究者諸氏が認識すべきものといえる。

また、発掘調査を基本とする考古学側は、その特性ゆえに有力説すら日々検証の対象となる。一例を挙げれば南関東地方の土師器の編年も改められ、これによれば甲和里の所管とされてきた上小岩遺跡の消長のほか、東京低地における古墳時代から古代にかけての集落論にも再検討をせまっているものと思われる。

2　大島郷の概要と現地比定条件

大嶋郷の概要

諸里を所管する大嶋郷について整理しておきたい。なお、諸国の郷を列挙する『和名類聚抄』によれば、下総国には「八嶋(郷)」の記載はあるものの、本稿で問題とする大嶋(郷)のそれはない。しかし、従来の説にしたがい筆者もこれを「大嶋(郷)」の誤記と考える立場をとり、以下に検討を進めることとしたい。

養老5年(721)に作成された「大嶋郷戸籍」は郷里制施行時のものであり、郷のもとには複数の里が組織された。すなわち甲和・仲村・嶋俣の3里がそれである。郷そのものは原則50郷戸をもって成立し、その郷戸もまた複数の房戸により構成されるが、「戸籍」には総数130の房戸に1191人が列記されている。またその内訳は、甲和里が44房戸454人、仲村里が44房戸367人、嶋俣里は42房戸370人である。

なお、単純計算では1房戸には平均約9.16人が所属したことになる。類例等を鑑みるに彼らは竪穴住居2棟前後に居住したものと思われるが、東京低地という地理的な点も考慮するならば

比較的広範囲に居住地が分散する可能性もありえ、今日周知の埋蔵文化財包蔵地を複数網羅する範囲に焦点をしぼるべきと思われる。ただし、「戸籍」の記述をめぐっては、実態と擬制をめぐり長く討議がされていることを述べておきたい。

　郷の所在を検討するべき空間についても検討しよう。鬼頭清明の研究を参照するならば、その対象は径4～6.5kmに及ぶという（鬼頭1989）(注3)。なお、この成果は越中国射水郡における諸郷の中心地等を検討した提起（根津2006）ともある程度一致する。一連の考察では富山県高岡市の石塚遺跡群を布師郷の所管とみており、またその一角をなす下佐野遺跡出土の木簡に記された「廣上」を現高岡・射水両市にまたがる広上の関連と解してもいるが（高岡市教委2012）、これらをもって同郷の空間を表すものと解するならば、それは鬼頭の意見と概ね一致する結果となる。

　これに対し、小林三郎は大嶋郷を「江戸川と荒川に挟まれた南北20kmの範囲内」とし、上記に比べ広範囲を提起しているが（小林1972）、これには居住域や生産域のみならず、東京低地の自然環境などを考慮したことが明らかである。また、これに応えるかのように谷口榮は当該地における旧地形の復元を試み諸里の所在を究めるべき範囲を提起している（谷口2012他）。

税収機構

　律令制を強固なものとする一環として、政府は霊亀元年(715)に「国－郡－郷－里」という税収機構を整備し現地と人々を支配した。しかし全国統治の実際、ことに地方のそれは在地有力者層による既存の支配体制を援用するところが大きかったとみられる（山中1994、山口2004、根津2009他）。もちろん、在地にはこれを支える集団的農耕経済を基盤とする村落が存在したとみられ、郷や里を構成する人々もまた一定の空間的な纏まりをもっていたであろう。

　これらのことから、律令制以前に成立した村落、言い換えれば東京低地の柴又地域や葛飾中南部地域といった村落は、古墳に葬られるような首長層を頂点とする集団が前代から成立していたが、律令期にこのヒエラルキーが援用され、郷や里という税収機構に編成された際にも両村落がその中心にすえられた可能性があろう。

　しかしながら、郷里はあくまで税収機構であり、直接的には人々がどの郷里に所属しどこへ納税するかを整備したに過ぎず、現代の地図上に識別されるような行政区域を示す保証はない。また、人々の居住地と「里域」も一致するとは限らず、さらに既存村落が50郷戸を超える場合、律令期にそれは2つの郷に分割・編成された可能性が浮かび上がる。

里の比定条件

　里を現地比定するための指標の一つは、まず該期において周辺を統括せしめた中心的勢力の把握が挙げられ、官衙的様相をもつ遺構や遺物の検出などが挙げられよう。

　具体例としては、所謂「コ字型」や「品字型」等整然とした配置を呈する建物群をはじめ、類例的に譲渡物が多数を占めるものの役人の介在を示す帯金具や石帯、或いは文書活動の存在を示す木簡のほか、硯や水滴といった文具、その他、牛馬による祭祀のほか、緑釉陶器や灰釉陶器といった施釉陶器の出土もこれにあたるであろう。

　また、庶民的な集落や村落の把握も有用である。この証明としては遺跡の全面的な発掘調査が究極であろうが、それが不可能であっても広範囲にそのひろがりを確認できれば有効な資料となりうる。上記が叶わず未調査地点が大多数であっても、たとえば遺跡の点在傾向が分布調査により把握できれば大いに参考となるほか、表面採集で得た資料はその遺跡の存続年代を窺え、とき

に官衙的様相の有無を窺う資料を得ることもできる。ただし、前代からのヒエラルキーや伝統的村落が律令期にいたり里編成時の基礎となったのならば、同地発展型のそれには権力の系譜を掌握できることが望ましい。具体的には古墳時代後期から終末期の古墳がこれにあたるであろう。

　文献史学的にも転訛を含む旧地名の残存が手掛かりとなる。大嶋郷諸里への現地比定において最も説得力を有するものとしては、「嶋俣(里)」の転訛とみてよい葛飾区柴又の地名が知られる。また「甲和」の転訛とする案のある江戸川区小岩や、仲村里への比定案のある墨田区の旧「中之郷」と葛飾区の旧「中原村」などが検討に値しよう。

　同様に木簡や墨書土器などの文字史料も現地比定に有用である。ただし、これらは人間の活動を通じて空間を移動するものであり注意を要するほか、墨書土器にいたっては如何ようにも解釈可能な事例が全国的にも大多数を占める。

　また、地理的な点においても、東京低地にあっては集落の形成に有用な微高地の把握という視角が現地比定の研究対象をしぼる意味で一定の効果があり、谷口榮により着手されている(谷口2012他)。ただし、後世の開発による地形の変化はもとより、地盤沈下の著しい東京低地にあってこの復元は困難を極める。

　総じて、里への現地比定には多角的な視点があると思われるが、大嶋郷諸里にかかるそれは断片的なものが多数を占める。よって、決定的な新資料の発掘を何より期待するはこびとなろうが、直接的な資料ではなくても多方面から有用なそれが提起されるようなことになれば、嶋俣里への比定案やその研究に示されるが如く、それは説得力のある蓋然性に昇華しうる。

嶋俣里への現地比定研究

　現状において大嶋郷3里のうちで現地比定が確定的なのは嶋俣里のみである。同里をめぐっては、応永5年(1398)の『葛西御厨田数注文』に「島俣」とあり、また永禄2年(1559)の『小田原衆所領役帳』でも「柴俣」とあるなど、時代を越えた地名の踏襲が窺えるとして、同里を葛飾

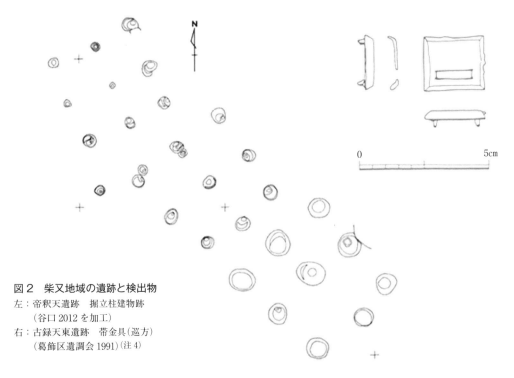

図2　柴又地域の遺跡と検出物
　左：帝釈天遺跡　掘立柱建物跡
　　　(谷口2012を加工)
　右：古録天東遺跡　帯金具(巡方)
　　　(葛飾区遺調会1991)(注4)

区柴又に比定する案は早くから説得力を有してきた。

　考古学的にも、柴又八幡神社古墳の存在から「戸籍」の前代において既に首長層を頂点とする経済基盤、そしてこれを支える村落の存在を背後に窺えよう。続く古代においても、古録天東遺跡からは帯金具の巡方が（葛飾区遺調会1991、図2）^(注4)、柴又帝釈天遺跡からは高床倉庫とみられる総柱の掘立柱建物跡のほか、施釉陶器などの官衙的な遺物が出土している（葛飾区遺調会1989・1996、図2）。

　したがって「戸籍」前後の時代に一定勢力が在地に長期存続したこと、さらにそれが官衙的な内容を有しているなど、総じて上記比定案は多方面にわたり肯定的な資料が抽出されているものと考えられよう。

　嶋俣里の現地比定について、次に追究すべきはその空間的な広がりと思われる。ただし、その南西の葛飾中南部地域は、後述のようにほぼ同時期の古墳群や古代の官衙的様相が並存することから対象外と考えるべきであろう。

3　葛飾中南部地域の再検討

古墳時代の土器編年と集落の推移

　葛飾中南部地域について検討するにあたり、その時間尺たる南関東地方の土師器の編年を確認しておきたい。従来的なそれは杉原荘介により設定され長くこの説が支持された（杉原・大塚1971他）。しかし、古墳時代前期で概ね4世紀代の土器型式と解されてきた五領式については、その後の研究により5世紀前半代まで存続することが判明し、また古墳時代後期で概ね6世紀代の土器型式と考えられてきた鬼高式についても、5世紀後半代まで遡ることが確かめられている（大塚1988他）。

　これにより、かつて「5世紀の土器」とされた和泉式の歴史的位置づけの再検討、及び実際に5世紀中頃に存続した土器型式の特定をめぐっては未だ不明瞭な部分が残るものの、五領・鬼高両型式により南関東地方の4世紀から6世紀の多くを概観でき、ついては、和泉式の検出が希薄な東京低地東・南部においても5世紀代の様相がある程度実在したものと理解したい。

　しかしながら、上記の編年観及びこれまでに述べた各地の歴史事象を概観するに、東京低地東・南部では少なくとも3つの画期のあったことが窺われよう。

　第1の画期は、東京低地東・南部に村落が形成される弥生時代末から古墳時代前半代である。現状では葛飾区御殿山遺跡と柴又河川敷遺跡、そして江戸川区上小岩遺跡が該期の遺跡として挙げられよう。ことに御殿山遺跡では竪穴住居のほか、畑跡や有力者層の存在を示唆する周溝墓も存在した。また上小岩遺跡でも一定規模の集落が形成されていた。

　次の画期は古墳時代の中頃である。上記の土器編年にしたがえば、東京低地東・南部では古墳時代前半期に盛行した集落は同後半期まで基本的に存続せず、以降のそれは別地において新規出現し以後も営まれる傾向にある。つまり、古墳時代の中頃には集落の移動が各地で発生したことが窺われるのである。

　そして第3の画期たる7世紀後半には古墳群の造営も終焉にはいり、有力地域ではそれ以降の時期に官衙的な様相を呈するようになる。代表的なものとしては帯金具や石帯などをそれぞれ出土した柴又地域と奥戸・東新小岩地域が挙げられよう。

　なお、この時期を境に生業にも変化が現れる。東京低地では集落の形成された弥生時代末よ

り農耕が経済の中心であったと思われるが、各遺跡の土錘の出土状況からは漁労の比重もある程度を占めていたことが窺われる。漁業の存在は古墳時代前半期から窺われるものの、集団的漁法の可能性を示唆する大型管状土錘が7世紀後半頃を境に姿を消していき、奈良時代には比較的小型の土錘が各遺跡から散見される傾向になるという（谷口2012他）。

概して大嶋郷諸里への現地比定は、こうした集落論の推移より検討することが必要と考える次第である。詳細は後述するが、古墳時代前半期の集落や同後半期の古墳群等、これら前代における勢力の存在は同地発展型の地域においては在地性の証左となり援用可能である。ただし、「戸籍」記載の諸里の現地比定を行うのであれば、あくまでも律令期における様相にまずは着目をするべきと考える。

葛飾中南部地域の概要

葛飾中南部地域をめぐっては、古墳時代後半期の「立石古墳群」が注目されよう。この存在からは「戸籍」前代における経済基盤の頂点に立つ者と、それを支えた村落が周辺に営まれていたことを示唆する。

続く律令期においては、石帯の鉈尾（葛飾区教委1991、図3）や転用硯（葛飾区郷天博1992、図4）を出土した鬼塚遺跡や、施釉陶器を比較的多く出土した正福寺遺跡（葛飾区遺調会2005他）などの存在から、奥戸・東新小岩地域において官衙的な様相が形成されたものとみられる。

上記古墳群より以前の様相については同地域内においては希薄であるが、やや広域に視野を広げるならば、弥生時代末から古墳時代前半期に盛行し、同後半期には村落が縮小していく上小岩遺跡や御殿山遺跡が存在し、これらがその候補になるかと思われる。

この解釈が正しければ、当該地域は時期ごとに盛行する地こそ変動をしていくものの、農耕による経済基盤の定着する弥生時代末から「戸籍」の時代まで、勢力的なものは同一地域内において連綿と受け継がれていると解せよう。またその内容を鑑みるに、この北東において同時共存する柴又地域と同じく在地的様相を呈するものと思われるが、前述のとおり柴又地域をめぐっては嶋俣里への比定案が確実視されるため、葛飾中南部地域における該期、とりわけ奥戸・東新小岩地域は消去法的にも甲和・仲村いずれかの里を比定できるであろう。

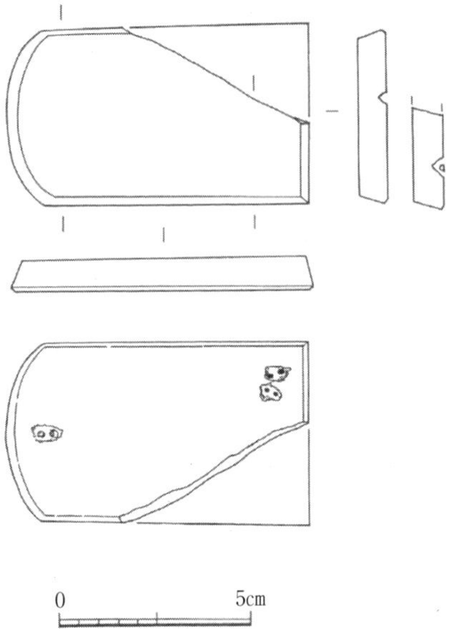

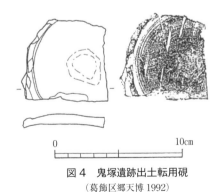

図3　鬼塚遺跡出土石帯（鉈尾）
（葛飾区郷天博2008）

図4　鬼塚遺跡出土転用硯
（葛飾区郷天博1992）

葛飾中南部地域における既出の現地比定案

甲和・仲村両里の現地比定はいまだ究極的な確定にまで至らないが、現状では谷口説（谷口2012他）のほか、

旧「中之郷」や旧「中原村」に仲村里の所在を模索する関和彦の案(関 2012、図5)がある。

しかし、関の案のうち前者は1点の文献資料を論拠とするのみで傍証が希薄であり、また古代にまで遡ることを確実に保証するものではなく、結局は決定的史・資料の提示されるまで立証は困難とみられる。

また前述のように墨田区 No.5 遺跡からは古墳時代前半期の土師器も出土しているが、この時期の様相が同後半期や古代まで存続する例は、今のところ東京低地東・南部に見受けられないなど不安定な要素もある。

一方の後者についても、周辺には「砂原村」や「原村」が同時期に存在しており、注目すべきはむしろ「原」の字の可能性もあるかと思われる。

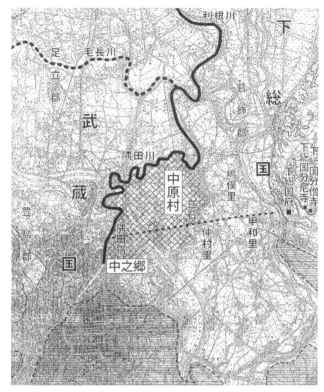

図5　関説による現地比定案　(関 2012)

その他、「中(仲)」の字をもって郷内における中心とする提起もあるが(関 2012)、類例的にそれのみに限定できるものではなく、たとえば仲村里が河川や沼などに囲まれる自然環境にあった場合や、後述するように分村があった際の本村を意味する場合も類例的にあるなど、さらなる検証を要するものと思われる。

上小岩遺跡の再検討

上小岩遺跡は、早くから甲和里の所管と理解され、また大嶋郷諸里の現地比定研究にかかる指標の一つとされてきた。しかし、前述した土器編年の更新にともない村落としての時系列が概観可能となり、新たな課題も派生したものと思われる。それにしたがえば、上小岩遺跡は古墳時代前半期に村落が形成され、同期を最盛期としながらも後半期以降には縮小傾向に入り、「大嶋郷戸籍」の時代にいたっては村落の存在さえ不明瞭になるという傾向が浮かび上がるのである。

無論、発掘調査の総面積がいまだ希少で、広大な未調査区を残すのも事実であるが、今日のような宅地化がされる以前に実施された中村進らの表面採集の成果とも上記の傾向は符合する(中村 1961)。また、現状までの発掘調査成果では「戸籍」の時代の掘立柱建物群はおろか竪穴住居さえ明確な検出例がない。さらに帯金具や木簡などといった官衙的な検出物もなければ、現地比定に有用な墨書土器なども出土がない。加えて、周辺に後期古墳も確認されておらず前代における首長層の存否さえも判然とはしていない。

概して中村資料にごく少数ながらも「戸籍」の時代の遺物がある以上、これを所有した者が3

里のいずれかに編成されていた可能性は高い。しかし、現状において上小岩遺跡は該期に周辺を総括した村落と考えることは困難であり、同里の中心地は別地に比定するべきと思われる。ちなみにこの北方約1kmには嶋俣里の中心地があり、それは後述する奥戸・東新小岩地域よりも近距離に位置する。

中川両岸地域をめぐって

　谷口説では一纏まりの地域とされ、「戸籍」の時代には仲村里に比定された葛飾中南部地域、これを含む周辺の弥生時代末から古代にかけての集落に3つの画期が存在することは既に述べた。しかし、これに照らせば第3の画期、すなわち7世紀後半にそれまでの中心地たる象徴の古墳群の造営が停止し、律令期では替わって対岸の鬼塚遺跡などを擁する奥戸・東新小岩地域に官衙的な様相が成立する。この事象をして中心地の移動とするのも一案であろう。或いは中川左岸にも若干ではあるが古代の包蔵地が周知されていることから、中心地の分化した可能性も残される。

　なお、木村礎や関和彦らが提起した所謂「河曲＝甲和」説（木村1983、関1998他）からも一案を提起しておきたい。その概要は「甲和」を類例等より本来は「河曲」と表記したものと解し河川の屈曲を語源と考えるものである。谷口説では現在の小岩付近における江戸川の緩やかな屈曲をもってこの「河曲」をあらわすものと解し、自身の甲和里への比定案の傍証としている（谷口2012他）。

　しかし、現在の流路が古代のそれを踏襲しているかは疑問が残る。否、仮にその可能性があっても、より鋭角的な屈曲をみせる立石8丁目付近や、屈曲が連続するこの下流域、すなわち奥戸・東新小岩地域付近を「河曲」と解することも可能と思われ、ひいては同地付近を甲和里の中心とすることも一案と考える次第である。ちなみに、同地は旧小岩村とも近く「小岩」を「甲和」の転訛とする案にも通じるほか、「中原村」とは土地を明確に区分する河川を介しその対岸に位置する。

　以上を総括するに、甲和里については現在の中川右岸にある奥戸・東新小岩地域にその中心が所在した可能性があるものと筆者は考えたい。

仲村里の所在をめぐって

　ここで新たな試みとして、従来まであまり論議に上らなかった別案も提起しておきたい。一つは甲和・仲村両里をもとは同一の村落や集団などと考え、律令期にいたり2里に分割・編成されたとするものである。

　上述のとおり、葛飾中南部地域は7世紀後半以降に中心地の移動、もしくは現在の中川を境にその両岸に分化された可能性があり、右岸地域は律令期に官衙化を呈し甲和里の中心地になったものと考えたい。このことが正しければ、仲村里については葛飾中南部地域を二分した一方、すなわち中川左岸の旧「中原村」に比定する案のほか、これより西方の旧「中之里」まで考察を広げることも可能と思われる。なお上述もしたが、「仲（中）村」の語源をめぐっては「中心的村落」を意味するのみではなく、分村のあった際の本村をあらわすこともある。

　一方で、「仲村」の名が後世に残存しなかったという想定をもとに、さらに一案を提起したい。「戸籍」の時代に大嶋郷は3里に編成されていたが、後に律令制は崩壊し、中世において東京低地一帯は葛西御厨となる。しかし、かつての里名である嶋俣と甲和は転訛をしながらも残存し今日に至るとみられるのに対し、仲村里は後代にまで里名が直接的には存続しなかった可能性もあ

る。
　地名が残るとすれば、柴又地域のような机上の制度に左右されない確固たる村落を形成していたことが考えられるが、仮に仲村里が税収機構の整備に伴い機械的に編集されたものであった場合は、元々自然発生的なものではなく纏まりを欠いたため、律令制の瓦解とともにその名も後世に伝存しなかった可能性もあるのではないか。この場合の「仲(中)村」という地名の由来は、上述のほかに河川や沼などに囲まれる自然環境に村落が存在したことをあらわす場合もありうるかと思われる。
　或いは、自然災害などにより村落が廃絶し仲村の地名が断絶、もしくは直接的に残存しなかったという可能性もあるならば、地理的には該期の海岸部に近い現在の江戸川区南部や墨田区域が候補となり、両地域の発掘調査と所謂「平安海進」についての研究の進展が待たれる。

結　語

　下総国葛飾郡大嶋郷に所管される諸里の現地比定について考察した。嶋俣里のそれをめぐっては従来のとおり葛飾区柴又の周辺に比定すべきと考えるが、その範囲については課題が残るものと思われる。
　諸里の現地比定における最大の論点は甲和里と仲村里の現地比定であろう。しかしながら筆者は、前者については葛飾中南部地域のうち現在の中川右岸にある奥戸・東新小岩地域をその中心地とすることが可能と考える。
　一方、甲和・仲村両里を本来的に同一の村落や集団などととらえ、律令期において２里に分割されたとする案も提起した。それは、葛飾中南部地域のうち奥戸・東新小岩地域を甲和里の中心地に比定することを前段とし、仲村里を中川左岸の旧「中原村」の周辺に比定する案、もしくはこれに現在の墨田区域の「中之郷」を含めた地域に同里を比定するものである。これには「仲(中)村」をもって分村があった際の元の村を意味する点と、葛飾中南部地域に僅かながらも古代の包蔵地が周知されている点に着目をした次第である。或いは、自然災害などにより仲村の名が後世に残存しなかったとすれば、海岸線により近い現在の江戸川区南部や墨田区域にこれを比定することも考えられるであろう。
　現状では、この解決にいたる決定的な史・資料を欠くものの、今後は上記も含め複眼視的に大嶋郷諸里の現地比定研究を進めていくべきと思われる。もちろん、上記に対する結論は官衙的様相や中心村落を発掘調査により検出することが最も説得力を有すると思われ、その点で注目されるのは旧「中之郷」の動向であろう。
　概して大嶋郷諸里の現地比定は、嶋俣里を除きいまだ確定的ではなく、多くの課題を残す実情にあるが、本稿では既存の史・資料を再検討し、当面の論点として新たな視点なども提起した。研究者諸氏のご批判をお待ちしたい。

(注１)　谷口説(図1)における各里の想定範囲について、氏は、周知の遺跡とその内容から求めた最小範囲であり、今後の調査により拡大する可能性をもつとしている。また、大嶋郷の範囲を後の葛西郡と同じ広がりをもち、現在の墨田区域や江東区亀戸周辺も含まれるものと考えている(谷口

2012 他)。
(注２)　熊野神社周辺の南蔵院裏古墳群や熊野神社古墳群などを総称し「立石古墳群」と称することもあるが、本稿では便宜的な点を含め上記の総称を使用した。
(注３)　研究の現状に照らし、鬼頭説には方法論的課題もあるかと思われるが、結果として本稿で問題とする範囲においては鬼頭説の援用が可能と判断した。
(注４)　帯金具(巡方)の出土遺跡については、葛飾区郷土と天文の博物館との照会・回答により古録天東遺跡であることを確認済みである。

引用・主要参考文献

弥永貞三　『奈良時代の貴族と農民　―農村を中心として―』至文堂　1956
江戸川区　『江戸川区史』1955
江戸川区教育委員会　『上小岩遺跡遺構確認試掘調査概要報告書』1984
江戸川区教育委員会　『上小岩遺跡発掘調査概要報告書』1985
大塚初重　「土師器・須恵器の編年とその時代」大塚初重・戸沢充則・佐原眞編『日本考古学を学ぶ（1）』〔新版〕有斐閣選書　1988
葛飾区遺跡調査会　『柴又帝釈天遺跡』1989
葛飾区遺跡調査会　『古録天東遺跡・古録天遺跡』Ⅱ　1991
葛飾区遺跡調査会　『柴又帝釈天東遺跡』Ⅶ　1996
葛飾区遺跡調査会　『正福寺遺跡』Ⅲ　2005
葛飾区教育委員会　『鬼塚遺跡』1991
葛飾区郷土と天文の博物館　『鬼塚・鬼塚遺跡』Ⅰ　1992
葛飾区郷土と天文の博物館　『鬼塚・鬼塚遺跡』Ⅶ　2007
上小岩遺跡発掘調査団　『上小岩遺跡発掘調査報告書（概要）　―東京都下水道局関係埋蔵文化財調査報告―』上小岩遺跡発掘調査会　1986
上小岩遺跡調査会　『上小岩遺跡』Ⅰ　1988
上小岩遺跡調査会　『上小岩遺跡』Ⅱ　1990
鬼頭清明　「郷・ムラ・集落」『国立歴史民俗博物館研究報告』22　1989
木村　礎　『村の語る日本の歴史　古代・中世編』そしえて　1983
清宮秀堅　『下総旧事考』1845（復刻版　崙書房1976）
金田章裕　『古代荘園図と景観』東京大学出版会　1998
熊野正也・谷口榮　「古代における小地域と生活　―下総国葛飾郡大嶋郷戸籍を中心に―」『村落生活の史的研究』八木書店　1994
小林三郎　「土師時代集落把握への小考」『駿台史学』第3号　駿台史学会　1972
杉原荘介・大塚初重編　『土師式土器集成』1971
鈴木直人　「大嶋郷の故地における研究略史」葛飾区郷土と天文の博物館編『東京低地と古代大嶋郷　―古代戸籍・考古学の成果から―』名著出版　2012
関　和彦　『古代農民忍羽を訪ねて　奈良時代東国人の暮らしと社会』中央公論社　1998
関　和彦　「大嶋郷と村落」葛飾区郷土と天文の博物館編『東京低地と古代大嶋郷　―古代戸籍・考古学の成果から―』名著出版　2012
高岡市教育委員会　「下佐野遺跡(豊原地区)」『市内遺跡調査概報』ⅩⅩⅠ　2012
谷口　榮　「下総国葛飾郡大嶋郷の故地」『東京考古』8号　1990
谷口　榮　「大嶋郷の復元と住人の生業活動」水野祐監修・関和彦編『古代東国の民衆と社会　古代王権と交流2』名著出版　1994
谷口　榮　「大嶋郷故地の調査」葛飾区郷土と天文の博物館編『東京低地と古代大嶋郷　―古代戸籍・考古学の成果から―』名著出版　2012
東京都教育委員会　『江戸川区上小岩遺跡』1987

中島広顕　「武蔵国豊嶋郡と大嶋郷　―郡衙造営と周辺集落の展開―」葛飾区郷土と天文の博物館編『東
　　　　　京低地と古代大嶋郷　―古代戸籍・考古学の成果から―』 名著出版　2012
中村　進　『上小岩遺跡の研究』1961
根津明義　「越中国射水郡における諸郷の所在について」『富山史壇』149号　2006
根津明義　「古代越中における官衙的様相と在地社会」木本秀樹編『古代の越中　環日本海歴史民俗学叢
　　　　　書13』 高志書院　2009
根津明義　「下佐野遺跡」『木簡研究』34　2012
山口英男　「地域社会と国郡制」歴史学研究会・日本史研究会編『日本史講座　第二巻　律令国家の展開』
　　　　　東京大学出版会　2004
山中敏史　『古代地方官衙遺跡の研究』塙書房　1994
吉田東伍　『大日本地名辞書』冨山房　1903
和島誠一　「原始・古代　Ⅰ考古学上よりみた千代田区」『千代田区史　上巻』 1960

あとがき

　幼少の頃、千葉県市川市の姥山貝塚をふと通りすがり、教科書と実物との邂逅に胸躍らせ、以来、生涯を共有した考古学や古代史への夢覚めやらず、今日まで太く短き歳月をすごしてきた。
　紆余曲折の末、縁あって富山県高岡市に赴き、多くの遺跡と出会い拙稿を作成する機会にも恵まれたが、これも偏に出会ってきた遺跡たちからの身に余る恩恵である。
　私なりに心血を注いだ検討もこれで完結したはずはない。今後の展望として、まず東大寺領荘園の現地比定については発掘調査の進展が待たれる。現状では間接的な史・資料しかなく、条里プラン等を駆使して帰納的に現地比定を試みているにすぎない。こうしたなか研究を進展させるには、やはり荘所遺構のほか、木簡や墨書土器など決定的なものを検出する必要がある。さらに、その成果に対し追究に追究を重ね荘園の実態にせまる研究をしていくべきであり、そこから先が本来の考古学の出番である。
　一方の古代交通をめぐり今後追究すべきことは、いまだ万人が首肯する発掘事例のない駅家の確認であろう。伝路については遺構としての明確な検出事例はなく、その形態を明確にする段階にある。また、そのルート解明については各郡衙の所在地を特定する必要がある。
　ただし、これらもまた単なる交通路への研究にすぎず、沿線上にある複数の遺跡がおりなす交通を介した有機性や歴史性を追究することこそ、古代交通研究の究極と思われる。その意味で水上交通にかかる一連の研究が参考になれば幸いである。
　なお、当方はさる難病に冒され本書の刊行をこの目で見るかも定かではない。私の仕事はここまでであり、学に携わる全ての方々がさらなる追究を成し遂げる姿を見守ることとしたい。本書を含む先学の研究を破り、これを踏み台として当該地の歴史を解明してほしい。
　以上の言葉を残し、私はこの世と学の場から去る。
　末尾ながら、高岡へ移転して以来、叱咤・激励してくださった父のような藤井一二先生、兄のような存在の鈴木景二先生、考古学の手ほどきをしていただいた熊野正也先生、多くの時間を共有し苦楽を共にした学友、ともに発掘調査で汗を流した仲間たち、これまでに多くのことを教えてくれた遺跡たち、そして本書の刊行にあたりご理解とご協力をいただいた岩田書院の岩田博氏に感謝申し上げる次第である。

平成 27 年 2 月

　　　　　　　　　　　　　　　　　　　　　　　　　　　　根津　明義

初 出 一 覧

第Ⅰ編
第1章「越中国射水郡における東大寺領諸荘について―現地比定をめぐる研究史と諸問題―」
　　　　（『富山史壇』147号　越中史壇会　2005）
第2章「東大寺領須加荘の所在にかかる考古学的考察」
　　　　（『富山史壇』148号　越中史壇会　2005）
第3章「東大寺領楔田荘の所在にかかる考古学的考察」
　　　　（『富山史壇』151号　越中史壇会　2007）

第Ⅱ編
第1章「越中国射水郡における諸郷の所在について」
　　　　（『富山史壇』149号　広瀬誠先生追悼号　越中史壇会　2006）
第2章「古代越中における官衙的様相と在地社会―令制期における在地の適応と展開、及び諸施設の現
　　　　地比定研究の現状―」（『環日本海歴史民俗学叢書　古代の越中』高志書院　2009）

第Ⅲ編
第1章「古代における物資輸送の一形態―主に内陸における船着場遺構への認識をめぐって―」
　　　　（藤井一二編『古代の地域社会と交流』岩田書院　2005）
第2章「古代越中における河川交通と歴史環境―在地系官衙的施設の出現と歴史的背景―」
　　　　（藤井一二編『金沢星稜大学共同研究報告 北東アジアの交通と経済・文化』桂書房　2006）

付　論「下総国葛飾郡大嶋郷諸里の現地比定について」
　　　　（『月刊考古学ジャーナル』653号　特集：古代戸籍と考古学　ニューサイエンス社　2014）

著者紹介

根津 明義（ねづ　あきよし）

1967年（昭和42）東京都葛飾区生れ
1990年（平成2）明治大学文学部歴史地理学科考古学専攻卒
1994年（平成6）明治大学聴講修了
1994年　高岡市に入庁。主に文化財課埋蔵文化財担当に在職。

古代越中の律令機構と荘園・交通　　　　　　　　古代史研究叢書10

2015年（平成27年）3月　第1刷　300部発行　　　定価[本体4800円＋税]
著　者　根津 明義

発行所　有限会社 岩田書院　代表：岩田　博　　http://www.iwata-shoin.co.jp
〒157-0062　東京都世田谷区南烏山4-25-6-103　　電話03-3326-3757　FAX 03-3326-6788
組版：本郷書房　　印刷・製本：藤原印刷

ISBN978-4-87294-895-0　C3039　￥4800E

岩田書院 刊行案内（22）

				本体価	刊行年月
860	瀧音　能之	出雲古代史論攷		20000	2014.04
862	清水紘一他	近世長崎法制史料集1＜史料叢刊8＞		21000	2014.04
863	丸島　和洋	論集 戦国大名と国衆14 真田氏一門と家臣		4800	2014.04
864	長谷部・佐藤	般若院英泉の思想と行動		14800	2014.05
865	西海　賢二	博物館展示と地域社会		1850	2014.05
867	武田氏研究会	戦国大名武田氏と地域社会＜ブックレットH19＞		1500	2014.05
868	田村　貞雄	秋葉信仰の新研究		9900	2014.05
869	山下　孝司	戦国期の城と地域		8900	2014.06
870	田中　久夫	生死の民俗と怨霊＜田中論集4＞		11800	2014.06
871	高見　寛孝	巫女・シャーマンと神道文化		3000	2014.06
872	時代考証学会	大河ドラマと市民の歴史意識		3800	2014.06
873	時代考証学会	時代劇制作現場と時代考証		2400	2014.06
874	中田　興吉	倭政権の構造 支配構造篇 上		2400	2014.07
875	中田　興吉	倭政権の構造 支配構造篇 下		3000	2014.07
876	高達奈緒美	佛説大蔵正教血盆経和解＜影印叢刊11＞		8900	2014.07
877	河野昭昌他	南北朝期 法隆寺記録＜史料選書3＞		2800	2014.07
878	宗教史懇話会	日本宗教史研究の軌跡と展望		2400	2014.08
879	首藤　善樹	修験道聖護院史辞典		5900	2014.08
881	由谷・佐藤	サブカルチャー聖地巡礼		2800	2014.09
882	西海　賢二	城下町の民俗的世界		18000	2014.09
883	笹原亮二他	ハレのかたち＜ブックレットH20＞		1500	2014.09
884	井上　恵一	後北条氏の武蔵支配と地域領主＜戦国史11＞		9900	2014.09
885	田中　久夫	陰陽師と俗信＜田中論集5＞		13800	2014.09
886	飯澤　文夫	地方史文献年鑑2013		25800	2014.10
887	木下　昌規	戦国期足利将軍家の権力構造＜中世史27＞		8900	2014.10
888	渡邊　大門	戦国・織豊期赤松氏の権力構造＜地域の中世15＞		2900	2014.10
889	福田アジオ	民俗学のこれまでとこれから		1850	2014.10
890	黒田　基樹	武蔵上田氏＜国衆15＞		4600	2014.11
891	柴　裕之	戦国・織豊期大名徳川氏の領国支配＜戦後史12＞		9400	2014.11
892	保坂　達雄	神話の生成と折口学の射程		14800	2014.11
893	木下　聡	美濃斎藤氏＜国衆16＞		3000	2014.12
894	新城　敏男	首里王府と八重山		14800	2015.01
895	根本誠二他	奈良平安時代の〈知〉の相関		11800	2015.01
896	石山　秀和	近世手習塾の地域社会史＜近世史39＞		7900	2015.01
897	和田　実	享保十四年、象、江戸へゆく		1800	2015.02

古代史研究叢書

①	森田　悌	日本古代の駅伝と交通	5400	2000.02
②	長谷部将司	日本古代の地方出身氏族	6900	2004.11
③	小林　茂文	天皇制創出期のイデオロギー	8900	2006.12
④	関口　功一	東国の古代氏族	7900	2007.06
⑤	中野　高行	日本古代の外交制度史	7900	2008.06
⑥	垣内　和孝	郡と集落の古代地域史	5900	2008.09
⑦	前之園亮一	「王賜」銘鉄剣と五世紀の日本	9500	2013.02
⑧	宮原　武夫	古代東国の調庸と農民	5900	2014.08
⑨	関口　功一	日本古代地域編成史序説	9900	2015.02